KNAUR

MALA KACENBERG

MALAS KATZE

Eine wahre Geschichte
vom Überleben

Aus dem Englischen von
Charlotte Breuer und Norbert Möllemann

KNAUR

Die englische Erstausgabe erschien 1995 unter dem Titel *Alone in the Forest* bei C.I.S. Publishers. Die englische Originalausgabe erschien 2022 unter dem Titel *Mala's Cat* bei Michael Joseph.

Besuchen Sie uns im Internet:
www.knaur.de

Aus Verantwortung für die Umwelt hat sich die Verlagsgruppe Droemer Knaur zu einer nachhaltigen Buchproduktion verpflichtet. Der bewusste Umgang mit unseren Ressourcen, der Schutz unseres Klimas und der Natur gehören zu unseren obersten Unternehmenszielen. Gemeinsam mit unseren Partnern und Lieferanten setzen wir uns für eine klimaneutrale Buchproduktion ein, die den Erwerb von Klimazertifikaten zur Kompensation des CO_2-Ausstoßes einschließt.

Weitere Informationen finden Sie unter:
www.klimaneutralerverlag.de

MIX
Papier aus verantwortungsvollen Quellen
FSC® C083411
FSC www.fsc.org

Deutsche Erstausgabe Mai 2022
Knaur Verlag
Ein Imprint der Verlagsgruppe
Droemer Knaur GmbH & Co. KG, München

Um die Identität der Personen zu schützen, wurden einige Namen und identifizierende Merkmale geändert.
Redaktion: Ulrike Strerath-Bolz
Covergestaltung: Isabella Materne
Coverabbildung: Illustration von Anna Morrison;
Sk_Advance studio/Shutterstock.com
Satz: Adobe InDesign im Verlag
Druck und Bindung: CPI books GmbH, Leck
ISBN 978-3-426-28607-4

2 4 5 3 1

In Erinnerung an …

… meine lieben Eltern Yitzchak und Frimchy Szorer und meine Großeltern, die mich in religiösen Dingen unterrichteten und mich so befähigten, den Krieg zu überleben.
… meine große Schwester Balla, die ich bewundert habe und die mir immer ein Vorbild war.
… meinen einzigen Bruder Yechiel Gershon, der vor meinen Augen brutal ermordet wurde.
… meine jüngere Schwester Esther, die so klug und verständig war und erst dreizehn Jahre alt war, als auch sie ermordet wurde.
… meine süßen kleinen Schwestern Kresele und Surele, die so golden waren wie ihre zarten Locken und noch viel zu jung, um zu verstehen, was geschah, und für die ich jeden Tag Lebensmittel erbettelt habe.
… meine kleinen Schwestern Freidele und Devoirele, die noch vor dem Krieg gestorben sind.
… meine lieben Onkel, Tanten, Vettern und Kusinen und meine vielen Freundinnen und Freunde, die mir immer fehlen werden und deren Liebe ich nie vergessen werde.
… die sechs Millionen jüdischen Märtyrer, die von den Deutschen brutal ermordet wurden.

Gewidmet …

… meinem geliebten Ehemann zum Dank für seine Unterstützung und für die Langmut, mit der er die Last meiner tragischen Vergangenheit mit mir teilt, für seine Geduld und sein Verständnis während der Zeit, als ich diese schmerzvollen Erinnerungen niedergeschrieben habe, meinem Ehemann, mit dem zusammen ich mit *HaSchems* Hilfe eine wunderbare jüdische Familie gegründet habe.
… unseren wunderbaren Kindern und Enkelkindern – mögen sie die Fackel unserer Kultur weitertragen.
Amen

Inhalt

Vorwort

Ich war gerade zwölf, als der Schatten des »Dritten Reichs« Europa verdunkelte. Als die Deutschen mein wehrloses Land überfielen und der Albtraum begann, war ich mehr mit meinen Schulbüchern, meiner Familie und meinen Freunden beschäftigt als mit den Auswirkungen des Krieges. Ich konnte mir nicht im Entferntesten vorstellen, welche unfassbaren Schrecken uns bevorstanden.

Ich war von Natur aus ein zufriedenes Kind und in meinen ersten Lebensjahren sehr glücklich. Jene sonnigen Tage meiner Kindheit verbrachte ich behütet unter den Fittichen meiner geliebten Eltern und ahnte nichts von der Katastrophe, die die Juden und meine Familie ereilen sollte.

Auch wenn seit jenen grauenvollen Tagen viel Zeit vergangen ist, kann nichts meine Erinnerung daran trüben, wie tief der Mensch sinken kann. Die Bilder haben sich brutal und unauslöschlich in mein Gehirn eingebrannt. Damit die ungeheuerlichen Verbrechen nicht in Vergessenheit geraten, muss ich berichten, was ich, Mala Szorer, Mitte des zwanzigsten Jahrhunderts erlebt habe.

Viele Menschen werden sich fragen, warum ich mich plötzlich entschlossen habe, dieses Buch zu schreiben. Ihnen würde ich gern antworten, dass mich die Erinnerung immer noch um den Schlaf bringt. Während ich mich im Dämmerzustand des Halbschlafs befinde, rufe ich: »Liebe Mutter, lieber Vater! Endlich komme ich zu euch nach Hause. Ich möchte euch alle wiedersehen in unserem gemütlichen kleinen Haus, möchte den Bach wiedersehen, der so friedlich vorbeifließt, und all die weißen Kieselsteine, an denen ich als Kind solche Freude hatte. Ich möchte die grünen Wiesen hinter unserem Haus noch einmal sehen, wo wir so schöne Stunden verbracht und so lange Spaziergänge gemacht haben. Bitte ladet alle meine lieben Freunde ein, bereitet ein großes Festessen vor, liebe Mutter, denn ich komme, um euch die unglaublichste Geschichte zu erzählen, die ihr je gehört habt – ich möchte euch erzählen, wie ich immer wieder auf wundersame Weise dem Tod entkommen bin und wie einsam ich schon seit so vielen Jahren bin.«

Doch dann antwortet mir eine sehr vertraute Stimme, als käme sie aus dem Himmel: »Geh nicht nach Tarnogród, mein Kind. Es ist niemand mehr dort, der dir zuhören könnte.« Und dann erwache ich mit bangem Herzen aus dieser wunderlichen Fantasie, aus diesem Albtraum. Und ich erinnere mich wieder und bin entschlossen, meine Geschichte aufzuschreiben – nicht nur für meine geliebte, ausgelöschte Familie und meine toten Freunde, sondern für die ganze Welt, damit die Erinnerung an all das Grauen nicht verblasst und wie Herbstlaub verweht wird.

Tarnogród. Als die blank gewichsten Stiefel der Nazis durch die Idylle unseres kleinen Städtchens im ländlichen Polen dröhnten, änderte sich mein Leben abrupt und endgültig. Ich wurde aus dem warmen Schoß meiner Familie gerissen, von meinen Großeltern, Eltern, Geschwistern getrennt und war fortan auf mich allein gestellt, den Elementen ausgesetzt in einer zunehmend feindseligen Welt.

Schon bald wurden meine Familie und ich von den Geschehnissen überrollt, als die systematische Ausrottung der polnischen Juden begann. Die grauenvollen Qualen, die mein Volk erleiden musste, und das Schweigen der »zivilisierten« Welt angesichts dieses Grauens sind in meinem Gedächtnis haften geblieben wie ein vergilbtes, abgegriffenes Foto vom abscheulichsten Kapitel in der Geschichte der Menschheit – dem Holocaust. Ein altes Sprichwort besagt: »Andere fürchten sich vielleicht vor dem Morgen, ich aber muss der Welt berichten, was gestern geschehen ist.« Meine Geschichte mag fantastisch oder abstrus klingen, aber sie ist wahr. Alles, was ich zu berichten habe, ist mir so widerfahren, und meine Erlebnisse liegen nicht hundert Jahre, sondern nur eine Generation zurück. Wir sind es den Toten schuldig, dass wir die Erinnerung an sie lebendig halten und die Welt an ihre Verantwortung erinnern, niemals zu vergessen. Denn um die Zukunft in Angriff nehmen zu können, muss man die Vergangenheit verstehen.

Buch eins

Flucht

1

Der Fluss fließt ruhig

Ich wurde in Tarnogród, einer Kleinstadt in der Nähe von Lublin im Herzen Polens, als Kind einer jüdischen Familie geboren. Meine Eltern bekamen neun Kinder, von denen drei im Säuglingsalter an der Ruhr und an der Grippe starben: Krankheiten, für die es damals keine Heilmittel gab. Die drei hatten Glück, denn ihnen ist all das Leid erspart geblieben, das unsere Familie heimgesucht hat.

Anfang 1930 reiste mein Vater Yitzchak Szorer wegen geschäftlicher Angelegenheiten nach Uruguay. In Polen herrschten wirtschaftlich harte Zeiten, und er war der einzige Brotverdiener in unserer Familie. Seine Brüder Jacob und Meilich hatten sich bereits in Uruguay niedergelassen, und so entgingen sie dem Unheil, das meine komplette Familie und sechs Millionen Juden das Leben kosten sollte.

Zwei Jahre später kehrte mein Vater aus Südamerika nach Tarnogród zu meiner Mutter und uns Kindern zurück, fest entschlossen, sich nie wieder von seiner Familie zu trennen. Ursprünglich hatte er vorgehabt, mit uns allen nach Uruguay überzusiedeln, jedoch bald festgestellt, dass es zu schwierig gewesen wäre, uns Kinder dort im Einklang mit unserer Religion großzuziehen, denn damals gab es in Uruguay keine jüdische Gemeinde, ganz zu schweigen von jüdischen Schulen.

Um seine große Familie zu ernähren, betrieb mein Vater mehrere kleine Läden, die er aber schließlich alle aufgab, um einen Obstgroßhandel zu gründen. Anfangs pachtete er ein paar Obstplantagen am Stadtrand von Tarnogród, später kamen Plantagen in der Nähe von Łukowa und Chmielek und anderen Dörfern dazu, an deren Namen ich mich nicht erinnere. Er pachtete die Plantagen, wenn die Bäume in Blüte standen, sodass er abschätzen konnte, wie groß die Ernte sein würde. Er irrte sich nur selten. Mit dem Obstgroßhandel sind wir zwar nicht reich geworden, aber wir hatten unser Auskommen und immer genug Obst, das uns gesund gehalten hat.

»Gott sei Dank bin ich nicht in Uruguay geblieben«, sagte mein Vater immer wieder. »Hier in Tarnogród können wir unseren Kindern eine gute Schulbildung bieten und zugleich nach unserer Religion leben.«

Während seiner Zeit in Uruguay hatte mein Vater sehr gute Geschäfte gemacht, sodass er nach seiner Rückkehr ein Haus für uns bauen konnte, einen Anbau an das Haus meines Großvaters mütterlicherseits, Reb Yaakov oder Yanchi, wie die Leute im Ort ihn liebevoll nannten.

Mein Großvater, ein älterer Herr, war noch sehr vital und aktiv. Er und sein Bruder wurden wegen ihrer robusten Natur im Ort »die Kosaken« genannt, und die Leute scherzten gern, die beiden könnten ein ganzes Haus auf ihren Schultern tragen. Mein Großvater war *Melamed* im örtlichen *Cheder*; allein aus den Geschichten, die er erzählte, habe ich viel gelernt. Er war Witwer, und meine Mutter kochte immer für ihn, aber ansonsten führte er seinen Haushalt selbst, und er war immer sehr korrekt gekleidet. Ich erinnere mich noch gut an die Holzplanken, die er vor seiner Tür ausgelegt hatte, damit wir ins Haus kamen, ohne Schlamm hineinzutragen, vor allem im Winter, denn Beton war damals noch nicht zu bekommen.

Wir hatten es ein kleines bisschen besser als die meisten Nachbarn, denn wir besaßen nicht nur eine eigene Außentoilette, sondern auch einen eigenen kleinen Brunnen, um den uns Freunde und Bekannte beneideten. Das Wasser aus unserem Brunnen, das ausschließlich zum Wäschewaschen zu gebrauchen war, teilten wir mit unseren Nachbarn. Für das Besorgen von Trinkwasser mussten wir ein Stück weit laufen, aber manchmal konnten wir es uns auch leisten, es liefern zu lassen, was natürlich bequemer war.

Wie viele Leute in unserer kleinen Stadt, die ebenso arm waren wie wir, wohnten wir in einem sehr bescheiden eingerichteten Haus. Ein großer Ofen in der Mitte eines großen Zimmers trennte den Schlafbereich meiner Eltern vom Essbereich. Dieser Ofen diente auch zum Backen, und in den kalten Wintern wurde damit das Haus beheizt. Zum Kochen hatten wir noch einen Herd. Geheizt und gekocht wurde mit Holz, denn Strom oder Gas gab es bei uns nicht. Immer dienstags, wenn im Dorf Markttag war, kam ein Bauer mit einem Pferdekarren und lieferte uns das Brennholz.

Unsere Kleider wuschen wir in der Nitka, einem Bach ganz in der Nähe unseres Hauses, weil das Brunnenwasser nicht ausreichte, aber erstaunlicherweise wurde alles immer ganz sauber. Im Sommer spülten wir auch unsere Teller und Tassen, Kochtöpfe und Besteck im Bach und ließen alles auf hölzernen Gestellen an der Sonne trocknen. Wir Kinder kannten es nicht anders, und wir waren zufrieden, denn wir wussten, dass unsere Eltern hart arbeiteten, um uns mit allem zu versorgen, was wir brauchten. Sie waren sehr fürsorglich.

Vor dem Frühstück wurde stets das Morgengebet gesprochen. Außerdem beteten wir nach dem Abendessen und vor dem Schlafengehen. Ich genoss mein Leben sehr, erwartete nie mehr, als unsere lieben Eltern uns geben konnten, und dankte jeden Tag dem Allmächtigen für alles, was wir hatten.

Am liebsten spielte ich mit den Kieseln aus dem Bach; mein Lieblingsspiel bestand darin, mehrere gleichzeitig in die Luft zu werfen und wieder aufzufangen. Mit der Zeit wurde ich so geschickt, dass ich bis zu fünf Stück fangen konnte. Auf der anderen Seite der Nitka erstreckten sich Maisfelder und

Obstplantagen, und ich liebte es, über die schmalen, grasbewachsenen Wege zu laufen, die die Maisfelder voneinander trennten. Aber am allerliebsten lag ich unter den Obstbäumen und betrachtete den herrlichen blauen Himmel. Die Bäume waren meine besten Freunde. Wann immer das Wetter es erlaubte, setzte ich mich unter einen Baum, um meine Hausaufgaben zu machen, und ich ließ mich von ihnen inspirieren, um Gedichte auf Polnisch oder Jiddisch zu schreiben.

Wenn im Sommer die Hitze unerträglich wurde, verbrachten wir die meiste Zeit in den Obstplantagen, die mein Vater gepachtet hatte. In der Mitte jeder Plantage stand eine kleine Holzhütte, und wir nahmen alles mit, was wir brauchten: Kochtöpfe, Proviant und Decken. Unsere Mutter kochte die köstlichsten Mahlzeiten auf einem kleinen Herd vor der Hütte. Wir Kinder schliefen unter freiem Himmel, während unsere Eltern abwechselnd Wache hielten, damit niemand das reife Obst von den Bäumen klaute. Die viele frische Luft bescherte uns einen ordentlichen Appetit, und wenn wir nach Hause zurückkehrten, waren wir gut gelaunt und wohlgenährt.

Aber sosehr ich das Leben auf der Plantage genoss, freute ich mich jedes Mal noch mehr darauf, nach den Sommerferien wieder in die Schule zu gehen, in die nächste Klasse aufzusteigen und Neues zu lernen. Ich konnte nie verstehen, warum manche meiner Freundinnen und Freunde am liebsten immer draußen in der Natur geblieben wären. Sie verstanden nicht, dass sie, wenn sie die Schule abbrachen, nie wieder würden zurückkehren können. Da meine Eltern kein Geld für eine jüdische Privatschule hatten, besuchte ich die staatliche Schule, dennoch beachtete ich alle *Mitzwot*. Meinen nichtjüdischen Freundinnen brachte ich sogar bei, ein Tischgebet zu sprechen.

In unserer Gemeinde gab es einen starken Zusammenhalt.

Freudige Ereignisse wurden ebenso geteilt wie traurige. Wenn ein Mitglied der Gemeinde heiratete, feierten alle zusammen. Dabei war es egal, dass wir jedes Mal dieselben Kleider trugen: Hauptsache, wir hatten unseren Spaß. Wir waren eine große, glückliche Familie und genossen das Dorfleben mit all unseren Freunden. In meiner Kindheit gab es nie einen langweiligen Moment.

2

Seltsame Schulstunden

Doch unser Glück währte nicht lange. 1936 ruinierten schwere Hagelschauer die gesamte Ernte in unserer Gegend und setzten unserem bescheidenen Wohlstand ein abruptes Ende. Das Leben wurde beschwerlich, und es war nicht immer genug Geld da. Trotzdem munterten unsere Eltern uns unermüdlich auf und sagten, wir sollten auf *HaSchem* vertrauen. Aber neue Kleider gab es vorerst nicht.

Die Verschärfung der allgemeinen Wirtschaftskrise und die Ernteausfälle lösten hässliche antisemitische Reaktionen aus, die eine Schockwelle in den jüdischen Gemeinden verursachte. Tarnogród bildete da keine Ausnahme. Anfangs jedoch beeinflusste die wirtschaftliche Situation das Leben von uns Kindern kaum, denn wir waren noch zu jung, um uns Sorgen zu machen.

Obwohl unsere Stadt sehr klein war, gab es zwei Schulen. Meine Schule, die Zajacowka, war in einem schönen Gebäude auf der anderen Seite der Nitka untergebracht, umgeben von Gärten und Spielplätzen. Hin und wieder machten wir mit unserer Klasse Ausflüge in das nahe gelegene Waldgebiet von Majdan. Ich freute mich immer auf diese Ausflüge in die Natur, denn ich liebte es, ein paar Stunden aus unserem beengten Haus zu kommen und im Grünen herumzutollen.

Im Winter fuhr ich auf Skiern zur Schule und nahm für den obligatorischen Wintersportunterricht zusätzlich meinen Schlitten mit. Nach der Schule spielten wir noch stundenlang im Schnee. Wir hatten viel Zeit für unseren Wintersport, denn meist blieb der Schnee bis zum Frühling liegen. Wir spielten im Freien, bis es dunkel wurde und der Mond und die Sterne am schwarzen Himmel standen und die weiße Schneelandschaft beleuchteten. Immer wieder stiegen wir einen Hügel hoch, rodelten glücklich auf der anderen Seite hinunter und ließen uns die frische Abendluft um die Ohren wehen. Wenn wir dann mit glühenden Wangen nach Hause kamen, stürzten wir uns mit großem Appetit auf das warme Essen, das unsere Mütter für uns bereitet hatten.

Für mich war alles einfach nur wunderbar, und ich glaubte, alle Menschen wären unsere Freunde. Erst allmählich wurde mir bewusst, wie sehr ich mich irrte.

Schon bald fühlten wir jüdischen Kinder uns nicht mehr sicher auf dem Schulweg, und auch in der Schule selbst wurde es gefährlich für uns.

Normalerweise standen wir immer auf, sobald ein Lehrer das Klassenzimmer betrat, und warteten, bis er uns aufforderte, uns wieder hinzusetzen. Eines Morgens kam ich seiner Aufforderung, uns hinzusetzen, als Zweitletzte nach. Zur Strafe schlug mich der Lehrer, ein Mann namens Smutek, so brutal mit einem Lineal, dass ich ohnmächtig wurde. Als ich wieder zu mir kam, konnte ich mich nicht erinnern, was mit mir geschehen war, aber in der Pause erzählten mir meine Freunde, dass der Lehrer mich geschlagen hatte, weil ich mich nicht schnell genug hingesetzt hatte. Der Lehrer konnte nicht wissen, dass ich todmüde und unausgeschlafen war, weil ich mir das Bett mit meinen Schwestern teilen musste. Aber ich war so wissbegierig, dass ich die Kränkung und die Misshandlung schluckte, so unsinnig sie mir auch vorkamen.

Ein Lehrer namens Weiß, wahrscheinlich ein Deutschstämmiger, drohte uns häufig mit Bemerkungen wie: »Wartet, bis die Deutschen kommen.« Da wir nicht verstanden, was er damit meinte, erzählten wir unseren Eltern nichts davon.

Sosehr ich das Lernen liebte, begann ich mit der Zeit, mich

vor der Schule zu fürchten. Aber ich war schon immer hart im Nehmen gewesen. Meine Eltern sagten manchmal, ich hätte als Junge auf die Welt kommen sollen. Das wäre ihnen sicher ganz recht gewesen, denn sie hatten nur einen Sohn, meinen Bruder Yechiel Gershon, der zwei Jahre älter war als ich.

Eines Tages befahl der Lehrer Weiß allen jüdischen Jungen, auch meinem Bruder Yechiel, nach dem Unterricht noch zu bleiben, und dann verprügelte er sie alle mit dem Stock, obwohl sie gar nichts getan hatten. Als einige erzürnte Mütter zu ihm gingen, um sich zu beschweren, wurden sie von ihm beschimpft und davongejagt. Aber es bestand Schulpflicht, und so blieb den Jungen nichts anderes übrig, als weiterhin am Unterricht teilzunehmen.

Ich erinnere mich noch heute an das traurige Gesicht meiner Mutter, wenn mein Bruder sich morgens auf den Weg zur Schule machte. Wir konnten nicht zur Polizei gehen, denn vor den Polizisten hatten wir auch Angst. Bis heute lächle ich jeden Polizisten, dem ich begegne, freundlich an. Wahrscheinlich löse ich mit meiner »Freundlichkeit« Verwunderung aus, aber die Hoffnung, dass die Polizei unser Freund und Helfer ist, wenn wir nur »brav« und »dankbar« sind, oder dass wir wenigstens in Ruhe gelassen werden, sitzt so tief, dass ich sie nie abschütteln konnte.

3

Neue Sitten

Die Polizei ließ uns nicht in Ruhe. Mit jedem Tag wurde das Leben für die jüdische Gemeinde schwieriger, und antisemitische Übergriffe waren zunehmend an der Tagesordnung.

Es gab einen alten Juden in unserem Dorf, der jeden Morgen frische Bagels backte, sie in einem breiten Korb auf weißen Papierservietten auslegte und auf dem Marktplatz zum Kauf anbot. Voller Entsetzen sah ich eines Morgens, wie ein stämmiger Polizist die Bagels in dem Korb mit seinen schmutzigen Stiefeln zertrampelte. Dann ging er einfach weg, als wäre nichts gewesen, und ich sah, dass er sogar vor sich hin grinste. Schon bald sollte ich immer häufiger Zeugin solch schrecklicher Situationen werden. Die große Tragödie um uns herum nahm ihren Lauf. Ich begriff, dass es mehr böse Menschen auf der Welt gab als gute. Ich erlebte immer mehr unfassbar schlimme Dinge und entwickelte mich von einem glücklichen, unbeschwerten Kind zu einem ernsten kleinen Mädchen. Mir wurde immer deutlicher bewusst, in was für einer schwierigen Lage wir uns auf einmal befanden, und in jenem einen Jahr reifte ich um mehrere Jahre. Doch ich machte weiter wie bisher, denn wir waren eine glückliche Familie, und wir Kinder waren gehorsam. Wenn unsere Eltern uns sagten, wir sollten uns keine Sorgen machen, dann taten wir eben so, als würden wir uns keine Sorgen machen.

Inzwischen waren wir so arm, dass wir uns noch nicht einmal neue Daunendecken kaufen konnten. Die Winter in Polen waren hart, und geheizt wurde eigentlich nur, wenn meine Mutter das Essen zubereitete. Meine Eltern hatten die rettende Idee: Wir würden uns selbst Daunendecken nähen. Wir versammelten uns um den Küchentisch und zupften das Weiche von den Kielen von Enten- und Gänsefedern. Das machte richtig Spaß, und nach ein paar Abenden hatten wir genug zusammen. Meine Mutter war zwar keine Näherin, aber es gelang ihr, Decken zu nähen. Die füllten wir dann gemeinsam, und meine Mutter nähte sie zu. So machten wir es jedes Mal, wenn wieder eine neue Daunendecke gebraucht wurde. Unsere Nachbarn machten es genauso, denn in unserem Städtchen gab es nicht viele wohlhabende Leute.

Meine Eltern waren sehr musikalisch, und bei der gemeinsamen Arbeit vertrieben wir uns gern die Zeit mit Singen. Manchmal baten meine Eltern uns Kinder auch, Gedichte aufzusagen – wir kannten so viele auswendig, dass uns nie langweilig wurde. Unsere neuen Daunendecken wärmten uns während des kalten Winters, und da wir sie selbst gemacht hatten, fühlten sie sich noch kuscheliger an. Sie waren – abgesehen von Lebensmitteln – das Wichtigste, was wir besaßen.

Hin und wieder hörte ich meine Eltern mit Freunden besorgt über das reden, was in der Welt vorging, aber ich war zu jung, um diese Erwachsenenprobleme zu verstehen oder mich auch nur dafür zu interessieren. Damals dachte ich, das ginge mich alles nichts an. Ich glaubte, meine Eltern hätten keine anderen Probleme als die Sorge, wie sie unsere große Familie kleiden und ernähren sollten.

Rivka, die Mutter meines Vaters, hatte, nachdem sie verwitwet war, Moshe Brand geheiratet, einen netten älteren Herrn. Die beiden wohnten weit weg in einem kleinen Dorf bei Nisko. Sie schienen ziemlich wohlhabend zu sein, denn jedes Mal, wenn mein Vater sie besuchte, brachte er bei seiner Rückkehr große Mengen eingemachtes Gemüse und gepökeltes Fleisch mit. Während ihrer Zeit als Witwe hatte meine

Großmutter in einem Restaurant in Warschau als Köchin gearbeitet. Nach ihrer Heirat hatte sie ihre Arbeit aufgegeben, aber sie war immer noch eine großartige Köchin und buk herrliche Kuchen, die sie uns regelmäßig schickte. Lebensmittel waren schon damals knapp, obwohl der Krieg noch gar nicht angefangen hatte.

Weil ich bereits als Kind viel arbeitete, hatte ich immer großen Hunger. In der Schule mussten wir einmal einen Aufsatz über unser Lieblingsthema schreiben. Ich schrieb über das Essen und brachte damit alle zum Lachen.

Als meine älteste Schwester, wie es damals in Polen üblich war, im Alter von vierzehn Jahren die Schule verließ, lud meine Großmutter sie nach Pysznica ein und bezahlte ihr eine Ausbildung zur Schneiderin. Balla schloss die Lehre mit achtzehn Jahren ab und eröffnete in Warschau eine kleine, erfolgreiche Damenschneiderei.

Meine Eltern sagten mir, dass ich nach der Schule auch eine Lehre machen und anschließend in Warschau bei meiner großen Schwester in der Schneiderei arbeiten würde. Ich war sehr gespannt auf die große Stadt, und ich liebte und bewunderte Balla, aber ich hatte andere Pläne: Ich wollte studieren. Die Schule ging mir über alles, jedes neue Fach begeisterte mich, und ich versuchte stets, in allem die Klassenbeste zu sein. Meine Eltern waren sehr stolz auf mich, und zur Belohnung für meine guten Leistungen bekam ich manchmal einen dicken roten Apfel, den ich mit großem Appetit verspeiste. Für teurere Belohnungen hatten meine Eltern kein Geld.

Immer wenn in der Schule ein staatlicher Prüfer erwartet wurde, musste ich vorne beim Schuldirektor Kierownik sitzen. Für diesen Anlass wurde ich extra in eine neue Schuluniform gesteckt. Meine eigene war zwar sauber, aber an mehreren Stellen geflickt und vom vielen Waschen schon ein bisschen verschossen. Die Uniform war grau mit weißen Besätzen an den Taschen und einem weißen Kragen und aufgestickten Blumen an den Kragenspitzen.

Der Prüfer befragte uns Schülerinnen und Schüler zu allen Fächern. Zur großen Freude des Direktors konnte ich stets alle Fragen richtig beantworten. Normalerweise nahm der Direktor überhaupt keine Notiz von mir und erwiderte häufig noch nicht einmal meinen Gruß. Wahrscheinlich störte er sich an meiner verschlissenen Uniform.

In unserer Schule gab es keinen Hausmeister. Wir brauchten auch keinen, weil alle Kinder, egal ob Junge oder Mädchen, verpflichtet waren, die Böden zu fegen und das Gebäude in Ordnung zu halten. Das führte dazu, dass wir so stolz auf unsere Schule waren, als wäre sie unser Zuhause. Wir wurden auch zur Sparsamkeit angehalten. Über dem Schreibwarenladen der Schule hing ein großes Schild mit der Aufschrift: SPULDZIELNIA KREDYTU NIE UDZIELA! – HIER WIRD KEIN KREDIT GEGEBEN! Von klein auf brachte man uns bei, den Wert des Geldes zu schätzen und mit dem auszukommen, was wir hatten – eine Lektion, die mir mein Leben lang sehr nützlich gewesen ist.

In unserem Viertel gab es viele Bäume; gleich neben unserem Haus stand ein alter Baum, aus dessen Zweigen wir uns Rechenstäbe und Flöten schnitzten. In der damaligen Zeit hatten die meisten Leute kein Geld, um Spielsachen zu kaufen.

Während der Schulferien verbrachte ich viel Zeit bei meinem Onkel Abram, dem Bruder meiner Mutter. Bis zu seinem Dorf Luchów Dolny war es ein Fußweg von zwei Stunden. Abram und seine Familie wohnten zusammen mit Abrams betagten Schwiegereltern und seinem Schwager Shimon samt Familie in einem großen Haus. Sie betrieben gemeinsam einen Bauernhof und einen kleinen Lebensmittelladen. Sie lebten viele Jahre unter einem Dach, ohne dass es je Streit gab. Ich war zwar noch ein Kind, aber ich bewunderte ihre Art zu leben. Die Arbeit auf dem Bauernhof machte mir großen Spaß, vor allem, den Mais mit einer Sichel zu ernten, wie es damals noch üblich war, und Kartoffeln auszugraben.

Aber am liebsten hütete ich die Kühe, denn dann war ich mit den Tieren allein und konnte alle Lieder singen, die ich in der Schule gelernt hatte. Ich sang sehr gern, aber ich sang nicht gern vor anderen Leuten, denn in der Regel waren die anderen nicht besonders begeistert von meinem musikalischen Talent. Umso mehr genoss ich das Singen, wenn ich allein war. Beim Singen konnte ich auch an meiner polnischen Aussprache feilen. Polen war 1918 wiedervereint worden, aber weil meine Eltern bis Anfang zwanzig unter russischer und österreichisch-ungarischer Herrschaft gelebt hatten, sprachen sie nicht fließend Polnisch. Damals ahnte ich noch nicht, dass die polnische Sprache mir einmal das Leben retten sollte.

4

Nach dem Sommer Krieg

Eines Abends Ende August 1939, als meine Ferien auf dem Bauernhof meines Onkels fast zu Ende waren, ging ich früh zu Bett.

Am nächsten Tag erfuhren wir, dass die Deutschen in Polen einmarschiert waren, und ich wurde zu meiner Familie nach Hause geschickt. Ich begriff nicht, was Krieg bedeutete. In der Schule hatte ich nur gelernt, dass im Krieg viele Soldaten sterben. Niemals hätte ich mir träumen lassen, dass Millionen unschuldiger Menschen und ihre Kinder ermordet werden würden, bloß weil sie eine andere Religion ausübten oder andere Wurzeln hatten. Die Sommerferien waren zu Ende, und trotz allem freute ich mich auf die Schule und darauf, in die nächsthöhere Klasse aufzusteigen. Außerdem konnte ich es kaum erwarten, meinen Eltern zu berichten, dass ich die Schulbücher meines älteren Vetters Eli geerbt hatte, was bedeutete, dass meine Eltern kein Geld für neue ausgeben mussten. Bis dahin hatte ich mir häufig die Bücher von Freundinnen ausleihen müssen, um meine Hausaufgaben zu machen. Stolz und glücklich über die kostbaren Bücher, schlug ich sie ordentlich in braunes Papier ein und schrieb auf jedes fein säuberlich meinen Namen und darunter: 6. Klasse.

Am ersten Freitagabend nach den Schulferien kam mein Vater aus der Synagoge nach Hause und berichtete, dass die Deutschen am Tag zuvor bereits bis Łańcut vorgerückt waren, eine Stadt etwa hundert Kilometer von Tarnogród entfernt.

Als er das Entsetzen in unseren Gesichtern sah, versuchte er, uns zu beruhigen. »Schlimmer, als es ist, kann es kaum noch werden«, sagte er und fügte hinzu, wir sollten uns keine Sorgen machen und so weitermachen wie bisher. »Wer weiß?«, sagte meine Mutter. »Vielleicht geht es uns ja sogar bald besser.«

Da wir weder ein Radio besaßen noch eine Zeitung bezogen, wussten meine Eltern fast nichts darüber, was in der Welt passierte. In unserer Stadt konnten sich nur reiche Leute ein Radio und eine Zeitung leisten, und nur sehr wenige sprachen fließend Polnisch. Meine Mutter schrieb ihrem Bruder in Palästina immer noch Briefe auf Deutsch.

Am nächsten Tag hörten wir draußen Gewehrfeuer, als polnische Soldaten tapfer, aber vergeblich versuchten, unsere kleine Stadt gegen die deutsche Armee zu verteidigen. Schlecht ausgebildet und völlig überrumpelt, fielen die polnischen Soldaten wie die Fliegen. Jedes Mal, wenn wir die deutschen Kanonen hörten, warfen wir uns auf den Boden. Schon bald erfuhren wir, dass die deutsche Armee in Tarnogród einmarschieren würde.

Alle liefen nach draußen und stellten sich am Straßenrand auf. Wir Kinder bewunderten die blanken Stiefel und die perfekt gebügelten Uniformen der deutschen Soldaten. Man sah ihnen an, dass sie nicht auf viel Gegenwehr gestoßen waren, denn ihre Gesichter wirkten frisch, und ihr Blick war stolz und siegessicher. Zuerst kamen die Panzer, dann die Kavallerie und zum Schluss die Infanterie.

»Das sind echte Soldaten«, sagten meine Freunde. »Die sind nicht aus einem Bilderbuch.«

Unsere Euphorie verflog, als wir einen kleinen jüdischen Jungen sahen, den die Deutschen kaltblütig erschossen hatten. Er war nach Hause gerannt, um seinen Eltern zu erzählen, was er gesehen hatte. Jetzt trauten wir uns nicht mehr zu laufen, sondern schlichen traurig und niedergeschlagen nach Hause. Unsere Eltern beteten Psalmen mit uns, denn jetzt wussten wir, dass wir es mit einer grausamen Armee zu tun hatten.

Ich fragte mich, was die Soldaten wollten. Den Ernst der Lage hatten wir alle noch nicht begriffen. Ich versuchte, mir nicht zu viele Gedanken zu machen, und konzentrierte mich auf meine häuslichen Pflichten.

Doch schon bald verschlimmerte sich die Lage und flößte uns allen schreckliche Angst ein.

5

Eine Soldatin

Ganz in unserer Nähe wohnte eine christliche Familie, die ein Radio besaß. Die Tochter der Leute, mit der ich befreundet war, lud mich ein, mit ihr die Nachrichten anzuhören. Was ich da vernahm, ließ mir das Mark in den Knochen gefrieren. Ich war so schockiert, dass ich minutenlang nicht von meinem Stuhl aufstehen konnte. Der Radiosprecher sagte, dass Hitler in seinem Propagandasender verkündet hatte, er werde vor jedem Juden salutieren, der 1944 noch lebte.

Als ich am Abend im Bett lag, versuchte ich mir vorzustellen, wie dieses Ungeheuer namens Hitler aussah, denn es konnte sich doch nicht um ein menschliches Wesen handeln! Ich hatte meinen Eltern nichts von dem erzählt, was ich im Radio gehört hatte. Eine ganze Weile erzählte ich es niemandem, denn ich fürchtete, dass man mir nicht glauben würde.

Bald wurden wir Juden von den Christen in der Stadt getrennt. Auf einmal gab es einen Stadtausrufer, etwas, was wir bis dahin nicht gekannt hatten. Er lief mit einer großen Glocke durch die Straßen, um alle nach draußen zu beordern. Dann verkündete er, dass jüdische Kinder nicht mehr in die Schule gehen dürften. Diesmal brach ich in Tränen aus, denn mir dämmerte, dass für mich eine düstere, unsichere Zukunft anbrach. Das war in dem Moment meine größte Sorge.

Ich entschloss mich, das Beste aus den Büchern zu machen, die mein Vetter mir gegeben hatte. Jeden Tag legte ich mich, nachdem ich meiner Mutter im Haushalt geholfen hatte, draußen auf die Wiese und las laut aus meinen Büchern, lernte Geschichte, Erdkunde, Polnisch und Naturkunde, mein

Lieblingsfach. Rechnen war das einzige Fach, das ich nicht ohne Hilfe bewältigen konnte. Wie sehr wünschte ich mir, meine große Schwester Balla wäre zu Hause und könnte mir helfen. Ich ahnte ja nicht, dass Warschau bereits bombardiert worden war und dass Balla und viele andere längst auf dem Weg in ihre Heimatorte waren, in der Hoffnung, dort in Frieden leben zu können. Zu ihrer großen Enttäuschung mussten sie jedoch erfahren, dass die Deutschen selbst die kleinsten Dörfer besetzt hatten.

Um der Langeweile zu entgehen, beschlossen meine jüdischen Freunde und ich, unsere eigene Schule zu gründen. Wir trafen uns jeden Tag zu einer bestimmten Zeit und lasen einander aus unseren Schulbüchern vor. Es war aufregend, abwechselnd Lehrer zu spielen. Durch das viele Vorlesen wurde meine Aussprache so gut, dass man mich schon bald für ein nichtjüdisches polnisches Mädchen hätte halten können. Ich hatte hellblondes Haar, blaue Augen und eine helle Haut, ganz im Gegensatz zu meiner Schwester Balla, die dunkle Haare und braune Augen hatte. Mein Aussehen sollte in den kommenden Jahren eine entscheidende Rolle für mein Überleben spielen.

Ich war zwar noch ein Kind, aber ich wurde sehr schnell erwachsen genug, um zu begreifen, was auf uns zukam, und ich war wild entschlossen, mich mit aller Kraft zur Wehr zu setzen. Meine Schwester hatte mir regelmäßig die Zeitschrift *Sabina* aus Warschau geschickt, die ich begierig las und aus der ich sehr viel über die Welt erfuhr. Auch Ballas lange Briefe, in denen sie das Leben in der Großstadt geschildert hatte, faszinierten mich. Ungläubig las ich, dass man in Warschau selten seine direkten Nachbarn kannte, weil sich dort jeder nur um seine eigenen Angelegenheiten kümmerte. In unserer kleinen Stadt Tarnogród kannte jeder jeden. Manchmal hätte ich mir tatsächlich ein bisschen mehr Privatsphäre gewünscht, aber das war in unserer Stadt unmöglich. Wir waren wie eine große Familie.

Ich hatte mich auf den Tag gefreut, an dem ich die große Stadt kennenlernen würde. Für meine Mutter war ich jetzt schon eine Schneiderin. Schließlich konnte ich schon zerrissene Kleidungsstücke so flicken, dass man nichts davon sah. Und ich nähte aus Stoffresten, die Balla mir schickte, Handtaschen, die ich hübsch bestickte, sodass meine Mutter trotz unserer Armut zu jedem Kleid eine passende Handtasche besaß.

Aber das Stadtleben war bald nur noch ein Traum, der nie in Erfüllung gehen würde, denn unser Viertel wurde abgesperrt und zu einem Ghetto gemacht. Wenn ich traurig war, dachte ich, um mich aufzumuntern, an *HaSchem*, den Einzigen, dem ich vertraute. Dann fühlte ich mich stark und glaubte, dass ich alle unsere Feinde besiegen und meine Familie und alle unterdrückten Menschen befreien könnte. Später träumte ich sogar davon, mich unsichtbar zu machen und ins Gestapo-Hauptquartier einzubrechen, um alle, die ich dort antraf, mit einem Stock zu erschlagen, der an einem Ende einen Eisenhaken hatte. Solch eine »Waffe« besaßen wir tatsächlich: Mit diesem Stock fischten wir den Wassereimer aus dem Brunnen, wenn das Seil einmal riss. Aber ich musste mich mit meinem Traum begnügen.

Obwohl er durch den ständigen Hunger geschwächt war, hackte mein Vater stundenlang Feuerholz, und von dem wenigen Geld, das er damit verdiente, konnten wir uns ein paar Lebensmittel kaufen. Aber es reichte einfach nicht, und schon bald waren wir gezwungen, unsere Tagesdecken, die meisten Haushaltsgegenstände und Lampen zu verkaufen. Eine einzige Lampe behielten wir, damit wir abends nicht im Dunkeln sitzen mussten. Um uns aufzumuntern, sangen unsere Eltern mit uns Lieder und spielten mit uns. Wir hatten keine Spielsachen, aber selbst gebastelte Gesellschaftsspiele, mit denen wir uns die Zeit vertrieben.

Trotz all unserer Bemühungen litten wir Menschen im Ghetto Hunger. Ich konnte das Elend um mich herum kaum ertragen. Meine drei kleinen Schwestern waren inzwischen sogar zu schwach zum Weinen.

Ich war die Mutigste in der Familie und suchte nach einer Möglichkeit, Lebensmittel für meine hungernden Lieben zu beschaffen. Leider fand ich keine Freundin, die mir bei meiner schwierigen Aufgabe helfen konnte, und so musste ich mich allein ans Werk machen.

Bald wurde die Lage noch schlimmer. Eines Tages verkündete der Stadtausrufer, dass jeder Jude – ob Mann, Frau oder Kind – den gelben Davidstern an der Kleidung tragen musste. Der Stern musste auf weißen Untergrund genäht werden, damit man ihn von Weitem erkennen konnte. Wer dem Befehl nicht nachkam, dem drohte die Todesstrafe.

Ich begann, die deutschen Soldaten zu beobachten. Ich war noch nie in Deutschland gewesen und fragte mich, wie es wohl in dem Land aussehen mochte. Jetzt gehörte ihnen auch Polen und damit auch wir. Wir waren ihr Besitz, und alles, was wir hatten, gehörte ihnen. Ich bin ein friedlicher Mensch, aber oft hätte ich am liebsten dem nächsten Soldaten sein Gewehr abgenommen und damit alle Deutschen erschossen.

Die Nazis verboten uns, in unserer *Schul* Gottesdienste abzuhalten, außerdem war es uns verboten, uns zu mehr als drei Personen zu versammeln. Unsere wunderschöne Synagoge aus dem achtzehnten Jahrhundert, die oben auf dem Hügel thronte, benutzten die Deutschen jetzt als Pferdestall. Die kleinere Synagoge *Belzer Schtiebl* diente als Krankenhaus für Menschen, die an Typhus und anderen ansteckenden Krankheiten litten, die jetzt überall wüteten. Aber niemand durfte den armen Leuten helfen; ohne Medikamente und ohne Nahrung starben sie wie die Fliegen. Es ist kaum zu glauben, dass niemand aus unserer Familie sich mit einer dieser Krankheiten ansteckte, wo wir doch in der Nähe des *Schtiebl* wohnten. Vielleicht konnten sich die Krankheitserreger nicht so weit ausbreiten, weil sie nicht ausreichend Nahrung an den Sterbenden fanden.

In unserer Verzweiflung fassten mein älterer Bruder und ich uns schließlich ein Herz und machten uns auf den Weg in die umliegenden Dörfer, um bei den Bauern und Soldaten Lebensmittel zu erbetteln. Kurz zuvor hatte ich aus der Wolle von mehreren alten Pullovern eine Jacke für meine siebenjährige Schwester Kresele gestrickt; die nahm ich nun mit und tauschte sie gegen einen Laib Brot, ein paar Kartoffeln und Eier. Der Gedanke, dass jetzt ein Kind von einem dieser gemeinen Soldaten die Jacke tragen würde, machte mich traurig. Bis heute läuft mir jedes Mal ein eiskalter Schauer über den Rücken, wenn ich eine im Zopfmuster gestrickte Jacke sehe, vor allem, wenn sie aus roter, weißer und blauer Wolle ist.

Von ein paar Bauern hatten wir Brot und Milch erbettelt, und schließlich machten wir uns mit unseren Schätzen auf den Heimweg. Obwohl wir beide sehr hungrig waren, widerstanden wir der Versuchung, einen kleinen Bissen von dem Brot zu essen, denn wir wollten alles mit der Familie teilen. Ich freute mich schon auf das wunderbare Essen, das meine Mutter zubereiten würde, und nahm mir vor, Kresele eine Extraportion zu geben, weil sie ihre Strickjacke geopfert hatte.

Wir hatten Tarnogród schon fast erreicht und fühlten uns in Sicherheit. Ich stellte mir vor, wie meine Eltern und Geschwister uns um den Hals fielen vor Freude über die Lebensmittel, die wir ergattert hatten. Dann sahen wir plötzlich zwei berittene SS-Leute in. Auch sie hatten uns entdeckt und schrien: »Halt!«

Instinktiv flüchteten wir in ein Maisfeld. Die Männer hoben ihre Gewehre und schossen auf uns. Ich tat so, als wäre ich getroffen, und ließ mich mit ausgestreckten Armen zu Boden fallen. In der Hoffnung, dass mein Bruder es genauso gemacht hatte, blieb ich mehrere Minuten lang so liegen. Nachdem die SS-Männer davongeritten waren in dem Glauben, uns beide erschossen zu haben, hob ich vorsichtig den Kopf. Ich erstarrte, als ich erkannte, dass Yechiel nie wieder aufstehen würde. Sie hatten ihn getroffen, und er war so schnell tot gewesen, dass er nicht einmal mehr Zeit gehabt hatte, einen letzten Seufzer auszustoßen. Ich blieb noch eine ganze Weile dort liegen aus Angst, die Ungeheuer würden zurückkommen, doch das taten sie nicht. Wahrscheinlich waren sie längst auf der Suche nach anderen Opfern. Aber irgendwann musste ich nach Hause laufen, so gefährlich es auch sein mochte. Ich konnte nicht ewig in dem Maisfeld liegen bleiben.

Tränen zu vergießen konnte ich mir nicht leisten, denn jemand hätte mich hören und dann fragen können, was passiert war. Bis Tarnogród war es noch ein Stück, ich war also noch nicht außer Gefahr. Ich tröstete mich damit, dass mein Bruder jetzt nie wieder würde Hunger leiden müssen. Aber meine Eltern würde das nicht trösten, denn sie hatten ihren einzigen Sohn verloren.

Insgeheim beneidete ich Yechiel, und ich fürchtete mich davor, meinen Eltern sagen zu müssen, dass ihr einziger Sohn, ihr Augenstern, tot war. Ich nahm meinen Beutel, warf ihn mir über die Schulter wie eine professionelle Bettlerin – zu der ich ja tatsächlich geworden war – und machte mich auf den Heimweg. Auf der Landstraße begegnete ich keinem Deutschen mehr, aber in der Stadt wimmelte es nur so von Soldaten, die zum Glück überhaupt keine Notiz von mir nahmen. Es war, als würde ich gar nicht existieren. Ich kniff mich kurz, um mich zu vergewissern, dass ich noch am Leben war, und dankte *HaSchem* dafür, dass er mich gerettet hatte. Gleichzeitig fragte ich mich, wie lange ich noch solches Glück haben würde.

Als ich zu Hause ankam, war ich immer noch total benommen, nachdem ich miterlebt hatte, wie mein Bruder kaltblütig erschossen worden war. Ich stand so unter Schock, dass ich nicht einmal weinen konnte. Es kamen keine Tränen, und ganz lange brachte ich kein Wort heraus. Aber meine Eltern brauchten nicht zu fragen, sie wussten auch so, was passiert war. Sie gingen still zu meinem Großvater, um in seinem Haus zu weinen, wo meine kleinen Schwestern sie nicht hören konnten. Jeder von uns trauerte für sich im Stillen um unseren lieben Yechiel. Alle außer den drei Kleinen, die sich über das Essen freuten, das ich mitgebracht hatte. Sie waren noch zu klein, um zu verstehen, was geschehen war, und vermutlich glaubten sie, Yechiel wäre noch unterwegs, um Lebensmittel zu erbetteln.

Wir hatten aber noch ein zusätzliches Problem. Der junge Wasserträger der Stadt war ein Dummkopf, der nicht einmal wusste, wie alt er war. Niemand im Ort hatte sich groß um ihn gekümmert, bis die Deutschen ihn zu ihrem Informanten machten. Für seine Dienste gaben sie ihm ein schönes Haus und eine deutsche Uniform. Noch nie hatte er sich so wichtig gefühlt. Die schlauen Nazis brachten ihn dazu, seine eigenen Leute zu verraten, und jetzt trugen sie ihm auf, herauszufinden, wessen Kinder das Ghetto an dem Tag verlassen hatten. Als ich davon hörte, wusste ich sofort, was ich zu tun hatte. Ich musste eine Soldatin werden. Ich hatte zwar kein Gewehr, aber einen sehr starken Überlebenswillen. Ich würde mich nicht so leicht geschlagen geben, und dieser Dummkopf würde keine Gelegenheit bekommen, mich zu verraten.

In der Nacht schlich ich mich aus dem Haus, gefolgt von

meiner Katze. Mit dieser Katze verband mich eine langjährige Freundschaft. Schon als ich klein war, war sie mir überallhin gefolgt und hatte die ganze Zeit in meiner Nähe gesessen, während ich mit anderen Kindern spielte. Meine Freunde hatten mich immer aufgezogen und gesagt, die Katze würde alle Spiele für mich gewinnen.

Die Katze und ich waren schon bald auf der anderen Seite der Nitka, durchquerten den Stadtpark und liefen querfeldein. Ich fühlte mich wieder frei, auch wenn es nur für kurze Zeit sein sollte. Ich machte eine kleine Pause und aß etwas von dem Proviant, den ich mitgenommen hatte, weil ich nicht riskieren durfte, dass mich die Kräfte verließen.

Wie erwartet, berichtete der Wasserträger den Nazis, dass Yechiel und ich Kinder der Szorers waren, woraufhin sie meinen Vater holten, um ihn zu zwingen, seine Kinder zu begraben. Die Deutschen waren nicht wieder an den »Tatort« zurückgekehrt, und niemand wusste, dass ich überlebt hatte. Von da an war ich bei uns zu Hause nicht mehr in Sicherheit. Ich ging nur noch heim, um meiner hungernden Familie Lebensmittel zu bringen. Den Davidstern trennte ich von meiner Jacke ab, da ich mich ohne ihn sicherer fühlte. Ich behielt ihn aber für alle Fälle in der Tasche, um ihn anstecken zu können, falls mir Deutsche über den Weg liefen. Was mir allerdings nichts genützt hätte, denn es war verboten, das Ghetto zu verlassen. Wenn sie mich entdeckt hätten, hätten sie mich bestimmt erschossen.

Außerdem musste ich nach Hause, um mich zur Arbeit zu melden, stellvertretend für Balla, die aus Warschau zurückgekehrt war. Nicht mein Name, Mala, wurde aufgerufen, sondern der meiner Schwester Balla. Aber niemand verriet mich. Balla blieb zu Hause, weil ich als zäher galt und eher in der Lage, den Hunger, den Schmerz und die Einsamkeit in der Außenwelt zu ertragen. Ich wusste, dass ich draußen in der

Natur weniger gefährdet war als zu Hause bei meiner Familie. Das Beten gab mir Hoffnung. Ich vertraute *HaSchem*, wie ein Baby seiner Mutter vertraut.

In meiner Einsamkeit hatte ich das Gefühl, dass die Katze meine Qualen verstand, wenn sie mich mit ihren sanften Augen anschaute. Ich taufte sie Malach, das ist das hebräische Wort für Engel, und ich stellte mir vor, dass sie in Wirklichkeit ein Engel war, der über mich wachte. Einen echten Schutzengel hatte ich nicht verdient, doch ich war froh, dass sie mir überallhin folgte, und es tat mir furchtbar leid, dass ich kein Futter für sie hatte. Ich hatte Angst, sie könnte verhungern, aber sie kam auch ohne meine Hilfe zurecht.

Häufig schlich ich mich in mein Elternhaus, nur die Katze durfte ich nicht mit hineinnehmen. Aber wenn ich das Ghetto verließ, war die Katze immer zur Stelle, um mich zu begleiten. Damals ahnte ich noch nicht, was für eine wichtige Rolle diese Katze in meinem Leben spielen sollte.

Zum Glück gelang es mir immer wieder, Lebensmittel aufzutreiben und sie unbemerkt meiner Familie zu bringen. Die Katze war meine einzige Zeugin.

6

Meine Beschützerin war wirklich ein Engel

Im bitterkalten Winter 1940 zwangen die Deutschen Kinder, von denen einige nicht mehr als acht Jahre alt waren, die Straßen vom Schnee zu befreien, damit Autos passieren konnten. Manche Kinder waren kaum so groß wie die Schaufeln, mit denen sie hantieren mussten. Ich war schon fast vierzehn und konnte auch mit steif gefrorenen Fingern und Zehen noch arbeiten, und auch an den Hunger hatte ich mich gewöhnt. Aber viele der kleineren Kinder kamen unter den unmenschlichen Bedingungen im Schnee und in der eisigen Kälte um, und ihre armen Eltern konnten ihnen nicht helfen.

Einmal, als ich mich wieder anstelle meiner Schwester zur Arbeit gemeldet hatte, wurde unsere aus lauter Mädchen bestehende Gruppe zum Gestapo-Hauptquartier geführt, das im schönen Haus des Priesters untergebracht war. Das Haus war umgeben von einem Garten mit hohen Bäumen und ordentlichen Blumenbeeten. Wir mussten bei Minustemperaturen mit eiskaltem Wasser Autos waschen. Bald waren unsere Finger steif gefroren, und wir arbeiteten immer langsamer. Der Soldat, der uns beaufsichtigte, begann, uns mit einem Knüppel zu schlagen, und schrie uns an, wir sollten schneller machen. Wieder einmal beneidete ich meinen Bruder Yechiel darum, dass er es hinter sich hatte. Ich hatte genug von alldem und war fest entschlossen, mich zu widersetzen, obwohl ich wusste, welche Konsequenzen das haben würde. Mir taten meine armen Eltern leid, die ein weiteres Kind verlieren würden, aber ich konnte einfach nicht mehr. Meine Hände waren taub, und ich wollte keine Gestapo-Autos mehr waschen. Ich war bereit zu sterben. Ich hatte keine Angst, oder zumindest redete ich mir das ein. Ich wusste selbst nicht, was mich dazu brachte, so zu handeln. Ich wollte einfach nicht mehr leiden. Ich lächelte meine geliebte Katze an und verabschiedete mich im Stillen von ihr. Dann ging ich zu dem Soldaten. »Entweder Sie hören auf, uns zu schlagen, oder ich wasche kein Auto mehr«, sagte ich zu ihm.

»Was hast du gesagt?«, fragte er mich. »Ich höre wohl nicht recht. Komm mit.«

Ich folgte ihm in ein Zimmer, in dem ein hochrangiger Offizier saß. Als er mich sah, befahl er dem Soldaten, mich ihm zu überlassen und zu den anderen zurückzugehen.

Ich rechnete damit, dass der Offizier mich in seinem eleganten Zimmer erschießen würde, doch er schrieb einfach weiter. Ich schaute ihm zu, wartete darauf, dass er das große Gewehr von der Wand nehmen würde, und hoffte nur, endlich nicht mehr frieren und hungern zu müssen. Es wunderte mich, dass er nicht einmal zu seinem Gewehr hinschaute. Wie würde er mich töten? Wenn er vorhatte, mich mit seinen bloßen Händen umzubringen, würde ich ihm richtig wehtun, bevor ich starb. Oder sollte ich ihn umbringen? Nein! Dann würde man meine ganze Familie foltern und töten. Lieber wollte ich sterben, als den Tod der anderen zu verschulden. Aber wer sollte dann um Lebensmittel betteln gehen? Ohne meine Hilfe würde die Familie nicht lange überleben, dachte ich, und dann wäre es um uns alle geschehen.

Ich schaute den Offizier an. Im Gegensatz zu dem Soldaten, der mich zu ihm gebracht hatte, hatte er ein sehr freundliches Gesicht. Aber er war der Gestapo-Chef, rief ich mir in Erinnerung. Plötzlich sagte er zu mir: »Wasch dir die Hände und mach mein Bett.«

Ich befolgte seinen Befehl und achtete darauf, dass kein bisschen Schmutz an die Bettwäsche kam.

»Jetzt putz meine Stiefel«, befahl mir der Offizier, nachdem ich sein Bett gemacht hatte.

Es waren die gleichen hohen Stiefel, die alle Gestapomänner trugen, und ich polierte sie, so gut ich konnte. Obwohl ich wusste, dass meine Stunden gezählt waren, war ich froh, der arktischen Kälte entkommen zu sein, und genoss die Wärme im Zimmer.

»Jetzt wisch den Fußboden«, trug er mir in äußerst höflichem Ton auf.

Während ich arbeitete, hörte der Offizier nicht auf zu schreiben, doch ich spürte, dass er mich die ganze Zeit beobachtete. Ich traute meinen Augen kaum, als ich sah, wie ihm Tränen über die Wangen liefen. Da musste ich plötzlich auch weinen. Wahrscheinlich tat ich ihm leid, dachte ich, weil er mich gleich erschießen musste, und er wirkte nicht so, als würde ihm das Spaß machen.

»Ist das deine Katze?«, fragte er und zeigte auf Malach, die unbemerkt mit ins Zimmer geschlüpft war und mich beobachtete.

»Ja«, sagte ich. »Sie ist mein Schutzengel.«

»Versprich mir, dass du niemandem sagst, was ich jetzt tun werde«, sagte er. »Ich schicke dich durch die Hintertür nach Hause. Und hier ist etwas für dich.«

Dann gab er mir einen großen Laib Brot und eine Tüte Süßigkeiten und schärfte mir ein, niemandem zu verraten, woher ich die Sachen hatte, falls mich jemand unterwegs ansprach. Ein bisschen benommen von dieser Wendung des Schicksals lief ich mit meinen Schätzen nach Hause. Ich verstand gar nicht, womit ich die Güte des Offiziers verdient hatte.

»Mein Schutzengel wacht über mich«, sagte ich mir. »Anders kann es nicht sein.«

Als ich meinem Vater von meinem Glück berichtete, sagte

er: »Das war kein normaler Mann, das war ein Engel, der vorübergehend im Gestapo-Büro gesessen hat.«

Wir setzten uns alle zusammen an den Tisch und aßen etwas von dem Brot und den Süßigkeiten. Der Rest wurde für später aufgehoben. Alle küssten mich und sagten: »Was täten wir nur ohne dich?« Ich war froh, dass mein Plan nicht aufgegangen war.

Aber zum Ausruhen blieb keine Zeit. Ich zerbrach mir den Kopf, wie es weitergehen sollte. Ich nahm mein *Tehillim* heraus und begann zu beten. Ich wünschte, ich könnte mein Psalmenbuch mitnehmen, aber ich wusste, dass es mich in Lebensgefahr bringen würde.

Nachdem ich ein paar Gebete gesprochen hatte, fühlte ich mich gestärkt. Es war, als wäre die Kraft einer anderen Person auf mich übergegangen, und damit wuchs mein Überlebenswille.

Meine Eltern protestierten nicht, wenn ich immer wieder den gelben Davidstern von meiner Jacke abnahm und mit meiner Katze an der Seite das Ghetto verließ. Winter hin oder her, im Ghetto hielt ich es nicht aus. Die Situation hatte sich derart verschlimmert, dass selbst Wasser kaum zu bekommen war. Es war sehr gefährlich, zum Brunnen zu gehen, um einen Eimer kostbares Trinkwasser zu holen.

Jetzt musste ich mich entscheiden, ob ich lieber erschossen werden oder langsam und qualvoll verhungern wollte. Unermüdlich ging ich immer und immer wieder in die nahe gelegenen Dörfer, um Lebensmittel für meine hungrige Familie zu erbetteln. Ich versicherte meinen Eltern, dass ich keine Angst hatte, und es blieb ihnen nichts anderes übrig, als mir zu glauben. Keiner von uns traute sich, Gefühle zu zeigen, denn wir wussten alle, wie hoffnungslos die Situation war. Uns allen war klar, dass es nur noch eine Frage der Zeit war, bis wir alle tot sein würden.

Einigen älteren Mädchen gelang es, sich gefälschte Geburtsurkunden zu besorgen, so auch meiner Schwester Balla. Ich war nicht alt genug für einen Personalausweis, aber es sollte sich herausstellen, dass die falschen Papiere sowieso nutzlos waren. Es war nur eine weitere Methode der Polen gewesen, sich an dem Untergang geweihten Menschen zu bereichern.

7

Ein finsterer Plan

Als ich hörte, dass Balla sich in Warschau verlobt hatte, war ich entgeistert. Wie konnte jemand in so schrecklichen Zeiten Kinder in die Welt setzen wollen? In diese verkommene Welt? Aber die beiden sollten gar keine Gelegenheit dazu haben: Kurze Zeit später wurde Ballas Verlobter bei dem Versuch erschossen, das Ghetto zu verlassen, um Lebensmittel für seine Familie zu besorgen. Von da an hatte Balla keinen Überlebenswillen mehr. Sie verließ das Haus nur noch, wenn die Deutschen ihr befahlen, Kartoffeln zu schälen oder die Zimmer der Soldaten zu putzen.

Tag für Tag trafen Juden ein, die man aus anderen Städten wie Łódź oder Kalisz vertrieben hatte, und es wurde immer voller in unserem Ghetto. Nach einer Weile wohnten fast dreißig Leute mit uns zusammen in unserem kleinen Haus. Obwohl sie alle wussten, dass sie dem Tod geweiht waren, sangen sie ihren Kindern Lieder wie *Mir velen zei iberleben* (Wir werden sie überleben) vor. Die Kinder glaubten ihren Eltern natürlich, und ich freute mich, wenn ich sah, wie sie ihre traurigen Eltern anlächelten. Ich war heilfroh, dass ich noch nicht alt genug war, um Kinder zu haben, denn ich hätte ihnen unmöglich etwas vormachen können, was ihre Zukunft betraf.

Anfang 1942 wurde im Ghetto eine Ausgangssperre eingeführt, die von sechs Uhr abends bis acht Uhr morgens galt. Wer sich trotzdem draußen blicken ließ, wurde sofort erschossen. Eines Abends meinte Balla zu mir, wir sollten unsere Schabbatkleider anziehen und über die Brücke in den Garten von Herrn Guziek gehen.

Herr Guziek war ein paar Jahre zuvor aus Südamerika zurückgekehrt und hatte sich auf der anderen Seite der Nitka eine schöne Villa gebaut. Zu besseren Zeiten war er mit meinem Vater gut befreundet gewesen und hatte sich gern mit ihm auf Spanisch unterhalten. Er war ein groß gewachsener, freundlicher Mann und den Juden wohlgesinnt. Kurz nach der Invasion hatten die Deutschen Herrn Guziek gezwungen, in ein Haus zu ziehen, das sie einem Juden abgenommen hatten. In Herrn Guzieks Villa wohnte jetzt ein hochrangiger deutscher Offizier, dem wir nun einen Besuch abstatten wollten.

»Wir gehen in Guzieks Garten«, verkündete Balla. »Und wenn der Deutsche uns sieht, schießt er bestimmt auf uns, weil es schon nach sechs ist.«

Ich wusste, dass sie recht hatte: Wir würden die Nacht nicht überleben. In dem Moment schien es mir sinnlos, gegen unser unausweichliches Schicksal anzukämpfen. Wir Juden würden sowieso ausgerottet werden, und uns freiwillig in unser Schicksal zu ergeben, fühlte sich an wie eine Befreiung. Es wäre eine Erleichterung, dachte ich, keine Entscheidungen mehr treffen zu müssen, nicht mehr dauernd vor dem Tod davonlaufen zu müssen.

Balla und ich zogen uns hastig an. Dann umarmten wir unsere Eltern mit Tränen in den Augen zum letzten Mal, wie wir glaubten. Sie waren inzwischen so geschwächt, dass sie gar nicht begriffen, was wir vorhatten, und auch nicht versuchten, uns aufzuhalten. Wir verließen das Haus und liefen in Richtung der Nitka. Um uns herum herrschte Stille, nichts rührte sich, bis auf Malach, die uns auf leisen Pfoten begleitete. Ich betrachtete meine Katze und fragte mich, ob auch sie wohl die Nacht nicht überleben würde.

»Dir passiert nichts«, sagte ich zu ihr. »Du bist eine ganz außergewöhnliche Katze. Nur Balla und ich werden erschossen.«

Auf dem Weg zu Guzieks Garten bekam ich plötzlich Gewissenbisse; schließlich war ich die Einzige in der Familie, die in der Lage war, Lebensmittel für alle zu organisieren. Wie sollten die anderen ohne mich überleben?, fragte ich mich. Dann ging mir noch durch den Kopf: Wenn die Deutschen uns erschossen, würden sie nachher herausfinden, wo wir wohnten, und dann würden sie unsere ganze Familie erschießen, so wie sie es immer machten.

Ich teilte Balla meine Bedenken mit, doch sie entgegnete nur: »Jetzt ist es zu spät, liebe Mala, jetzt gibt es kein Zurück mehr.«

Als wir uns dem Haus näherten, sahen wir einen dicken Nazi im Garten sitzen und die frische Luft genießen. Er aß einen saftigen roten Apfel von einem schönen Teller. Wir waren nur noch wenige Schritte von ihm entfernt und redeten weiter in normaler Lautstärke miteinander, aber er schien uns nicht zu hören. Wir fingen an, Lieder zu summen, aber er schaute nicht in unsere Richtung. Er aß einfach seinen Apfel auf, dann ging er ins Haus.

Enttäuscht und zugleich erleichtert machten wir uns auf den Heimweg. Wir gingen ganz dicht an bewaffneten deutschen Soldaten vorbei, aber sie bemerkten uns gar nicht. Als wir wieder zu Hause ankamen, sagten unsere Eltern kein Wort dazu, dass wir zu so später Stunde noch unterwegs gewesen waren. Und so erfuhr niemand in der Familie von unserer gescheiterten Mission.

Ich war unruhig und fühlte mich unwohl in unserem stickigen Haus, also öffnete ich ein Fenster. Das Ghetto wirkte menschenleer. In einiger Entfernung sah ich einen Soldaten mit einem Gewehr über der Schulter. Das war nichts Ungewöhnliches: Nachts patrouillierten immer Soldaten durch das Ghetto, begierig, »ihre Pflicht zu erfüllen« und jeden zu erschießen, der sich aus dem Haus wagte.

Der Soldat sah sich gelangweilt in alle Richtungen um. Auf dem Weg die Różanieckastraße hoch blieb er plötzlich stehen. Ich überlegte, ob ich vom Fenster weggehen sollte, aber er schaute nicht in meine Richtung. Irgendetwas hatte seine Aufmerksamkeit erregt, und ich fragte mich ängstlich, was er gesehen haben mochte, als er zu einem Nachbarhaus hochblickte. Irgendetwas schien sein Interesse geweckt zu haben.

Obwohl mir die Sache Angst machte, konnte ich mich nicht abwenden. Dann sah ich, was ihn interessierte. Die Leute in dem Haus hatten drei schöne Töchter, und eine davon schaute jetzt aus dem Fenster. Der Soldat sprach sie an und machte ihr Komplimente. Falls er ihr befahl, nach draußen zu kommen, würde die Ärmste ihm gehorchen müssen. Und sobald sie draußen war, würde er sie erschießen, denn sie durfte das Haus während der Sperrstunde nicht verlassen, egal, wie schön sie war.

Anfangs schenkte sie ihm keine Beachtung. Doch dann ließ sie sich dummerweise auf das Geplänkel ein und machte ihm ihrerseits Komplimente.

»Sie sehen aus wie ein anständiger Kerl«, rief sie ihm zu. »Ich glaube nicht, dass Sie in der Lage wären, uns so schreckliche Dinge anzutun wie Ihre Kameraden.«

Augenblicklich verwandelte sich der Soldat. Offenbar hatte sie ihn mit ihrer Einschätzung beleidigt. Er begann, die schöne junge Frau aufs Übelste zu beschimpfen. Dann riss er sich das Gewehr von der Schulter und schrie: »Ach, du traust mir also nicht zu, dass ich so etwas tue? Ich habe die gleiche Ausbildung durchlaufen wie meine Kameraden. Für wen hältst du mich eigentlich? Ich werde dir zeigen, was ich tun kann, du dumme Jüdin!«

Entsetzt sah ich, wie er sein Gewehr auf ihre kleine Schwester richtete, die neben ihr stand. »Du dumme Jüdin!«, schrie er immer wieder. Dabei lief sein Gesicht puterrot an. Offenbar hatte noch nie jemand seine Männlichkeit so schnöde infrage gestellt wie diese junge Jüdin dort am Fenster. Er wollte ihr zeigen, wozu er fähig war, und deswegen zielte er nicht auf sie, sondern auf ihre kleine Schwester.

Als ich die Schreie aus dem Haus hörte, wandte ich mich ab. An dem Abend schaute ich nicht noch einmal aus dem Fenster. Ich konnte es nicht ertragen, und ich konnte auch nichts tun. Am liebsten hätte ich dem Soldaten etwas Schweres an den Kopf geworfen, aber ich wusste ja, was dann passieren würde.

Ich blieb die ganze Nacht in einem Sessel sitzen und betete. An Schlafen war nicht zu denken. Die ganze Zeit sah ich diesen Soldaten mit seinem Gewehr vor mir. Ich war froh, dass ich noch lebte, und in jener Nacht schwor ich mir, niemals aufzugeben. Ich würde keine Zeit verlieren und am Morgen wieder betteln gehen. Es war eine niedere Tätigkeit, aber sie versetzte mich immerhin in die Lage, meine Familie zu ernähren, und das erfüllte mich mit Freude. Ich würde weiterhin im Wald leben. Ich würde weiterhin in die Dörfer gehen. Ich würde den Bauern anbieten, im Austausch für einen Laib Brot beim Mahlen des Korns zu helfen. Ich würde für etwas Milch und Käse kleinen Kindern das Lesen und Schreiben beibringen. Ich würde alles tun, um zu verhindern, dass meine Familie und ich hungern mussten. Und am Schabbat würde ich mich im Wald verstecken und mich ausruhen. Plötzlich wurde mir bewusst, wie jung ich war, und ich dachte daran, dass meine Freunde mir bei jedem Geburtstag gewünscht hatten, ich möge hundertzwanzig Jahre alt werden. Bis dahin war es noch eine lange Zeit, und ich hatte noch viel zu erledigen.

Am nächsten Morgen machte ich mich auf den Weg »zur Arbeit« im Nachbardorf. Ich wusste nicht, ob das kleine Mädchen in der Nacht erschossen oder nur verwundet worden war. Ich kochte vor Wut, wenn ich an sie dachte, und ich betete, dass für den Soldaten schon bald der Tag der Abrechnung kommen würde.

»Hast du gesehen, was ich gesehen habe?«, fragte ich Malach, ohne eine Antwort von ihr zu erwarten. Es beruhigte mich, mit meiner Katze zu sprechen, und ich streichelte ihr das Fell.

»Bitte versprich mir, dass du mich niemals verlassen wirst«, sagte ich zu meiner stillen Freundin. Ich versuchte mir einzureden, dass das, was ich gesehen hatte, nur ein böser Traum gewesen war, doch es gelang mir nicht.

Schweren Herzens machte ich mich auf meine Betteltour. Eine Bauersfrau gab mir etwas Milchsuppe. Im Gegenzug stopfte ich ein paar Strümpfe für sie. Dann ging ich in den Wald, der zu meinem Zuhause geworden war. Für mich war er das Paradies; nur dumm, dass es dort keine Obstbäume gab. Hätte es dort Obstbäume gegeben, wäre ich für immer im Wald geblieben.

8

Eine junge Ernährerin

Während die Tage vergingen, sammelte ich meine Kräfte, sodass mein Überlebenswille immer stärker wurde. Ich aß alles, was ich bekommen konnte, und nahm beständig zu. Ich ernährte mich hauptsächlich von Milch, Sahne, Quark und, wenn ich Glück hatte, hart gekochten Eiern. Wie gern hätte ich diese Mahlzeiten mit meiner Familie geteilt, aber ich musste sie am Tisch der Bauern zu mir nehmen, die nichts von meiner Familie wussten.

Auf einer meiner Betteltouren kam ich nach Luchów Dolny, wo mein Onkel Abram lebte. Natürlich besuchte ich meine Verwandten. Inzwischen war aber nicht nur Gitel, die Schwester meiner Tante, mit ihrem Mann Shimon, ihren Kindern und Eltern bei ihnen eingezogen, sie mussten ihr Haus auch noch mit wohlhabenden polnischen Bauersleuten aus Posen teilen, deren Haus und Hof beschlagnahmt und an eine »volksdeutsche« Familie übergeben worden waren.

Die Polen waren sehr erbost darüber, dass man sie aus ihrem schönen Haus und von ihrem Land vertrieben und bei Fremden einquartiert hatte, deren Haus ohnehin schon überfüllt war. Wenn sie gewollt hätten, hätten sie alle meine Verwandten aus dem Haus werfen können, doch sie hatten Mitleid mit ihnen. Sie erlaubten meiner Tante Goldie sogar, den Haushalt zu führen und für alle zu kochen. Einmal erlebte ich, wie zwei SS-Männer – ein Deutscher und ein Pole – ins Haus kamen und verlangten, dass man ihnen eine Mahlzeit vorsetzte. Meine Tante machte sich sofort daran, aus dem wenigen, das es im Haus gab, etwas für die beiden Männer zu kochen.

Während meine Tante in der Küche hantierte, sagte der Deutsche, er könne nicht essen, ehe er nicht einen Juden getötet habe. Sonst schmecke ihm das Essen nicht. Mein Onkel sollte sein Opfer sein, und der Deutsche befahl ihm, nach draußen zu gehen und sich mit dem Gesicht zur Hauswand aufzustellen.

In dem Moment war meine Wut größer als meine Angst. Ich konnte nur noch eins denken: Wie tief waren die Deutschen unter Hitler gesunken? Sie waren schlimmer als Tiere, die nur töten, wenn sie hungrig sind. Dieses Ungeheuer bekam eine ordentliche Mahlzeit vorgesetzt – von meiner Tante, die ihre letzten frischen Eier und ihr letztes Brot dafür hergegeben hatte. Im Stillen fragte ich ihn: »Wie können Sie jemanden töten, dessen Frau Ihnen ein köstliches Essen zubereitet hat, Sie Schwein?« Ich konnte mir nicht vorstellen, dass dieser Deutsche ein Herz besaß. Ich hätte die beiden mit Steinen erschlagen können, die vor dem Haus lagen, aber ich wusste, was dann passieren würde. Noch mehr Deutsche würden kommen und alle Bewohner des Hauses töten, vielleicht sogar noch Hunderte andere Personen. Ich war immer mehr um das Wohl anderer besorgt als um mein eigenes. Das hatte ich von meinen lieben Eltern gelernt. Um ein Haar hätte ich dem Deutschen angeboten, mich anstelle meines Onkels zu töten, aber ich fürchtete, dass er uns dann beide erschießen würde. Einmal mehr würde ich Zeugin eines kaltblütigen Mordes werden.

Wir standen alle da, starr vor Schreck. Als mein Onkel sich vor die Hauswand stellte, sah ich seine Schultern zittern, während er still auf sein Schicksal wartete. Meine Tante war in der Küche geblieben und wartete stumm auf den Pistolenschuss, der ihren geliebten Mann töten würde. Langsam hob der Nazi seine Pistole und zielte auf den Nacken meines Onkels. Dann ließ er die Hand ganz plötzlich wieder sinken, steckte die Pistole in das lederne Holster und ging zurück in die Küche, um sein Essen zu sich zu nehmen. Als mein Onkel begriff, dass er begnadigt worden war, fiel er fast in Ohnmacht vor Erleichterung, lief jedoch dann in die Küche, um meiner Tante zu helfen. Warum der SS-Mann seine Drohung nicht wahr gemacht hat, werde ich nie erfahren. Wir waren alle sehr erleichtert, aber uns war auch klar, wie ernst die Situation gewesen war.

Ich hoffe, dass die beiden SS-Leute und viele andere herzlose Menschen an der russischen Front gefallen sind. Am liebsten hätte ich diese Ungeheuer gleich selbst getötet. Wenn ich doch nur so stark wäre wie Samson, dachte ich. Doch dann sagte ich mir: Wenn ich der Kraft eines Samson würdig gewesen wäre, dann hätte *HaSchem* sie mir verliehen. War ich vielleicht zu stolz geworden und hielt mich für etwas Besseres? Ich bat *HaSchem* um Vergebung dafür, dass ich so unbescheiden geworden war.

Nachdem die SS-Männer sich die Bäuche vollgeschlagen hatten, gingen sie. Ich sah, wie sie auf ihre Pferde stiegen. Sie saßen aufrecht im Sattel, mit stolzem Blick. Sie sahen tadellos aus in ihren schwarzen Uniformen und glänzenden Stiefeln.

Am liebsten hatte ich alle meine Beobachtungen aufgeschrieben, aber ich wusste nur zu gut, was die Deutschen mit mir machen würden, wenn sie ein Tagebuch bei mir fanden. Außerdem hatte ich sowieso weder Stift noch Papier. Zum Glück war ich mit einem guten Gedächtnis gesegnet.

»Du kannst froh sein, dass du kein Mensch bist«, sagte ich zu Malach. »Und dass du nicht weißt, was wir durchmachen müssen.«

Die Sonne schien, und ich schaute hinaus auf die grünen Felder, auf denen die Ähren reiften. Werden wir jemals wieder Brot essen, das aus dem Korn von diesen Feldern gemacht ist?, fragte ich mich. Dann fiel mir ein Gedicht ein, das meine Schwester Balla einmal geschrieben hatte. Es hieß *Broit*.

Einmal kam mein Vater eilig heim,
ein breites Lächeln im Gesicht,
schaut her, sagt er, was mag es sein,
was ich euch bringe?
Es ist ein Brot! Geschwind, teilt's auf,
und gebt schön acht,
dass kein Krümel wird vergeudet.

Auf der Straße sah ich's liegen,
und ich dachte: Zapperlot!
Kann es sein, dass jemand es vergaß?
Ja, es stimmte, halleluja!
Dort auf dem Boden lag ein Brot!
Jetzt ist es unser und auch mein.
Wolln wir HaSchem *dankbar sein.*

Während ich meinen Blick über die Felder schweifen ließ, kam ein kleiner Vogel geflogen und setzte sich neben mir auf den Boden. Dann kam eine Taube dazu. Ich betrachtete die beiden Vögel und beneidete sie um ihre Freiheit. Wenn ich doch nur mit einem der Vögel eine Botschaft in ein fernes Land schicken könnte, dachte ich: Dann würden Leute kommen, um uns zu retten. Ich versuchte immer noch, mir einzureden, dass es alles ein böser Traum war, aus dem ich bald aufwachen würde. Und dann würde ich schnurstracks nach Hause gehen. Ich hatte schlimme Gewissensbisse, weil ich mich so frei bewegen konnte, während alle anderen eingesperrt waren.

Ich rief mir in Erinnerung, dass ich eine Aufgabe hatte, und machte mich auf den Weg zurück nach Tarnogród. Ich musste zu meinen Eltern und Geschwistern, die darauf warteten, dass ich ihnen etwas zu essen brachte.

Von Luchów Dolny war es ein mehrstündiger, gefährlicher

Fußmarsch bis Tarnogród. Falls Deutsche auftauchen sollten, würde ich mich in einem Maisfeld verstecken, nahm ich mir vor. Nachdem ich ein Stück weit gegangen war, setzte ich mich an den Wegesrand, um mich auszuruhen. Ich musste daran denken, was der SS-Mann meinem Onkel angedroht hatte, aber seltsamerweise hatte ich keine Angst. Wahrscheinlich war ich ein paar Zentimeter gewachsen, dachte ich, wenn ich mich jetzt so stark fühlte, aber dann stellte ich fest, dass ich noch genauso klein war wie vorher.

Ich hatte Hunger und Durst, aber ich versagte mir den Luxus, von den Lebensmitteln zu essen, die ich für meine lieben Eltern und Geschwister gesammelt hatte. Ich wusste ja, dass sie alle ungeduldig auf meine Rückkehr warteten. Inzwischen war ich die wichtigste Person unseres Haushalts, aber ich fühlte mich nicht wohl in der Rolle der Erwachsenen. Ich wünschte mir so sehr, mein lieber Vater könnte wieder die Rolle des Ernährers übernehmen. Dann könnte ich dem Horror entkommen, in den ich geraten war, und wieder in meine sonnige Kindheit zurückkehren, in eine Welt, die von liebenswürdigen Menschen bevölkert war. Nichts hätte ich lieber getan, als meine Tage endlich wieder mit Spielen und Lernen zu verbringen. Ich sehnte mich danach, zur Schule zu gehen, dem Lehrer zuzuhören, wenn er uns von unbekannten Welten berichtete. Ich sehnte mich sogar danach, wieder zu arbeiten, egal wie hart, Hauptsache, in Freiheit. War das zu viel verlangt?

Ich bereute es, jemals Widerworte gegeben oder mich beklagt zu haben. Hatte ich nicht immer alles gehabt, was ich brauchte? Genug zu essen, ein warmes Bett? Was machte es schon, dass meine Schuhe Löcher gehabt hatten und mir auf dem Schulweg die Zehen fast abgefroren waren? War es den anderen Kindern nicht genauso ergangen? Hatte es wirklich eine Rolle gespielt, dass ich lange Zeit immer dasselbe Kleid hatte anziehen müssen? Jetzt tat es mir unendlich leid, dass ich mich bei meinen Eltern beklagt hatte. Ich hatte viel mehr gehabt als materiellen Besitz – ich hatte die Freiheit gehabt, jederzeit ohne Angst draußen mit meinen Freundinnen zu spielen. Ich sehnte mich nach einem Leben ohne Einschränkungen. Sollte ich dieses Leben jemals zurückbekommen, dann würde ich es zu schätzen wissen, das wusste ich jetzt. Nie wieder würde ich das, was ich hatte, als selbstverständlich hinnehmen. Was für eine wunderbare Kindheit ich doch gehabt hatte!, dachte ich.

Als ich zu Hause eintraf, stellte ich zu meinem Entsetzen fest, dass meine Eltern und Geschwister kaum noch die Kraft hatten aufzustehen, so schwach waren sie. Schon seit Tagen versuchten sie möglichst viel zu ruhen, um ihre Kräfte für Notfälle aufzusparen.

Meine kleinen Schwestern schliefen mehr als Säuglinge. Sie begriffen nicht, was vor sich ging, und ich bemühte mich immer wieder, sie von ihrem Hunger abzulenken, indem ich mit ihnen Lieder sang. Sie glaubten mir, wenn ich ihnen versicherte, dass schon bald alles wieder gut werden würde. Dann würde ich ihnen neue Kleider und ganz viele Spielsachen kaufen, versprach ich ihnen. Und ich würde mit ihnen nach Warschau fahren, in die große Stadt, in einem Zug – den ich noch nie gesehen hatte.

Zum Glück hatte sich noch keiner aus unserer Familie mit den Krankheiten angesteckt, die im Ghetto wüteten. Viele unserer Nachbarn waren an den Krankheiten gestorben. Meine Großmutter Rivka war so schwach, dass sie das Brot nicht kauen konnte, das ich mitbrachte, und sie bat mich um etwas warme Suppe. Aber es gab nichts, woraus ich eine Suppe hätte kochen können, und so starb Rivka. Ich half meinem Vater, sie in eine Kiste zu legen und zu beerdigen. Ich weiß noch, wie schrecklich klein und leicht sie war.

Jeden Tag stahl ich mich wieder aus dem Ghetto, um Lebensmittel aufzutreiben. Meine Eltern vergaßen mit der Zeit, dass ich mich Tag für Tag in Lebensgefahr begab, und darüber war ich froh. Ich hatte mir inzwischen angewöhnt, meinen gelben Stern abzunehmen, bevor ich das Haus verließ, und ich gewöhnte mich daran, im Dunkeln über die Landstraßen zu den umliegenden Dörfern zu gehen, immer auf der Suche nach ein paar Brotkrumen. Manchmal bekam ich auch Kartoffeln oder sogar Eier und Milch. Dann lief ich schnell nach Hause, und alle umarmten und küssten mich, wenn ich meine Schätze auspackte, und lobten mich für mein Geschick. Aber ich wusste, dass ich Hilfe von oben hatte und nicht geschickter war als andere auch. Ich glaubte ganz fest (und glaube es heute noch), dass ich am Leben gehalten wurde, um die anderen zu versorgen, und dass nicht ich, sondern sie diejenigen waren, die es verdient hatten zu überleben. Keinen einzigen Tag vergaß ich es, meine Dankgebete zu sprechen.

9

Die Männer freikaufen

Seit mehreren Tagen war ich nun schon im Wald und litt Hunger, weil ich nichts hatte erbetteln können. Nachts im Schlaf träumte ich davon, dass ich Nazis tötete, und in meinen Tagträumen saß ich mit meiner Familie an einem reich gedeckten Tisch, nur um beim Aufwachen festzustellen, dass sich nichts an meiner hoffnungslosen Situation geändert hatte. Ich fühlte mich einsam und sehnte mich nach meinen Eltern und nach Balla. Ich musste unbedingt nach Hause und mit meinen kleinen Schwestern spielen und ihnen Geschichten von den Hunden erzählen, denen ich überall begegnete und die mich nie anbellten. Wenn ich zu lange im Ghetto blieb, lief ich Gefahr, nicht wieder hinauszukommen, doch ich entschloss mich, trotz allem ein paar Tage mit meiner Familie zu verbringen.

Als ich im Ghetto ankam, sah ich meinen Vater in den Stall gehen. Er hatte dort vor einer Weile eine geheime Wand eingebaut, hinter der er sich ab und zu verstecken konnte. Ein Soldat hatte ihn entdeckt und folgte ihm in den Stall. Ich hörte, wie er meinen Vater anschrie, er solle herauskommen. Als mein Vater gehorchte, wollte der Soldat ihn zur Arbeit abführen, aber ich wusste, dass viele Männer von dieser Arbeit nicht wieder zurückkehrten.

Verzweifelt rannte ich hin und stellte mich vor meinen Vater. Ich schaute dem Soldaten direkt in die Augen. »Ich weiß, dass keiner von uns überleben wird, ich auch nicht«, sagte ich zu ihm. »Aber irgendwann kommt der Tag der Abrechnung, und dann wird Ihre Tochter genauso wie ich jetzt um das Leben ihres Vaters flehen müssen«, sagte ich.

Anscheinend hatte der Soldat tatsächlich eine Tochter, denn er ließ meinen Vater in Ruhe und ging, ohne mich eines Blickes zu würdigen. Und er besaß wohl auch ein Herz, denn ich merkte ihm an, dass es ihm im Gegensatz zu seinen Kameraden keine Freude bereitete, seine Befehle auszuführen. Vielleicht waren Soldaten wie er aber auch nur schlechte Schüler, die ihre Lektionen nicht gelernt hatten. Gab es nicht überall gute und schlechte Schüler? Leider hatten die meisten im Unterricht besonders gut aufgepasst.

In den folgenden Tagen, die ich im Ghetto verbrachte, begannen die Nazis, den jüdischen Friedhof zu schänden. Sie zwangen die Männer, Grabsteine zu zertrümmern. Mit den Bruchstücken mussten die Männer anschließend die Straße nach Różaniec pflastern, einem Dorf, das fünf Kilometer von Tarnogród entfernt lag. Die Soldaten, die die Arbeit beaufsichtigten, schlugen die Männer immer wieder mit Stöcken und ihren Gewehrkolben.

Kurze Zeit später wurden auch junge Mädchen zur Sklavenarbeit zusammengetrieben. Ich ging immer noch an Ballas Stelle arbeiten. Meine Truppe war dafür zuständig, die Unterkünfte der Soldaten zu putzen und Kartoffeln zu schälen. Manchmal, wenn wir einen netten Aufseher hatten, durften wir die Kartoffelschalen mit nach Hause nehmen. Dann sammelte ich unterwegs ein bisschen trockenes Holz ein, und meine Mutter kochte aus den Schalen eine Suppe. Die Kartoffelschalen waren sehr wichtig für uns, denn die Deutschen gestanden uns nur zehn Gramm Brot pro Tag zu. Und selbst dafür mussten wir stundenlang Schlange stehen. Es kam immer wieder vor, dass in der Schlange vor mir alte und schwache Menschen zusammenbrachen und starben, wenn das Warten zu lange dauerte.

Eines Tages trieben die Deutschen die meisten Männer zusammen und brachten sie in die Kaserne in Bełżec. Niemand rechnete damit, die Männer lebend wiederzusehen. Doch zu unser aller Überraschung erklärten die Deutschen den Frauen ein paar Tage später, sie könnten ihre Ehemänner mit Schmuck und anderen Wertgegenständen, die sie versteckt hatten, freikaufen. In ihrer Verzweiflung akzeptierten die Frauen die Forderung in der Hoffnung, ihre Männer wiederzusehen. Nachdem die Frauen alles abgegeben hatten, was sie noch besaßen, mussten sie jedoch feststellen, dass einige der Männer zu schwach waren, um den Heimweg anzutreten. Sie waren tagelang misshandelt worden, und da es natürlich keine Transportmöglichkeit gab, mussten die Frauen sie ihrem Schicksal überlassen.

Als die Mädchen wieder zur Arbeit gerufen wurden, ging ich an Ballas Stelle, die inzwischen so schwach war, dass sie sich nicht mehr aufrecht halten konnte. Ein junger Ukrainer war für eine Gruppe halb verhungerter Mädchen zuständig, die alle um die achtzehn Jahre alt waren. Dieser Ukrainer trug einen eleganten Anzug und stolzierte wichtigtuerisch vor uns auf und ab. Den Anzug hatte er wahrscheinlich einem jungen Juden abgenommen, den er getötet hatte. Es war nicht zu übersehen, dass ihm seine Aufgabe als Aufseher große Freude bereitete; er schlug uns mit wachsender Begeisterung.

Er zwang uns, schwere Holzbretter von einer Stelle an eine andere und wieder zurück zu tragen. Schon bald verließen uns unsere Kräfte, und wir versuchten, uns ein bisschen auszuruhen. »Los, weitermachen«, bellte unser Aufseher, »oder ich mach euch Beine!« Die meisten Mädchen rührten sich nicht. Vor lauter Erschöpfung waren sie bereit, sich in ihr Schicksal zu ergeben.

Ich musste unbedingt etwas unternehmen. Ich nahm meine letzten Kräfte zusammen, stand auf und ging zu dem Ukrainer hin. »Bitte, sei ein bisschen nett zu uns«, flehte ich ihn an. »Du hast so ein schönes Gesicht. Wenn du dich immer wieder so aufregst, kriegst du nur Falten, und das wäre doch eine Schande.«

Nur weil ich noch ein halbes Kind war, konnte ich eine solche Lüge aussprechen. In Wirklichkeit war der Ukrainer potthässlich, sein Gesicht war von Aknenarben übersät. Zuerst schaute er mich an, als hätte er nicht richtig gehört. Dann lächelte er. »Es gefällt mir, dass ein so junges Mädchen mir Komplimente macht. Du kannst eine Pause machen, und du darfst bald nach Hause gehen. Ihr anderen habt von mir keine Gnade zu erwarten.«

Mein Plan hatte also nicht funktioniert. Ich hatte gehofft, uns alle zu retten, doch jetzt konnte ich nichts mehr für die armen Mädchen tun. Als ich nach Hause ging, waren sie so erschöpft, dass sie sich noch langsamer bewegten als zuvor. Ich habe nie erfahren, was aus ihnen geworden ist, denn ich habe sie nie wiedergesehen, obwohl ich noch oft zur Arbeit abkommandiert wurde.

Es waren meistens Ukrainer, die uns bei unserer sinnlosen Arbeit beaufsichtigten. Wir mussten die schweren Bretter hin und her schleppen, damit diese Ungeheuer sich amüsieren und sich wichtig fühlen konnten.

An einem eiskalten Schabbatmorgen befahl man uns, uns auf dem Rynek, dem Marktplatz, zu versammeln und unsere Häuser offen stehen zu lassen. Wir alle nahmen ein paar persönliche Sachen mit, wurden jedoch gezwungen, unsere Habseligkeiten auf einen großen Haufen zu werfen. Der Platz war umstellt von schwer bewaffneten SS-Männern. Wir sangen alle gemeinsam das *Widduj*, das Sündenbekenntnis, denn wir glaubten, dass unser letztes Stündlein geschlagen hätte. Aber nachdem die Deutschen etwa hundert Männer ausgesucht hatten und zur *Schul* brachten, durften wir anderen wieder nach Hause gehen. Mein Vater wurde nicht abgeführt, denn die Deutschen hatten seine Fähigkeiten erkannt und ihm eine

Arbeitserlaubnis erteilt. Während wir zum Ghetto zurückschlurften, hörten wir aus Richtung der *Schul* laute Schreie und das Knattern von Schnellfeuergewehren. Die Soldaten hatten in die Luft geschossen, um den Frauen Angst einzujagen und sie dazu zu bringen, dass sie auch noch ihre letzten Schmuckstücke herausrückten, um ihre Männer freizukaufen.

Kurz nach dem Vorfall auf dem Marktplatz gingen Soldaten durch das Ghetto, um allen Schmuck und alle Wertgegenstände einzusammeln, und versprachen, im Gegenzug die Männer freizulassen. Wir hatten aber schon alles abgegeben, um die Männer aus Bełżec freizukaufen, und besaßen fast nichts mehr. Leute gaben ihre Eheringe und Ohrringe her. Anscheinend waren die Deutschen am Ende zufrieden, denn sie ließen die Männer frei.

Die Nazis versuchten, den Kontakt zwischen den jüdischen Gemeinden zu unterbinden, aber wir wussten, dass sie meistens Wertsachen einsammelten, kurz bevor sie Erschießungsbefehle ausführten. Sie wandten dieselbe Taktik in allen Städten an, um sicherzugehen, dass niemand Wertsachen zurückbehielt. Niemand in meinem Umfeld machte sich Illusionen über sein Schicksal, aber ich hegte immer noch die Hoffnung, zu überleben: Ich fühlte mich sehr lebendig, mein Lebenswille war ungebrochen.

Buch zwei

Schutz im Wald

10

Adieu, Familie, adieu, Kindheit

Am frühen Morgen des Tages vor *Rosch ha-Schana* 1942 sprach mein Vater die *Slichot*, Gebete der Buße und Reue, die in den Wochen vor *Jom Kippur*, dem höchsten jüdischen Feiertag, täglich gesprochen werden. Ich bereitete mich gerade darauf vor, mich wieder aus dem Haus zu schleichen, um Lebensmittel für die Feiertage zu erbetteln. Ich hoffte, dass meine Mutter mein Weggehen nicht bemerken würde, denn ich mochte keine tränenreichen Abschiedsszenen. Doch sie rief mich mit Tränen in den Augen zu sich und sagte: »Geh, meine Tochter, geh, und möge *HaSchem* mit dir sein.« Es war, als spürte sie das nahende Unheil kommen, das uns für immer voneinander trennen sollte.

Normalerweise hätte sie mir nicht erlaubt, an einem solchen Tag aus dem Haus zu gehen, wenn nicht feststand, dass ich vor Sonnenuntergang wieder zurück sein würde. Aber wir brauchten Lebensmittel für zwei Tage, und wir brauchten Zeit, die Mahlzeiten vor *Jom Tov* zuzubereiten. Ich war fest entschlossen, vor Sonnenuntergang wieder zu Hause zu sein, und ich bat *HaSchem* insgeheim, mir bei meiner schwierigen Aufgabe zu helfen. Es regnete nicht, darüber war ich froh. Und ich war ziemlich hungrig.

Schweren Herzens umarmte ich meine Eltern und meine Geschwister und sagte ihnen, sie sollten sich keine Sorgen um mich machen. Ich ahnte nicht, dass sie nie wieder Lebensmittel brauchen würden, dass die letzten Stunden ihres Lebens vor ihnen lagen.

Auf dem Weg aus dem Ghetto, wie immer mit Malach an

meiner Seite, sah ich viele Soldaten. Wie immer schenkten sie mir keine Beachtung, und ich konnte ungehindert meines Weges gehen. Als ich mich ein Stück weit von der Stadt entfernt hatte, sah ich, dass aus allen Richtungen Truppen nach Tarnogród marschierten. Ich hatte keine Ahnung, was sie vorhatten, ging jedoch zögernd weiter in Richtung Korchow, ein Dorf, in dem ich schon mehrmals gewesen war.

An dem Tag war ich besonders erfolgreich. Ich ergatterte Kartoffeln, Brot und mehrere Eier. Es war so viel, dass ich mir unterwegs schon eine kleine Mahlzeit gönnte, um mich zu stärken – ohne zu ahnen, dass ich bald sehr viel Kraft brauchen würde. Dann warf ich den schweren Sack über die Schulter und machte mich zusammen mit Malach auf den Heimweg. Ich beeilte mich, um so früh zu Hause zu sein, dass meine Mutter uns rechtzeitig zu *Rosch ha-Schana* eine Mahlzeit zubereiten konnte.

Als ich mich Tarnogród näherte, sah ich von Weitem eine Gestalt auf mich zukommen. Bald erkannte ich Herrn Guziek, unseren netten christlichen Nachbarn. Er berichtete mir, dass meine Eltern und meine Schwestern und viele andere Ghettobewohner zum Markplatz getrieben worden waren. Man hatte ihnen erklärt, sie würden an einen besseren Ort gebracht, wo die Männer Arbeit und alle Familien größere Essensrationen bekommen würden.

Meine Eltern hatten meine Habseligkeiten zu Herrn Guziek gebracht und ihn gebeten, sie mir auszuhändigen, bevor ich zu ihnen stoßen würde. Er reichte mir eine Flasche mit heißem Tee, und ich trank einen Schluck. Das tat gut. Dann gab er mir noch einen Zettel mit einer Nachricht von Balla und sagte, sie sei wichtig. Aber ich war zu benommen, um die Nachricht sofort zu lesen, und steckte den Zettel ein. In diesem Schockzustand ging ich mit zu Herrn Guziek, um meine Sachen abzuholen. Ich bedankte mich für seine Liebenswürdigkeit und versicherte ihm, dass ich sehr genau wusste, wie er sein Leben riskierte, indem er sich mit mir traf. Leute, denen wir unterwegs begegnet waren, hatten mich zum Glück für seine Tochter gehalten.

Dann ging ich nach Hause. Dort traf ich nur noch meinen alten Großvater an, den meine Eltern hatten zurücklassen müssen, weil er zu schwach zum Laufen war. Die Nazis wussten genau, dass er, auf sich allein gestellt, bald verhungern würde. Er war völlig verwirrt und verstand nicht, was los war. Er wollte von mir wissen, wann die anderen zurückkommen würden. Ich gab ihm etwas zu essen und sagte ihm, ich würde losgehen, um es herauszufinden, und dann zurückkommen und mich um ihm kümmern. Er war zu alt und zu verwirrt, um zu begreifen, in welcher Situation wir uns befanden. So ließ er sich von meinen Worten beruhigen und gab mir wie immer seinen Segen.

Ich ließ mein Bündel im Haus und ging zum Marktplatz. In der Mitte des Platzes befand sich ein riesiger Haufen persönliche Habe. Als ich mich vorsichtig näherte, machte meine Schwester mir Zeichen, ich solle weglaufen. Sie war klug und hatte wahrscheinlich längst gespürt, dass das Ende nahte.

Ich kämpfte mit meinem Gewissen, sagte mir, es wäre nur recht und billig, das Schicksal meiner Familie zu teilen, denn mir war klar, dass ich meine Lieben andernfalls nie wiedersehen würde. Aber ich brachte es nicht fertig, zu den anderen auf den Platz zu gehen.

Von schlimmen Schuldgefühlen geplagt, machte ich kehrt und rannte nach Hause, um Ballas Nachricht zu lesen, die Herr Guziek mir gegeben hatte. Ich traute mich nicht, sie draußen zu lesen, für den Fall, dass mich jemand sah. Im Haus war alles blitzblank und aufgeräumt. Zweifellos glaubten meine Eltern, dass sie wieder zurückkehren würden. Dann las ich Ballas Nachricht.

Liebe Mala!
Wir wissen nicht, was uns erwartet, aber Mama und Papa beten, dass dir ein besseres Los beschieden ist als uns. Die Deutschen sagen, sie bringen uns nach Izbice, wo Papa arbeiten kann und wir doppelte Rationen bekommen. Ich wünsche mir nichts sehnlicher, als dass du bei uns sein könntest, aber eine dunkle Vorahnung sagt mir, dass es besser ist, wenn du nicht mit uns kommst. Du bist stark und klug, und allein hast du eine größere Chance zu überleben. Denn egal, was die Deutschen versprechen, wir wissen, dass wir verloren sind. Kümmere dich um Großvater, und wenn nichts mehr geht, versuch nach Luchów Dolny zu gelangen, da kannst du bei Onkel Abram und Tante Goldie wohnen. Sei tapfer, und möge HaSchem *dich segnen. Wir werden dich immer lieben, vergiss das nie.*
Balla

»Ich liebe euch auch«, sagte ich laut, doch außer meiner Katze war niemand da, der mich hören konnte. Ich war tieftraurig und fühlte mich einsam und verlassen, wie gelähmt vor Fassungslosigkeit. Ich schloss die Augen und stellte mir vor, ich wäre bei meinen lieben Eltern und Geschwistern. Eine ganze Weile stand ich reglos da und betete. »Bitte, *HaSchem*, lass sie nicht lange leiden.«

Ein paar Tage lang blieb ich im Haus, denn der Schock hatte mir alle Kraft geraubt. Wenn ich aus dem Fenster schaute, sah ich menschenleere Straßen. Die Juden, die noch im Ghetto waren, trauten sich vor Angst nicht mehr aus ihren Häusern.

Ich fühlte mich verpflichtet, mich um meinen Großvater zu kümmern, aber zugleich war ich mir ziemlich sicher, dass ich verhaftet werden würde, wenn ich noch länger im Ghetto bliebe. Schließlich wurde ich gesucht. Natürlich hatte ich kein

Verbrechen begangen, für das ich eine Strafe verdient hätte. Es waren die deutschen Unmenschen, die die schlimmsten Verbrechen begingen, und ich malte mir aus, wie ich sie bestrafen würde, wenn ich über sie richten könnte. Aber das war natürlich Unsinn.

Es gab einen höheren Richter, und das Strafen musste ich ihm überlassen.

Ich machte meinem Großvater etwas zu essen und gab ihm zum Abschied einen Kuss. Tief in meinem Herzen wusste ich, dass ich ihn lange nicht wiedersehen würde – vielleicht sogar nie mehr.

»Ich komme bald zurück, lieber *Zaidi*«, sagte ich zu ihm. »Mach dir keine Sorgen um mich, ich kann gut auf mich selbst aufpassen.«

Ich war mir sicher, dass bald andere Leute in unser Haus einziehen und sich um meinen Großvater kümmern würden. Es fiel mir schrecklich schwer, ihn allein zu lassen, aber ich konnte ihm nicht mehr helfen, denn es war zu gefährlich für mich, bei anderen Juden zu bleiben.

Als mir dieser Gedanke kam, hörte ich auf, wie ein Kind zu denken. Wenn ich überleben wollte, musste ich mich wie eine Erwachsene verhalten und für mich selbst sorgen. »Komm«, sagte ich zu meiner Katze, »wir müssen gehen.« Dann machte ich mich mit unbekanntem Ziel und einem kleinen Bündel über der Schulter auf den Weg. »Ich habe noch genug Zeit, darüber nachzudenken, wo es hingeht«, sagte ich zu Malach. »Jetzt muss ich nur eine Möglichkeit finden, in dieser großen, weiten Welt zu überleben, die *HaSchem* für uns alle geschaffen hat, nicht nur für die Deutschen.«

Da ich keine andere Wahl hatte, würde ich eben für immer unter freiem Himmel leben. »Wenn du das kannst«, sagte ich zu Malach, »dann kann ich das auch. Von jetzt an werde ich dir nacheifern, meine Freundin.«

Überzeugt, dass ich zu jung war, um zu sterben, machte ich mich auf den Weg in den Wald. Der Himmel über mir und die Felder ringsum sahen großartig aus und bestärkten mich in meinem Lebenswillen.

»Adieu, Kindheit«, sagte ich. Ich war zwar noch ein junges, zierliches Mädchen, doch ich war entschlossen, aufrecht der Freiheit und dem Leben entgegenzugehen. »Wenn ich überleben will, muss ich daran glauben, dass ich groß und stark bin, und ich muss vollkommen unabhängig werden, wie ein Tier in der Wildnis.«

Kurz darauf schlief ich ein und spürte eine ganze Weile gar nichts. Ich schlief stundenlang tief und fest, zu erschöpft, um zu träumen. Als ich aufwachte, fühlte ich mich erfrischt und kraftvoll.

Der Herbst war im Anmarsch; ich bemerkte mit Schaudern, wie sich das Wetter änderte. Ich hatte weder eine Jacke noch einen Regenschirm, und ich begann zu frieren. Wenige Tage nach meinem Aufbruch hatte es angefangen zu regnen. Es regnete die ganze Zeit, mal gab es Wolkenbrüche, mal regnete es Bindfäden. Da ich mich die ganze Zeit draußen aufhielt, fühlte ich mich oft ganz taub vor Kälte. Ich hatte einen Zweig abgebrochen, an dem noch ziemlich viele Blätter waren, um mich gegen den Regen zu schützen. Das hatte den zusätzlichen Vorteil, dass ich unter den Blättern gut getarnt war. Wenn die Blätter verwelkten, schnitt ich mit meinem Messer einen neuen Zweig ab, sodass ich immer gut geschützt war. Schon als kleines Kind hatte ich gelernt, viele Dinge aus Zweigen zu schnitzen, nicht nur Rechenstäbe. Ich war heilfroh, dass ich daran gedacht hatte, mein kostbares Taschenmesser einzustecken.

Im Wald duftete es nach Pilzen, es bestand kein Zweifel mehr daran, dass es Herbst geworden war. Das beunruhigte mich. Nur meine Entschlossenheit, meinen Verfolgern zu entkommen, verlieh mir die Kraft, durchzuhalten. Zwar gab es überall im Wald Blaubeeren und Erdbeeren, aber mit den Beeren allein konnte ich meinen Hunger nicht stillen. Wenn ich überleben wollte, würde ich mich aus dem Wald hinauswagen müssen.

Der Regen hatte die Erde aufgeweicht, und der Wald hatte sich verändert. Der Wind hatte alles Laub von den Zweigen geweht, sodass die Baumkronen nicht mehr viel Schutz boten. Trotzdem musste ich mich vor den Todesschützen verstecken, die durch den Wald streiften wie Wolfsrudel. Ich musste also irgendetwas finden, wo ich wenigstens vor dem Wind geschützt war, der von Tag zu Tag eisiger wurde.

Der schlammige Boden machte das Gehen immer beschwerlicher. Immer wieder blieb ich mit den Füßen stecken. Nach einer Weile war ich ziemlich verdreckt, und ich sorgte mich, wie ich wohl auf die Leute wirken würde, wenn ich wieder in die Dörfer ging, um zu betteln. Zum Glück konnte ich nicht sehen, wie ich aussah, und den Tieren im Wald war es egal.

Noch waren meine Schuhe zu gebrauchen, aber sie würden nicht ewig halten. Und ohne Schuhe könnte ich nicht weitergehen. Um die Sohlen zu schonen, wickelte ich mir deshalb Lumpen um die Schuhe. So konnte ich zwar nur noch langsam gehen, aber ich hatte ja keine Eile. Ich hatte viel Zeit. Trotz aller Bemühungen, meine Schuhe zu schützen, fielen sie schließlich doch auseinander, und ich musste sie wegwerfen. Im Gegensatz zu den Tieren würde ich ohne Schuhe nicht lange überleben, das war mir klar, und jetzt, wo ich auf Strümpfen unterwegs war, hatte ich ständig Angst, auf etwas Spitzes oder auf eine Schlange zu treten. Doch ich passte gut auf, sodass mir nichts passierte. Ich bekam nicht einmal eine Erkältung; dafür dankte ich *HaSchem* jeden Tag.

Schließlich fand ich eine Stelle in einem Dickicht, gerade

groß genug für Malach und mich, wo ich mich tagsüber verstecken konnte. Mit ein paar Zweigen, die ich in die Erde steckte, tarnte ich den »Eingang«. Wer in mein Versteck eindringen wollte, würde über die Zweige stolpern und sich verletzen, sodass ich Zeit hätte, auf der anderen Seite aus dem Dickicht zu flüchten. Ich fragte mich, ob mein Plan vielleicht nur ein frommer Wunsch war. Aber hatte *HaSchem* nicht gesagt: »Versuch es, und ich werde dir helfen«?

Lange brauchte ich mir diese Frage nicht zu stellen, denn als ich wenige Tage später in meinem Versteck hockte, sah ich eine dunkle Gestalt sich nähern. Ich hoffte inständig, dass es sich nicht um einen Partisanen oder einen Flüchtling handelte, der sich am Ende noch an meinen Zweigen verletzte. »Ich will nicht, dass ein Unschuldiger sich wehtut«, flüsterte ich Malach zu. Ich wünschte, ich hätte ein Fernglas, um jemanden von Weitem beobachten zu können. Zum Glück hatte ich sehr gute Augen, allerdings war es schon fast dunkel. Doch die Nacht würde mich nicht retten, denn die Deutschen hatten sehr starke Taschenlampen. Ich hielt mich mucksmäuschenstill.

Dann hörte ich einen Mann auf Deutsch fluchen, während er meinem Versteck immer näher kam. Vielleicht hatte er etwas gehört, denn er schien plötzlich zu spüren, dass jemand in der Nähe war. Vielleicht hatte er außergewöhnlich gute Ohren. Aber eigentlich konnte er nicht wissen, ob das Geräusch, das er gehört hatte, von einem Menschen oder von einem Tier verursacht worden war, dessen war ich mir ganz sicher, und da mir sowieso nichts anderes übrig blieb, versuchte ich, mich zu entspannen.

Er kam immer näher, dann blieb er stehen und schaute in meine Richtung. Seltsamerweise hatte ich keine Angst, ich empfand nur Hass und den Wunsch, ihm wehzutun. Ich wusste, dass ich weder mit meinem Messer noch mit einem

Zweig etwas gegen sein Gewehr ausrichten konnte, aber ich nahm mir vor, ihm mit einem Zweig die Augen auszustechen, falls er mich entdeckte.

Dann stand der große, dicke Deutsche vor meinem Versteck, und ich sah, dass mein Plan aufging, denn er stolperte und verletzte sich an den Zweigen, die ich in den Boden gesteckt hatte. Er brauchte einen Moment, um sich aufzurappeln, doch dann war er wieder auf den Beinen und stürmte unter Flüchen auf mein Versteck zu. Als er mich fast erreicht hatte, sprang Malach vom Baum herunter und zerkratzte ihm das Gesicht mit ihren Krallen.

»Blöde Katze!«, schrie der Mann und wollte Malach erschießen, die jedoch entkam und blitzschnell auf einen Baum kletterte. Der Deutsche starrte in die Baumkrone, hob aber nicht sein Gewehr. Wahrscheinlich wollte er seine Kugel lieber für einen Menschen aufheben. Ich lächelte vor mich hin und wünschte ihm, dass er einem wilden Tier begegnen würde, das ihn ansprang, oder, besser noch, dass er einem der Partisanen in die Hände fiel, die durch die Wälder streiften, denn die waren eine größere Gefahr für die Deutschen als wilde Tiere.

Erleichtert, dass das Geräusch, das er gehört hatte, anscheinend nicht von einem Menschen, sondern von einer blöden Katze gekommen war, verschwand er im dichten Wald. Froh, von Malach beschützt zu werden, gönnte ich mir noch ein paar Stunden Schlaf. Ich hätte noch viel länger geschlafen, hätte mein Magen nicht angefangen zu knurren – was mir jedoch auch zeigte, dass ich immer noch gesund und lebendig war.

Mehr denn je war ich fest entschlossen, zu kämpfen und notfalls den Heldentod zu sterben. Ich dachte daran, wie ich in der Schule in der hintersten Bank gesessen und zugehört hatte, wie mein Großvater uns von *Chanukka* und dem Aufstand der Makkabäer erzählte, und dachte, wenn die Makkabäer kämpfen konnten, dann konnte ich das auch. Ich war zwar ein junges Mädchen und hatte niemanden, der mir das Kämpfen beibringen konnte, aber was machte das schon? »Ich bin bereit, mich durchzukämpfen«, sagte ich zu mir.

Ich betrachtete die Felder, die sich vor mir ausbreiteten. »Wie schön deine Welt doch ist«, sagte ich und hob den Blick zum Himmel. »Danke, *HaSchem*, dass du mir erlaubst, die wunderbare Welt zu erleben, die du erschaffen hast, und danke, dass du mich erschaffen hast und dass du mir erlaubst, immer noch frei zu sein.«

11

Tante Aniela

Ich setzte mich und überlegte, was ich als Nächstes tun sollte. Instinktiv, als hätte ich einen inneren Befehl erhalten, ging ich in Richtung Korchow, das nächste Dorf, das ich kannte. Ich beschloss, kein Haus zu betreten, selbst wenn man mich einladen sollte. Ich würde einfach sagen, ich hätte mich in der Adresse geirrt.

Die erste Tür, an die ich klopfte, wurde von einer mürrischen Frau geöffnet. Ich fragte sie, ob sie Reginka Pelowa sei, die Schwester meiner Großmutter, obwohl ich genau wusste, dass sie es nicht war. »In unserem Dorf wohnt keine Frau, die so heißt«, antwortete sie. »Aber frag mal nebenan. Die alte Frau Sidorka ist neunzig, sie kennt jeden in den umliegenden Dörfern.«

»Lebt sie allein?«, fragte ich.

»Ja, sie lebt allein«, antwortete die Frau. »Sie wird sich freuen, ein bisschen mit dir zu plaudern. Vielleicht gibt sie dir sogar etwas zu essen, das macht sie meistens, wenn man an ihre Tür klopft.«

Ich traute meinen Ohren nicht. Ich hatte das Gefühl, dass meine Gebete erhört worden waren, denn ich brauchte nichts so dringend wie eine warme Mahlzeit.

»Vielen Dank«, sagte ich zu der Frau. »*Do widzenia!* Auf Wiedersehen!« Ich bemühte mich um einen möglichst beiläufigen Ton, um keinen Verdacht zu erregen, denn ich fürchtete, sie könnte mir folgen, und sei es aus Neugier. Obwohl ich mir die Haare mit den Fingern so gut es ging in Ordnung gebracht hatte, gab ich vermutlich ein merkwürdiges Bild ab, ohne Schuhe an den Füßen. Doch anscheinend hielt sie mich für ein christliches Mädchen, und das war die Hauptsache.

Ermutigt von dem, was die Frau mir gesagt hatte, nahm ich Malach auf den Arm, ging zum Nachbarhaus und klopfte an die Tür. Eine sehr zerbrechliche alte Frau öffnete. Zu meiner Erleichterung wirkte Frau Sidorka, als wäre sie mindestens hundert Jahre alt und halb blind. Ich umarmte sie, und wir küssten uns auf beide Wangen.

»Bist du Marysia?«, fragte sie mich. »Bist du die Enkelin meiner Schwester? Du siehst meiner verstorbenen Schwester so ähnlich.«

»Ja, ich bin Marysia«, antwortete ich. »Ich bin gekommen, um dich zu besuchen und um zu sehen, ob du vielleicht Hilfe brauchst. Ich bin kräftig, und es bereitet mir Freude, mich um alte Menschen zu kümmern«, sagte ich. »Ich hab dich lieb, Tante«, fügte ich hinzu und schämte mich zugleich für meine Lüge.

Ein solch unmoralisches Verhalten war normalerweise nicht meine Art, und ich hoffte, dass *HaSchem* mich nicht dafür bestrafen würde. Frau Sidorka musterte mich eingehend, aber ihre Augen waren sehr schlecht, und sie schien mir zu glauben.

Obwohl die Frau, die vor mir stand, mich noch nie gesehen hatte, umarmte sie mich und küsste mich noch einmal auf beide Wangen. Dann sagte sie: »Komm, setz dich, meine Kleine, und lass mich dich ansehen.« Nachdem sie mich eine Weile betrachtet hatte, fragte sie plötzlich: »Warum frierst du denn so, mein Kind?«

»Ich habe nicht auf meine Mutter gehört und bin ohne Jacke und Schirm losgegangen«, sagte ich. »Und als ich unterwegs vor einem wilden Hund weglaufen musste, habe ich meine Schuhe verloren.«

»Ach, du armes Kind«, sagte sie. »Schau mal, ob dir welche

von mir passen. Ich habe mehrere Paar Schuhe. Und deine Kleider sind ja auch ganz nass. Komm, nimm ein Kleid und einen Pullover von mir. Für den Heimweg kann ich dir meinen Mantel leihen, aber du musst ihn mir zurückbringen, denn es ist der einzige, die ich habe.«

»Nein, deinen Mantel nehme ich nicht, Tante«, sagte ich. »Aber wenn du eine lange Strickjacke für mich hättest? Und vielleicht etwas Unterwäsche?«

»Kein Problem, ich habe reichlich Unterwäsche«, sagte sie lächelnd. »Die habe ich früher selbst genäht. Die Geschäfte sind so weit weg, dass es einfacher war, meine Unterhosen selbst zu nähen, als mich auf den langen Weg zu einem Laden zu machen. Zum Glück gibt es genug fahrende Händler, die Stoffreste verkaufen.«

Ich musste daran denken, dass mein Vater einer dieser fahrenden Händler gewesen war, doch ich sagte nichts. Zum Glück war Frau Sidorka halb blind, denn ich sah meinem Vater sehr ähnlich.

Sie war so klein, kleiner als ich. Darüber war ich froh. Bis auf ihre Schuhe passten mir alle ihre Sachen, auch wenn sie ein bisschen eng saßen. Einmal mehr waren meine Gebete erhört worden, und diese Erkenntnis erfüllte mich mit nie gekannter Zuversicht.

»Iss erst mal ein Stück Brot und trink etwas Milch, meine Kleine«, sagte Frau Sidorka. »Später koche ich uns ein warmes Abendessen.« Dann fügte sie hinzu: »Leider habe ich kein Fleisch, aber ich hoffe, du magst Milchsuppe.«

»Ja, sehr gern sogar«, sagte ich. »Ich kann dir auch beim Kochen helfen. Aber zuerst würde ich gern deine Nachbarn kennenlernen, liebe Tante.«

Ihre Nachbarn sollten wissen, wer ich war, damit sie nicht auf die Idee kamen, der Polizei zu melden, dass sich ein fremdes Mädchen in ihrem Dorf eingenistet hatte. Denn dann würden die Deutschen mich sofort verhaften, und so leicht wollte ich es ihnen nicht machen.

»Warum hat deine Nachbarin gesagt, du heißt Sidorka?«, fragte ich, denn an ihrer Haustür stand ein ganz anderer Name.

»Man kennt mich hier nur unter diesem Namen«, antwortete sie. »Wo ich früher gewohnt habe, nannten mich meine Freunde Frau Sidorka. Sie kannten eine Frau, die so hieß, und den Namen konnten sie sich besser merken als meinen. Übrigens ist es besser, wenn meine Nachbarin nicht zu viel über mich und dich weiß. Sie ist sehr neugierig. Ich habe ein paar gute Freunde im Dorf, aber dich hat mir der Himmel geschickt. Wahrscheinlich hat meine verstorbene Schwester Helena da oben ein gutes Wort für mich eingelegt. Sie war immer so fürsorglich, und ich hab sie sehr lieb gehabt. Deswegen freue ich mich so, dass du da bist, Marysia. Am besten, du ruhst dich jetzt ein bisschen aus. Ich kann mir gar nicht vorstellen, wie ein so junges Mädchen es schafft, so weit zu laufen.«

Ich blieb eine ganze Weile an ihrem Tisch sitzen. Schließlich nahm sie meine Hand. »Komm, meine Kleine«, sagte sie. »Ich möchte dich allen meinen Nachbarn vorstellen. Es gibt nicht viele, das Dorf ist sehr klein, und hier kennt jeder jeden.«

Das freute mich zu hören. Die Nachbarn würden mich für ihre Großnichte halten. Das war nichts Außergewöhnliches. Aber würden sie es wirklich glauben? Oder würde ihnen auffallen, dass ich meinem Vater ähnlich sah? Ich fürchtete, dass sie mich den Deutschen melden würden, aber vermutlich würden sie sich erst einmal eine ganze Weile den Kopf darüber zerbrechen, wer ich in Wirklichkeit war.

Das Dorf war wirklich sehr klein. Die Nachbarn begrüßten mich ganz aufgeregt, denn sie alle mochten meine »Tante«.

»Deine Tante Aniela hat aber großes Glück, dass du dich um sie kümmerst!«, rief eine Frau aus. So erfuhr ich den Namen meiner Wohltäterin.

»Dich muss der Himmel geschickt haben«, sagte eine andere Frau.

»Lass dich ansehen. Du siehst ihr wirklich ein bisschen ähnlich«, sagte eine Nachbarin. »Ihr habt die gleiche Augenfarbe, und ihr seid beide so klein und zierlich.«

»Das liegt in der Familie«, sagte ich zu der Frau. »Wir sind alle klein. Meine Tante Aniela sieht meiner Großmutter so ähnlich, dass ich sie hätte verwechseln können, wenn meine Großmutter nicht vor fünf Jahren gestorben wäre.« Diese Information hatte ich von Tante Aniela.

»*Gdzie krew to nie woda*, Marysia. Blut ist dicker als Wasser«, sagte sie jetzt.

»Ach, liebe Tante Aniela«, antwortete ich, und sie umarmte mich noch einmal. Sie drückte mich so fest, dass ich froh war, als sie mich wieder losließ. Trotzdem war es schön, so gemocht zu werden, vor allem von so einer warmherzigen alten Dame. Ich wünschte, alle Menschen wären so nett wie sie.

Nachdem ich ein paar Tage in einem weichen Bett geschlafen und jeden Abend eine warme Mahlzeit gegessen hatte, begann ich zu fürchten, dass die Deutschen sich nicht so leicht würden täuschen lassen wie die Dorfbewohner. Deshalb entschloss ich mich, in den Wald zurückzukehren, denn ich nahm nicht an, dass die Deutschen sich bei der Kälte im Wald herumtreiben würden. Solange mich niemand verriet, war ich dort in Sicherheit. Ich verabschiedete mich bei allen Nachbarn, erzählte ihnen, ich würde zu meinen Eltern zurückgehen, meine Tante aber bald wieder besuchen. »Ich möchte meinen Eltern berichten, wie es Tante Aniela geht«, sagte ich.

Es fiel mir schwer, das warme Haus zu verlassen, doch ich

wusste, dass es zu gefährlich für mich war, zu lange an einem Ort zu bleiben.

Doch bevor ich zurück in den Wald ging, wollte ich mein Glück in einem anderen Dorf versuchen. Nachdem ich ein ganzes Stück die Landstraße entlanggegangen war, sah ich eine Pferdekutsche, in der ein gut gekleideter Deutscher saß; er trug sogar weiße Handschuhe. Der Kutscher trug eine andere Uniform, die ich als die der Ukrainer erkannte. Ich schaute Malach an, doch sie wirkte ganz entspannt, also ging ich weiter. Nirgendwo war ein Haus zu sehen. Ich nahm meine Katze auf den Arm, drückte sie fest an mich, damit sie mir Mut machte, dann trat ich an die Kutsche heran und fragte den Kutscher, ob er zufällig auf dem Weg zu meinem Heimatdorf Majdan sei und mich und meine Katze mitnehmen könne. Dabei hoffte ich inständig, dass der Ukrainer nicht aus Majdan kam, denn dann hätte er mich kennen müssen. Aber ich musste das Risiko eingehen.

»Was fragt das dumme Mädchen?«, wollte der Deutsche wissen.

»Sie fragt, ob wir sie ein Stück mitnehmen können«, antwortete der Ukrainer. »Würde es Ihnen etwas ausmachen?«

»Solange sie sich nicht mit dieser Katze neben mich setzt«, antwortete der Deutsche.

»Dann steig auf«, sagte der Ukrainer in gebrochenem Polnisch. »Aber halt die Katze gut fest.«

Das versprach ich ihm. Dann drehte ich mich zu dem Offizier um und schenkte ihm ein dankbares Lächeln, was er jedoch mit einem finsteren Blick quittierte. Meine Anwesenheit schien ihm nicht zu gefallen, aber er schämte sich wohl, das dem Kutscher gegenüber zuzugeben.

Ich war mächtig stolz auf mich selbst, dass ich das Unmögliche geschafft hatte. Das Schlimmste, was mir passieren konnte, war, dass sie mir befahlen, wieder abzusteigen. Ich dachte mir einen Namen aus für den Fall, dass sie anfingen, Fragen zu stellen. Zum Glück taten sie das aber nicht.

Die Fahrt verlief ruhig. Als sie mich absetzten, bedankte ich mich überschwänglich, hielt Malach hoch und winkte zum Abschied mit ihrer Pfote. Ich hatte den Eindruck, dass sie froh waren, mich los zu sein, aber nicht so froh wie ich, die Fahrt heil überstanden zu haben. Ich überlegte, wie oft ich schon dem Tod entkommen war, wollte es aber dann doch lieber nicht zählen.

Mir blieb keine Zeit zum Ausruhen, ich musste weiter. Rasten würde ich später. Der Kutscher hatte mich direkt vor dem Dorf aussteigen lassen, und ein paar Leute hatten mich schon gesehen. Als ich auf sie zuging, fragte mich ein Mann misstrauisch: »Wie kommt es, dass der Kutscher dich mitgenommen hat? Bist du mit ihm verwandt?«

»Ja«, log ich. »Er ist mein Onkel. Kann mir vielleicht jemand etwas zu essen und zu trinken geben? Ich habe noch einen weiten Weg bis nach Hause.«

Ich bekam eine Menge Lebensmittel von den Leuten, die mich für eine wichtige Person hielten, vielleicht sogar für eine deutsche Spionin. Ich nutzte ihren Respekt aus, aß, so viel ich konnte, und ließ mir sogar noch meinen Beutel mit Proviant füllen. Als ich um eine Flasche Wasser bat, erhielt ich gleich mehrere. Die Dörfler wirkten erleichtert, als ich mich verabschiedete. Sie schienen sich vor dem Deutschen und dem Ukrainer zu fürchten, was mich wunderte. Ich hatte bisher nichts darüber gewusst, wie die Nazis mit den Polen umgingen. Jetzt begriff ich, dass sie sie misshandelten und dass die Leute den Deutschen alles geben mussten, was sie verlangten.

Es regnete nicht, und bekleidet mit der warmen Strickjacke und der Unterwäsche von Tante Aniela begann ich, das Leben wieder ein bisschen zu genießen. Ich erfreute mich sogar an der herrlichen Landschaft, die mir von meinen Besuchen bei

Onkel Abram und Tante Goldie vertraut war. Ja, die Welt ist trotz allem schön, dachte ich, und mein Überlebenswille war stärker denn je.

Ich hütete mich davor, dem Deutschen und dem Ukrainer noch einmal über den Weg zu laufen. Es war bestimmt ihre Aufgabe, flüchtige Juden aufzuspüren, und wenn sie mich noch einmal auf der Landstraße sahen, würden sie misstrauisch werden. Mit ausreichend Proviant versorgt, beschloss ich deshalb, wieder in den Wald zu gehen.

»Komm«, sagte ich zu Malach, aber sie war schon vorausgelaufen.

Obwohl mir die Füße wehtaten, schritt ich kräftig aus. Ich war glücklich über die vielen Lebensmittel, die ich in Majdan bekommen hatte, und empfand eine diebische Freude darüber, dass ich den Deutschen und den Ukrainer hereingelegt hatte.

Malach und ich blieben mehrere Tage lang im Wald. Ich war hundemüde, traute mich aber nicht zu schlafen. Außerdem machte die Kälte mir immer mehr zu schaffen. Noch nie in meinem Leben hatte ich so viel Zeit zur Verfügung gehabt; die Untätigkeit war fast unerträglich. Als mir der Proviant ausging, entschloss ich mich, Tante Aniela noch einmal zu besuchen.

Sie freute sich so sehr, mich wiederzusehen, dass ich spontan sagte: »Von jetzt an komme ich dich häufiger besuchen, liebe Tante. Du bist die netteste Tante, die ich habe. Ach ja, beinahe hätte ich es vergessen: Meine Eltern lassen dich ganz herzlich grüßen. Sie hoffen, dass du sie ganz bald mal besuchst!«

Natürlich wusste ich, dass Tante Aniela zu schwach war, um irgendjemanden zu besuchen.

»Dazu bin ich zu alt«, sagte sie. »Besuch du lieber mich, Marysia. Komm, ich koche dir eine leckere Milchsuppe mit

Käse. Was hältst du davon? Das wird ein Festmahl! Es macht mir überhaupt keine Freude, allein zu essen.«

»Ich esse gern mit dir, Tante Aniela«, sagte ich. »Aber setz du dich nur hin, diesmal koche ich.« Das ließ sie sich nicht zwei Mal sagen.

»Womit habe ich dich verdient?«, fragte sie, und wir lächelten beide.

»Morgen muss ich ganz früh aufbrechen, liebe Tante«, sagte ich. »Aber bevor ich gehe, muss ich dir etwas erzählen.«

»Was denn, meine Kleine? Sag mir, warum du so traurig dreinblickst. Bist du zu Hause nicht glücklich? Komm, erzähl deiner alten Tante alles.«

»Mein Vater ist vor ein paar Jahren gestorben, und meine Mutter hat wieder geheiratet«, log ich. »Mein Stiefvater ist nicht gut zu mir, und ich habe oft Hunger. Aber da ich kein Geld habe, ist es nicht leicht für mich, genug zu essen zu bekommen.« Ich schaute sie flehend an. »Bitte, versprich mir, dass du niemandem davon erzählst, liebe Tante, vor allem nicht deinen Nachbarn. Wenn mein Stiefvater erfährt, dass ich hinter seinem Rücken über ihn rede, bringt er mich um. Zu meiner Mutter ist er gut, aber mich kann er nicht leiden, weil ich nicht ›Vater‹ zu ihm sagen will.«

Ich hoffte inständig, dass die alte Frau das Geheimnis für sich behalten würde, denn wenn nicht, konnte das schlimme Folgen für mich haben.

»Habe ich recht gehört, mein Kind?«, fragte sie. »Komm so oft her, wie du willst, ich fülle dir gern deinen Beutel mit Proviant. Und ich verspreche dir, niemandem ein Sterbenswörtchen zu verraten.«

»Von jetzt an komme ich besser im Dunkeln, damit mich niemand sieht«, sagte ich.

»Du hast recht, meine Kleine«, sagte sie mit Tränen in den Augen, und mir kamen auch die Tränen. Inzwischen hatte ich

Tante Aniela sehr ins Herz geschlossen, und es tat mir weh, diese liebe alte Frau zu belügen. Es tat mir auch weh, dass ich *HaSchem* bitten musste, mir zu zeigen, wie ich solche unschuldigen Leute hinters Licht führen konnte. Ich verabscheute mich selbst dafür, doch ich tat es trotzdem. Aber meine Gefühle für Tante Aniela waren echt. Ich umarmte sie, und sie drückte mich lange und fest an sich. Ich fragte mich, ob sie außer mir noch mehr Nichten hatte, wagte es aber nicht, mich zu erkundigen, denn wenn ich eine echte Nichte wäre, hätte ich das ja gewusst.

12

Der Wald und die Partisanen

Am nächsten Tag machte ich mich auf den Weg nach Chmielek. Dort hatten meine Eltern nach ihrer Hochzeit ein paar Jahre lang eine Wirtschaft betrieben. Sie hatten das Dorf verlassen, nachdem dort ein Jude namens Balande ermordet worden war. Der Mörder wurde nie gefasst. Als meine Mutter einmal allein in der Wirtschaft war, kam ein Pole herein und bestellte ein Bier nach dem anderen. Nach einer Weile war er ziemlich betrunken, und meine Mutter weigerte sich, ihm ein weiteres Bier zu zapfen. Der Mann drohte ihr an, mit ihr das Gleiche zu machen, was man »mit diesem Juden Balande« gemacht hatte. Kurz darauf zogen meine Eltern nach Tarnogród.

Jetzt war ich auf dem Weg in genau dieses Dorf, aber nicht, weil ich es kennenlernen wollte, sondern weil ich etwas zu essen brauchte. Außerdem wollte ich mich dort als Christin ausgeben und versuchen, eine Arbeit zu bekommen, denn ich brauchte eine sichere Unterkunft für den Winter.

Bis nach Chmielek war es ziemlich weit; ich musste mich mehrmals hinsetzen, um mich auszuruhen und etwas von dem Proviant von Tante Aniela zu essen. Die Leute, denen ich unterwegs begegnete, hielten mich für eine etwas geistesschwache Christin, was mir nur recht war. Einige Bauern ließen mich bei der Ernte helfen und gaben mir dafür etwas zu essen, meist Kartoffeln, die ich wusch und dann roh aß.

Eine Zeit lang trieb ich mich in Chmielek und den umliegenden Dörfern herum. Einen Schlafplatz für die Nacht zu finden war nicht schwer, denn es gab überall auf den Feldern

Heuhaufen. In diesen Heuhaufen war ich nicht nur gegen Wind und Kälte, sondern auch vor neugierigen Augen geschützt. In der Gegend gibt es viele Seen, so hatte ich immer genug Trinkwasser. Außerdem konnte ich in den Seen meine Kartoffeln und sogar meine zerschlissenen Kleider waschen.

Nach einer Weile überkam mich wieder die Zukunftsangst. Zusätzlich quälten mich Gedanken an meine liebe Familie. Ich fühlte mich wie ein gejagtes Tier, das von seiner Herde getrennt wurde, und ich sehnte mich danach, meinen Kummer mit einem menschlichen Wesen zu teilen. In meiner Verzweiflung vertraute ich mich Malach an. Ich flehte sie an, für immer an meiner Seite zu bleiben. Aber ich brauchte mir keine Sorgen zu machen, sie hatte offenbar noch nicht vor, mich zu verlassen. Manchmal streichelte ich ihr weiches Fell und sagte zu ihr: »Wenn *HaSchem* dir doch nur eine Stimme gegeben hätte, dann könntest du mit mir sprechen. Das wäre so schön.«

Ich zerbrach mir den Kopf, was ich tun sollte. Irgendwie waren mir die Ideen ausgegangen.

Plötzlich verspürte ich den Drang, nach Tarnogród zurückzukehren und nachzusehen, was aus meinem Großvater und all den anderen geworden war, die im Ghetto geblieben waren. Ich wusste jedoch, dass es ziemlich gefährlich sein würde, zurückzukehren. Auf dem Weg dorthin könnte ein Deutscher mich entdecken und erschießen. Oder jemand in Tarnogród könnte mich erkennen und an die Nazis verraten. Ich wusste ja nicht einmal, ob die Deutschen die Juden am Leben gelassen hatten, aber ich musste einfach noch einmal nach Tarnogród, um mich zu vergewissern, dass es für mich unter meinen Leuten keine Zukunft gab.

Das Problem, wie und aus welcher Richtung ich in die Stadt hineingelangen sollte, hatte ich noch nicht gelöst. Außerdem musste ich mir überlegen, wie ich an Lebensmittel kommen sollte, denn ohne Wasser und Nahrung würde ich nicht lange durchhalten. Ich wünschte, ich wäre wie Malach, die nie Hunger oder Durst zu haben schien.

»Wie überlebst du das nur?«, fragte ich meine kleine Freundin. Doch sie hüllte sich in Schweigen.

Ich öffnete meinen Proviantbeutel, der immer noch etwas Brot und eine Flasche Milch enthielt. Eine alte Polin hatte Mitleid mit mir gehabt und mir beides gegeben. Als sie mich fragte, warum ich so verwahrlost und unglücklich aussah, erzählte ich ihr, meine Stiefmutter sei so grausam, dass mir nichts anderes übrig bleibe, als im Wald zu leben und um Essen zu betteln.

»Sie behandelt mich so schlecht, weil ich gesagt habe, dass meine richtige Mutter netter war als sie«, erklärte ich der Frau.

»Ach, du armes Kind«, sagte sie, während ihr ein paar Tränen über die Wangen liefen. Es tröstete mich, zu sehen, dass es immer noch Menschen gab, die ein gutes Herz hatten.

»Sie sind sehr liebenswürdig«, sagte ich zu ihr. »Ich wünschte, Sie wären meine Mutter«, fügte ich hinzu, obwohl das eine Lüge war.

Ich segnete sie für ihre Großzügigkeit: Das hatte ich bei den Bauern in Luchów Dolny gelernt. Wenn jemand mir etwas zu essen gab, sagte ich jedes Mal: »Möge Gott Sie für Ihre Güte segnen.« Und dann antworteten sie: »Amen.« Ich setzte immer mein freundlichstes Lächeln auf und wurde von den Leuten für meine guten Manieren gelobt. Ein Ehepaar meinte einmal, ihre Tochter, die sich nie für etwas bedankte, könne eine Menge von mir lernen. Eine liebenswürdige Frau bot mir sogar an, bei ihrer Tochter im Bett zu schlafen. Ich war sehr müde und hätte das Angebot liebend gern angenommen, aber es war zu gefährlich. Es war besser für mich, in Scheunen zu schlafen oder in Ställen bei den Tieren. Vor den Tieren hatte ich keine Angst, ich fürchtete mich nur vor den Deutschen. Die Tiere waren meine Freunde. Wie unschuldig sie doch im Gegensatz zu den Deutschen waren!

Wieder ging ich in den Wald und ließ mir viel Zeit, mir einen Plan zurechtzulegen, wie ich nach Tarnogród hineingelangen sollte. Schon bald war ich gut Freund mit den Rehen und den Eichhörnchen, und ich genoss den Frieden und die Stille zwischen den Bäumen. »Willst du vielleicht mit mir tauschen?«, fragte ich einmal ein Eichhörnchen, aber es kletterte einfach immer höher in die Baumkrone, bis ich es aus den Augen verlor.

An einem warmen Tag nutzte ich die Sonnenstunden aus, um meine Kleider im See zu waschen. Anschließend hängte ich sie in die Zweige eines Baums, damit sie im Wind trocknen konnten. Bis sie trocken waren, versteckte ich mich im Gebüsch und sprach ein jüdisches Gebet, das meine Mutter mir beigebracht hatte. Ich war sehr erschöpft, und sosehr ich mich auch bemühte, wach zu blieben, fielen mir schließlich die Augen zu. Ich wurde aus dem Schlaf gerissen, als etwas meine Hand ableckte. Erschrocken fuchtelte ich sofort mit dem Stock herum, den ich für alle Fälle in der Hand hielt. Da sah ich ein Reh davonlaufen. Es tat mir sofort leid, dass ich es so erschreckt hatte, und ich bat es im Stillen um Verzeihung. So ein friedliebendes Tier im Gegensatz zu den deutschen Bestien.

Wie friedlich es im Wald war! Doch während ich meine herrliche Umgebung betrachtete, fiel mir plötzlich auf, dass Malach verschwunden war. Besorgt machte ich mich auf die Suche nach ihr. Schließlich fand ich sie unter einem umgestürzten Baum. »Warum versteckst du dich denn?«, fragte ich sie. Als ich sie gerade aus ihrem Versteck zerren wollte, hörte ich jemanden in meine Richtung kommen und erstarrte vor Schreck. Schnell kroch ich zu ihr unter den Baum und machte mich so klein wie möglich.

Nach einer Weile lugte ich vorsichtig aus meinem Versteck und sah zwei SS-Männer, die in meine Richtung geritten kamen. Sie stiegen ab und setzten sich ausgerechnet auf den Baumstamm, unter dem ich kauerte. Malach rührte sich nicht, und auch ich hielt mich mucksmäuschenstill. Die Männer hatten uns nicht gesehen, aber wir waren in großer Gefahr. Nach einer Weile bekam ich Krämpfe und fragte mich, wie lange ich es noch in der zusammengekauerten Stellung aushalten konnte. Aber ich durfte nicht die kleinste Bewegung machen. Zum ersten Mal begriff ich, warum *HaSchem* mich so klein bleiben ließ, denn wäre ich größer gewesen, hätten meine Füße aus dem Versteck herausgelugt.

Die SS-Männer schienen die Waldluft zu genießen. Sie wirkten sehr selbstzufrieden, so als hätten sie gerade eine Heldentat vollbracht.

Ich hatte große Angst, plötzlich husten oder niesen zu müssen, doch das passierte zum Glück nicht.

Sie packten Essen und Weinflaschen aus, und nachdem sie einige Gläser getrunken hatten, begannen sie zu singen. »Heute wollen wir alle singen, trinken wollen wir alle Wein.«

Diese Schweine, dachte ich. Was feierten die? Wie viele Menschen hatten sie heute getötet?

Am liebsten hätte ich mir einen Stock gesucht und ihnen damit auf den Kopf geschlagen. Am liebsten hätte ich ihnen für jeden Menschen, den sie getötet hatten, einen Schlag verpasst. Sie waren inzwischen so betrunken, dass sie wahrscheinlich gar nicht mitbekommen würden, wie ihnen geschah. Doch ich beschloss, es anderen zu überlassen, sie für all das zu bestrafen, was sie mir und meiner Familie angetan hatten. Ich hoffte bloß, dass der Tag der Abrechnung bald kommen würde.

Jetzt nahmen sie Armbanduhren und Schmuckstücke aus ihren Hosentaschen und hielten sie ins Licht.

»Darüber werden unsere Frauen sich freuen«, sagten sie. Den Schmuck hatten sie vermutlich Juden abgenommen, die sie ermordet hatten.

Anscheinend hatten sie die Zeit ganz vergessen, denn plötzlich sprangen sie auf, stiegen auf ihre Pferde und ritten davon. Schon bald waren sie im dichten Wald nicht mehr zu sehen. Ich jubilierte. Die Bäume waren schon immer meine Freunde gewesen, aber diesmal war ich ihnen ganz besonders dankbar.

Nachdem ich mich vergewissert hatte, dass niemand in der Nähe war, kroch ich unter dem Baumstamm hervor und folgte Malach, die nicht einmal ihre steifen Glieder zu strecken brauchte. »Danke, dass ihr gegangen seid und mich am Leben gelassen habt«, rief ich den Soldaten im Stillen nach. In ihrer Eile hatten die beiden eine Tüte mit Keksen liegen lassen, die ich mir genüsslich einverleibte. »Und danke, dass ihr mir so etwas Leckeres übrig gelassen habt!« Wenn ich nur ein *Siddur* oder ein *Tehillim* gehabt hätte, dann hätte ich ein passendes Dankgebet sprechen können.

Während ich die Kekse aß, hörte ich plötzlich ein Geräusch, das mich zusammenzucken ließ: Schüsse. Ich näherte mich einer Lichtung und sah Soldaten, die auf SS-Männer schossen. Das wunderte mich. War etwa ein Aufstand ausgebrochen?

Ich beschloss, der Sache auf den Grund zu gehen, und schlich mich von Baum zu Baum in die Richtung, aus der die Schüsse kamen. Dann kletterte ich auf einen Baum, um bessere Sicht zu haben. Ich sah deutsche Soldaten, die tot am Boden lagen, während andere ihre Taschen durchsuchten und ihre Waffen einsammelten. Zuerst traute ich meinen Augen nicht, aber mit denen war alles in Ordnung.

Nachdem die Schießerei vorbei war und alle SS-Männer tot waren, schlich ich näher zu der Lichtung hin, wo die anderen Soldaten sich ausruhten, und beobachtete das Geschehen von meinem Versteck aus. Sie sahen alle aus wie Männer, aber als ich sie sprechen hörte, stellte ich fest, dass einige Frauen unter ihnen waren. Nur: Welche Sprache war das? Wie Deutsch klang es nicht. Nach einer Weile war mir klar, dass es sich um eine Mischung aus Polnisch und Jiddisch handelte. Und zwischendurch fielen sie ins Deutsche. Ich zählte zwei und zwei zusammen, und dann fiel der Groschen – das waren Partisanen! Jüdische junge Männer und Frauen in den Uniformen deutscher Soldaten, die sie getötet hatten. Die ursprünglichen Besitzer der Uniformen hatten sich anscheinend im Kampf hervorgetan, denn die meisten Uniformjacken waren mit Abzeichen dekoriert. Diese jungen Leute mussten sehr mutig sein, wenn sie sich mit so kampferprobten Soldaten angelegt hatten. Sie wussten, dass sie kaum Überlebenschancen hatten, und waren entschlossen, so viele Deutsche wie möglich zu töten, bevor sie selbst umgebracht wurden. Vielleicht konnte ja auch ich ein paar Deutsche töten, bevor sie mich töteten. Ich war begeistert. Mit so einer guten Gelegenheit hatte ich nicht gerechnet, und ich hoffte, dass die Partisanen mich in ihren Kreis aufnehmen würden. Ich entschloss mich, es sofort zu versuchen. Ebenso wie sie wollte ich diese deutschen Ungeheuer töten, eines für jedes Mitglied meiner Familie. Ich nahm all meinen Mut zusammen und verließ mein Versteck. Um sie nicht zu erschrecken, sprach ich sie auf Jiddisch an. Es waren tatsächlich lauter Juden, und sie umarmten mich und fragten mich, wie ich es geschafft hatte, so lange allein im Wald zu überleben. Ich berichtete ihnen mit wenigen Worten von meinen Abenteuern.

»Wenn du den Krieg überlebst, kannst du eines Tages eine interessante Geschichte erzählen«, sagten sie, auch wenn sie das nicht für möglich hielten. Ihr Anführer schaute mich freundlich an und sagte: »Wir werden alle sterben, darüber machen wir uns keine Illusionen. Aber wir sind entschlossen, vorher so viele Deutsche zu töten, wie wir können. Du bist zu jung und zu klein, um dich uns anzuschließen, und du sprichst nicht fließend Deutsch.«

Zum ersten Mal bedauerte ich es, dass ich nicht groß war. Aber es war mir egal, dass ich nicht akzentfrei Deutsch sprach, denn ich wusste genau, was ich tun konnte, ohne auch nur ein Wort zu sagen. Beim Töten brauchte man doch nicht zu sprechen, oder?

Ich flehte sie an, sagte, ich sei stark und bereit zu lernen, aber sie versicherten mir, dass ich auf mich allein gestellt größere Überlebenschancen hatte.

Sie gaben mir etwas warme Suppe, die sie irgendwie gekocht hatten, und etwas Brot, und ermahnten mich, mein Essen nicht mit der Katze zu teilen. »Die kann besser für sich selbst sorgen als du«, sagten sie.

»Wenn ich's mir recht überlege – ich habe sie eigentlich noch nie essen oder trinken sehen«, erwiderte ich.

Sie meinten, Malach gehe vermutlich auf die Jagd, während ich schlief.

Ich umarmte Malach und flüsterte ihr ein paar Worte ins Ohr. Die Partisanen fanden mich sicher ziemlich merkwürdig, aber das war mir egal. Schwach und klein oder nicht, ich brauchte jemanden zum Reden, und meine Katze unterbrach mich nie. Sie saß einfach nur da und schaute mich mit ihren warmen, traurigen Augen an. Malach war eine sehr mitfühlende Zuhörerin. Wir waren beste Freundinnen, und niemand würde uns auseinanderbringen, nicht einmal diese freundlichen Partisanen.

Ich verabschiedete mich von ihnen und verschwand im dichten Wald.

13

Die Überlebenden in Tarnogród

Eines Tages lief Malach aus dem Wald hinaus. Ich wollte immer noch nach Tarnogród, auch wenn es schwierig sein würde, unbemerkt von den Deutschen in die Stadt zu gelangen. Ich musste einfach mein Glück versuchen. Aber ich war zu müde zum Nachdenken und würde mich ganz auf Malach verlassen müssen. »Warte auf mich«, rief ich ihr nach. »Ich komme.«

Während wir nebeneinanderher die Straße entlanggingen, sah ich viele Polen, die ich kannte, doch niemand nahm von mir Notiz. Ich versuchte zu rekapitulieren, ob ich in meinem kurzen Leben schon genug Gutes getan hatte, um es zu verdienen, dass ich noch einmal gerettet würde, fürchtete jedoch, dass es noch nicht genug war. Aber vielleicht würde ich ja noch viel Gutes tun können, wenn mir eine Zukunft vergönnt war! Angst hatte ich diesmal nicht. Ich fühlte mich stark und erfüllt von stiller Vorfreude, als ich mich meiner geliebten Heimatstadt näherte. Hätte ich geahnt, was mich an jenem Tag in Tarnogród erwartete, hätte ich mich tief im Wald versteckt und das Ghetto nie wieder betreten.

Ich wollte bis zum Einbruch der Dunkelheit warten und erst dann in die Stadt gehen. Ich schloss die Augen und stellte mir vor, wie ich zu meinen lieben Eltern nach Hause ging, wie meine Mutter mich umarmte und mir eine warme Suppe zubereitete. Doch dann merkte ich, dass ich mal wieder meinen Tagträumen nachhing, und sagte mir, dass es besser war, zu beten. »Bitte, *HaSchem*, mach alle Deutschen blind, oder mach mich unsichtbar, damit ich ungesehen ins Ghetto komme«, murmelte ich.

Ich gelangte in die Stadt, ohne von jemandem gesehen oder gehört zu werden. Eine Weile beobachtete ich unser Haus von Weitem, da ich nicht wusste, wer es jetzt bewohnte. Schließlich traute ich mich hinein und fand meinen alten Großvater in seinem Bett vor. Als er mich sah, stand er mühsam auf und fragte mich, wie es meinen Eltern und Geschwistern ginge. Offenbar hatte ihm niemand gesagt, dass sie alle deportiert worden waren. Ich sagte ihm, ich wisse genauso wenig wie er, und versprach, ihm zu berichten, sobald ich von ihnen hörte. Ich war froh, dass er immer noch voller Hoffnung auf ein Wiedersehen mit seinen Lieben war, und unterdrückte meine Tränen. Er sollte sein Leben in Frieden beenden und besser nicht erfahren, was geschehen war. Ich wünschte, ich wäre genauso ahnungslos wie er, denn dann könnte auch ich noch Hoffnung haben.

Inzwischen wohnten Leute in dem Haus, die ich noch nie gesehen hatte. Wahrscheinlich waren sie aus anderen Ghettos in der Gegend hierher geflüchtet. Sie wirkten alle hoffnungslos und schicksalsergeben. Sie wussten, was die Nazis meiner Familie und Tausenden anderen Juden angetan hatten und dass auch sie bald an der Reihe sein würden. Bestrebt, sie ein bisschen aufzumuntern, vergaß ich für einen Moment, dass mir das gleiche Schicksal blühte. Jetzt war ich nicht mehr im Wald und frei wie die Tiere, aber es tat gut, mich zugehörig zu fühlen.

Ich gab meinem Großvater eine Scheibe gebuttertes Brot und einen dicken Apfel. »Du bist ein Engel«, sagte er, während er sich über die Köstlichkeiten hermachte. Ich war erstaunt, dass er immer noch so einen Appetit hatte.

»Aber was macht die Katze hier im Haus?«, fragte er, nachdem er aufgegessen hatte. »Wir haben kein Futter für sie.«

»Keine Sorge«, antwortete ich. »Sie braucht kein Futter.«

Eine Zeit lang spielte ich mit den kleinen Kindern im Haus

und fühlte mich wieder wie eine große Schwester. Dann gab ich meinem Großvater einen Abschiedskuss. Er war zu alt und zu schwach, um zu begreifen, was mit unserem Volk geschah. Und trotz meiner Situation war auch ich nicht in der Lage, es wirklich ganz und gar zu verstehen – welcher normale Mensch konnte das schon?

Die Deutschen trieben offenbar immer mehr Juden aus anderen Orten ins Ghetto, darunter auch meinen Onkel Abram mit seiner Familie. Meine Verwandten wohnten jetzt im Haus des Schusters Shiya Leib, der zusammen mit meinen Eltern deportiert worden war. Shimon, der Schwager meines Onkels, wohnte ebenfalls in dem Haus, außerdem eine Frau namens Rosie, deren Haus und Laden konfisziert worden waren und deren Familie ebenfalls nach Izbice deportiert worden war.

Alle begrüßten mich ganz aufgeregt, als ich das Haus betrat. »Wie konntest du das Ghetto verlassen?«, fragten sie. »Und wo ist dein Davidstern? Es ist viel zu gefährlich, ohne den Stern herumzulaufen.«

Dann entdeckten sie meinen Beutel und hörten auf, Fragen zu stellen, denn sie sahen, dass er mit Essen gefüllt war. Sie konnten ihr Glück gar nicht fassen, als ich Kartoffeln, Möhren, Zwiebeln, Rüben und sogar ein paar Eier auspackte. Solche Köstlichkeiten gab es im Ghetto schon lange nicht mehr. Ich sah ihnen an, dass sie aufgehört hatten, darüber nachzudenken, was ihnen bevorstand. Sie waren nur hungrig und freuten sich über die Lebensmittel, die ich mitgebracht hatte. Sie waren so glücklich, endlich etwas Leckeres zu essen zu bekommen, dass alle Ängste vergessen waren, und sie drängten sich um mich, als würde nichts anderes eine Rolle spielen. Essen war das Einzige, worüber die Leute im Ghetto redeten, niemand sprach mehr über seine deportierten Angehörigen.

Meine Tante Goldie kochte eine Suppe, und ich brachte

meinem Großvater eine Portion davon. Beglückt über die warme Suppe, segnete er mich, und als ich mich wieder von ihm verabschiedete, betete er für meine Sicherheit. Schwach, wie er war, wusste er doch, dass ich mich in große Gefahr begab, wenn ich nach sechs Uhr abends in den Straßen des Ghettos unterwegs war. Doch ich hatte Glück und begegnete niemandem auf meinem Weg.

Niemand fragte mich, wie ich es schaffte, allein im Wald zu überleben. Und ich fand es auch besser, ihnen nicht alles zu erzählen; so konnte auch den Deutschen nichts zu Ohren kommen, falls sie meine Verwandten befragten. Mein Onkel erzählte mir, dass er und sein Bruder für die Deutschen im Wald Baumharz zapfen mussten. Als sie einmal im Wald bei Majdan arbeiteten, wollte einer der ukrainischen Aufseher aus Spaß einen Juden töten. Die anderen Aufpasser hatten ihn davon abgehalten, und mein Onkel hatte gehört, wie einer von ihnen geraunt hatte: »Hab Geduld. Bis zum ersten November ist es nicht mehr lange.«

Das bedeutete, dass die Hinrichtung aller Juden im Ghetto näher rückte. Als ich mich schweren Herzens von meinen Verwandten verabschiedete, kämpfte ich mit den Tränen. Aber ich wollte mir nicht anmerken lassen, was ich dachte. Mein Onkel glaubte, ich würde wie immer auf Betteltour gehen, und riet mir, meine Katze solange bei ihnen zu lassen. Aber Malach folgte mir überallhin. Wir umarmten uns, und ich küsste ihn auf die Wange, wohl wissend, dass es das letzte Mal war. Ich war froh, dass er zu erschöpft und zu geschwächt war, um zu begreifen, dass wir uns nie wiedersehen würden. Ich schaute ihn lange an, um mir sein Gesicht für immer einzuprägen.

14

Der Fluss und das Floß

Ich ging quer durch den Wald in Richtung Korchow. Inzwischen hatte ich gelernt, welche Bäume mir und meiner Begleiterin den besten Schutz boten. Unterwegs sah ich Eichhörnchen, Füchse und Rehe. Die Rehe sprangen von Strauch zu Strauch und taten sich an wilden Beeren gütlich; wie gern hätte ich mich mit ihnen zusammen vergnügt, aber sie ergriffen die Flucht, wenn sie mich kommen sahen, denn sie kannten mich ja nicht. Ich selbst hatte längst das Gefühl, zu ihnen zu gehören, und überlegte mir, wie ich am besten in ihrer Mitte überleben könnte.

Ich war müde und hätte gern geschlafen, doch dann fiel mir auf, dass Malach verschwunden war. Ich fand sie in einem Graben, wo sie sich hingelegt hatte. »Du Dummerchen«, schalt ich sie. »Du darfst nicht weglaufen. Ohne dich bin ich verloren.« Wie immer wurden meine Worte mit Schweigen quittiert.

Als ich mich gerade wieder aufrichten wollte, entdeckte ich in einiger Entfernung drei deutsche Soldaten, die den Wald durchsuchten. Entweder hatten sie nicht genug Suchhunde, oder sie fühlten sich sehr sicher im Wald, von dem sie glaubten, dass er ihnen gehörte. Jetzt wurde mir klar, dass Malach mich hatte warnen wollen, und ich legte mich zu ihr in den Graben. Ich überlegte angestrengt, wie es weitergehen sollte. Wenn ich auch in Zukunft überleben wollte, musste ich jeden Tag sehr gut planen.

Ich erinnerte mich an ein freundliches polnisches Paar, das mir in einem kleinen Dorf in der Nähe von Majdan eine

Zeit lang Unterschlupf gewährt hatte. Zwar hatten sie keinen Platz im Haus gehabt, aber sie hatten mich in ihrem Garten schlafen lassen, der von einem hohen Zaun umgeben war. Der Mann war Holzfäller, und er hatte Hilfe gebraucht beim Bäumefällen und Holzhacken und beim Bau von Särgen. Ich entschloss mich, noch einmal mein Glück bei diesen Leuten zu versuchen. Selbst wenn ich nur ein paar Tage bei ihnen bleiben konnte, würde mir das Zeit geben, Pläne zu schmieden.

Ich ging zu den Leuten und erbot mich, dem Mann beim Bäumefällen zu helfen.

»Einen Jungen könnte ich besser gebrauchen«, sagte der Mann. »Aber du bist ein kräftiges Mädchen, und ich denke, du kannst mir eine Hilfe sein.«

Ich freute mich, und wir machten uns auf den Weg in den Wald. Ich ergriff ein Ende der schweren Säge mit meinen kleinen Händen. Der Mann packte am anderen Ende, und gemeinsam fällten wir die Bäume. Anfangs machte mir die Arbeit Angst, denn ich fürchtete ständig, von einem umfallenden Baum erschlagen zu werden. Wenn wir auch nur den kleinsten Fehler begingen, konnte ein Baum uns alle beide unter sich begraben. Doch bald lernte ich dem Holzfäller zu vertrauen. Er machte diese Arbeit schon seit vielen Jahren und konnte immer genau einschätzen, in welche Richtung selbst der geradeste Baum fallen würde.

Die Nachbarn erfuhren nichts von meiner Anwesenheit. Der Gartenzaun war mannshoch, und das Gartentor war mit einem schweren Vorhängeschloss gesichert. Und wenn wir zusammen in den Wald fuhren, versteckte ich mich immer im Karren, dessen ziemlich hohe Seitenwände der Holzfäller sogar noch etwas erhöht hatte. So bekam mich niemand zu sehen. Auf dem Weg in den Wald lag ich in dem leeren Karren und nutzte die Zeit, um mich noch ein bisschen auszuruhen, und auf dem Rückweg am Abend hockte ich zwischen den Baumstämmen.

Wenn wir von der Arbeit zurückkamen, gab es stets ein leckeres Abendessen, das meistens aus Kartoffeln, Sauerrahm, Quark und gebutterten Broten bestand. So ließ ich mir das Leben gern gefallen.

Leider sollte mein Glück nicht lange währen. Eines Nachts, ich lag auf meinem Strohsack, gut versteckt hinter dem Gartenzaun, wurde ich von einem Geräusch aus dem Schlaf gerissen. Auf der anderen Seite des Zauns hörte ich flüsternde Stimmen. Es war der Nachbar, der seiner Frau sagte, er werde über den Zaun klettern, um nachzusehen, wen der Holzfäller bei sich zu Hause versteckte. Ich erschrak, weil es mein sicheres Ende bedeutete, wenn der Mann mich entdeckte. Ich musste schnell handeln. Der Mann durfte auf keinen Fall über den Zaun klettern!

Plötzlich kam mir eine Idee. Während meiner Zeit in der freien Natur hatte ich gelernt, Hundegebell perfekt nachzuahmen. Diese Fähigkeit war meine Rettung. Als der Nachbar auf seine Leiter stieg, begann ich erst leise und dann immer lauter zu bellen wie ein sehr großer Hund. Der Nachbar erschrak so sehr, dass er von der Leiter fiel. Im nächsten Moment hörte ich, wie er und seine Frau davonliefen.

Ich konnte mein Glück kaum fassen und dankte *HaSchem* dafür, dass er mir so schnell die rettende Idee geschickt hatte. Der Holzfäller und seine Frau waren von dem Lärm aufgewacht, und ich berichtete ihnen, was vorgefallen war. »Was für ein schlaues Mädchen zu bist«, sagte der Holzfäller. Dann ging er um den Zaun herum und holte die Leiter des Nachbarn in den Garten. Ich war nicht die einzige Schlaumeierin.

Im Dorf sprach es sich schnell herum, dass der Holzfäller einen großen, bissigen Hund hatte, und von da an unternahm niemand mehr einen Versuch, über den Gartenzaun zu steigen. Dennoch brach ich schon bald wieder auf, denn ich hatte das Gefühl, bei dem Holzfäller nicht länger in Sicherheit zu sein. Schließlich konnte ich nicht jede Nacht bellen, und außerdem fürchtete ich, die Nachbarn würden versuchen, den Hund zu töten, aus Angst, dass er sie eines Tages anfallen könnte.

Ich dankte dem Holzfäller und seiner Frau für ihre Güte. Als sie begriffen, dass mein Entschluss feststand, füllten sie meinen Beutel großzügig mit Proviant, und ich verabschiedete mich.

Allerdings wusste ich nicht, in welche Richtung ich mich wenden sollte. Ich wusste nur, dass ich meine nächsten Schritte sorgfältig planen musste, wenn ich weiterhin überleben wollte. Anfangs wanderte ich ziellos umher, unsicher, was ich tun sollte. Ich legte mich unter einen großen Baum und schlief viele Stunden lang. Nach dem Aufwachen fühlte ich mich ausgeruht und aß etwas von den leckeren Sachen, die diese liebenswürdigen Leute mir mitgegeben hatten. Es regnete nicht, und es war auch nicht sehr kalt. Aber ich vermisste den Strohsack, auf dem ich im Garten des Holzfällers geschlafen hatte. Was für ein Luxus das gewesen war!

Als ich eines Tages in der Nähe von Majdan an einen Fluss kam, erblickte ich etwas, was mich in seinen Bann schlug: Auf dem Wasser trieben Baumstämme. Ich konnte nichts entdecken, was die Baumstämme zog, jedenfalls war kein Motorboot zu sehen, und ich fragte mich, was in aller Welt dafür sorgte, dass die Baumstämme so ordentlich hintereinander den Fluss hinuntertrieben. Dann fiel mir auf, dass die Stämme mit Seilen miteinander verbunden waren. Ich war total fasziniert und wollte unbedingt herausfinden, wie das funktionierte. Wenn ich genauso wie die Baumstämme auf dem Wasser treiben konnte, würde es mir möglich sein, meinen müden Füßen eine Pause zu gönnen.

Die Stämme trieben sehr langsam dahin, und ich entschloss mich, mein Glück zu versuchen. Ein paar Leute, die vorbeigingen, sahen mich am Ufer stehen und errieten meine Absicht. Sie warnten mich, es sei gefährlich, aber ich versicherte ihnen, dass ich gut springen könnte. Ich ging so nah wie möglich ans Wasser, wartete einen günstigen Moment ab und sprang. Und landete auf einem Baumstamm.

Ich legte mich hin und genoss die Fahrt im hellen Sonnenschein. Nach einer Weile entdeckte ich ein kleines Bündel zwischen zwei Baumstämmen und hob es auf. Zu meiner Überraschung waren es Geldscheine – genau hundert Złoty. Ich hatte ein schlechtes Gewissen, als ich es einsteckte, doch um es zu beruhigen, sagte ich zu Malach: »Derjenige, dem das Geld gehört, braucht es bestimmt nicht so dringend wie ich.« Allerdings wusste ich selbst nicht so recht, wo ich das Geld würde ausgeben können, denn ich kam fast nie in eine größere Ortschaft, weil das viel zu gefährlich war.

Während ich auf meinem Baumstamm den Fluss hinunterfuhr, riefen mir immer wieder Bauern vom Ufer aus zu, was ich da mache, sei gefährlich. Ich rief zurück, ich sei das gewohnt, es bestehe kein Grund zur Sorge. Irgendwann verlangsamte sich die Flussfahrt, und ich merkte, dass die Baumstämme fast am Ende ihrer Reise angekommen waren. Ich sprang ans grasbewachsene Ufer und machte mich auf den Weg ins nächstgelegene Dorf.

Ich ging zum ersten Haus, das ich sah, nahm einen Fünf-Złoty-Schein aus meiner Tasche und klopfte an die Tür. Ein freundlicher Mann machte auf. Ich sagte ihm, mein Onkel habe mich losgeschickt, um etwas zu essen zu kaufen, weil die Lebensmittel in unserer Stadt knapp geworden seien. Verwundert fragte der Mann, warum mein Onkel sich nicht selbst auf den Weg gemacht habe.

»Er hat zu viel zu tun«, antwortete ich. »Und ich bin sehr tüchtig.«

»Das sehe ich«, meinte er. »Trotzdem verstehe ich nicht, warum ein so junges Mädchen wie du die ganzen Lebensmittel so weit schleppen soll.«

Ich fürchtete, er könnte denken, dass ich nicht die Wahrheit sagte. »Wie heißt denn dein Onkel?«, wollte der Mann wissen.

»Janek Wrubel«, sagte ich. »Er kennt Sie gut, deswegen hat er mich zu Ihnen geschickt.«

»Den Namen habe ich noch nie gehört. Außerdem haben wir selbst nicht viel zu essen«, antwortete er. Doch dann sah er den Geldschein in meiner Hand und fügte hastig hinzu: »Aber gib mir deine fünf Złoty und sag mir, was du dafür haben möchtest.«

»Ich möchte drei Flaschen Milch, einen großen Laib Brot, Butter und etwas Obst«, antwortete ich. »Ich habe gesehen, dass Sie viele Obstbäume haben. Ich wünschte, wir hätten auch welche in unserem Garten.«

»Wo kommst du denn eigentlich her?«, fragte er.

»Aus Siniawa. Jemand hat mich in seiner Kutsche mitgenommen und bringt mich auch wieder zurück. Sprechen Sie Ukrainisch?«, fragte ich ihn mit Unschuldsmiene.

»Kein Wort«, antwortete er.

»Ich schon«, log ich. »Ich bin nämlich Ukrainerin.«

Er erschrak. »Bitte, erzähle niemandem, dass ich so viele Lebensmittel hier habe«, sagte er.

»Mach ich nicht«, versprach ich. »Aber vielleicht komme ich noch mal, um welche bei Ihnen zu kaufen.«

Bevor ich ging, bat ich ihn noch verwegen um ein heißes Getränk, denn ich wusste, dass er mir meine Bitte nicht abschlagen würde, schließlich war ich als angebliche Ukrainerin eine wichtige Person. Ich merkte ihm an, dass er froh war, als ich mich verabschiedete. Eins hatte ich inzwischen gelernt: Die Polen hatten Angst vor Ukrainern.

Als ich ein paar Tage später meinen ganzen Proviant aufgegessen hatte, wollte ich eigentlich noch einmal zu diesem Bauern zurückgehen, um neue Lebensmittel zu kaufen. Doch dann fand ich es zu gefährlich, zwei Mal zu denselben Leuten zu gehen. Falls die Deutschen inzwischen von meinem Besuch erfahren hatten, würden sie mir vielleicht eine Falle stellen.

Da nicht alle Dörfer Ortsschilder besaßen, wusste ich oft nicht, wo ich mich befand. Da ich ohnehin kein konkretes Ziel hatte, spielte das eigentlich auch keine Rolle. Aber ich konnte mich nirgendwo länger als einen oder zwei Tage aufhalten, und es war immer gefährlich, bei Fremden an die Tür zu klopfen, denn es konnte jederzeit passieren, dass mich jemand erkannte und verriet. Es kam also darauf an, gutmütige Leute zu finden, die es nicht interessierte, wer ich war, oder die mich nicht erkannten. Immer wieder zerbrach ich mir den Kopf darüber, womit ich es verdient hatte, wie eine flüchtige Gefangene gejagt zu werden. Und jedes Mal kam ich zu demselben Ergebnis: Ich war total unschuldig, und nicht ich müsste gejagt werden, sondern meine Verfolger.

Ich hatte jetzt noch fünfundneunzig Złoty in der Tasche. Ich war reich, aber hatte kein Zuhause. Ach, wie sehr wünschte ich mir, ich könnte abends in einem warmen Zimmer sitzen, anstatt allein draußen in der Kälte zu stehen und sehnsüchtig in all die hell erleuchteten Fenster zu schauen. Aber unter dem weiten Himmel gehörte mir die ganze Welt, und ich hatte viel Zeit, um zu forschen, zu beobachten und zu lernen. Ich entwickelte mich zu einer kleinen Wissenschaftlerin. Inzwischen konnte ich die Uhrzeit am Sonnenstand ablesen. Manchmal bastelte ich mir auch auf einer Waldlichtung eine Sonnenuhr. Dazu zog ich einen Kreis auf dem Boden, steckte einen Stock in die Mitte und las die Uhrzeit am Winkel des Schattens ab. Ich lernte auch, die Wolken zu beobachten.

Wenn sie auf mich zutrieben, wusste ich, dass ich bald irgendwo Schutz suchen musste.

Zum Überleben gehörte auch, dass ich auf meine Körperpflege achtete. Wenn ich mich bei Leuten im Haus sicher fühlte, lieh ich mir eine Schere, um mir die Fingernägel zu schneiden. Leider kam das nicht besonders oft vor. Manchmal versuchte ich auch, mir die Nägel abzubeißen, aber das war schwierig, weil sie so hart waren und ich sie nicht in warmem Seifenwasser einweichen konnte. Manchmal fragte ich mich, ob ich jemals wieder solchen Luxus genießen würde.

Ich musste an Davids Kampf gegen Goliath denken und wünschte, ich könnte mir auch so eine Schleuder basteln, wie er sie benutzt hatte. David war noch ein Junge gewesen, etwa in meinem Alter, warum sollte ich das nicht auch können? Ich würde Gummiband brauchen, dachte ich, wusste jedoch nicht, wo ich welches herbekommen sollte. Aber irgendwann würde ich auch so eine Schleuder besitzen. Dann würde ich mich hinter einem Baum verstecken und so viele Nazis töten, wie ich konnte. Das war natürlich nur ein Wunschtraum. Ich träumte nachts im Schlaf, und tagsüber hing ich meinen Tagträumen nach. Ich hatte ja nichts zu tun, außer, dass ich mir immer wieder etwas zu essen beschaffen musste.

Wenn ich nichts mehr zu essen hatte, ging ich ins nächste Dorf und kaufte mir etwas mit meinen Złoty. Einmal kaufte ich einer Bauersfrau sogar ein Paar Schuhe ab, obwohl sie mir ein paar Nummern zu groß waren. Ich erklärte der Frau, ich bräuchte die Schuhe für meine Stiefmutter. Ich hatte immer noch fünfzig Złoty übrig. Die Bauern glaubten mir, wenn ich behauptete, ich kaufte die Lebensmittel für jemand anderen. Ich hätte mir auch Stift und Papier kaufen können, aber ich wusste, dass die Nazis mich umbringen würden, wenn sie mich mit einem Tagebuch erwischten.

Für zwanzig Złoty kaufte ich eine gebrauchte Armbanduhr.

Jetzt kannte ich immer die genaue Uhrzeit und wusste, wie viele Stunden Dunkelheit ich überstehen musste. Anstatt sie am Handgelenk zu tragen, legte ich die Uhr zwischen die mir noch verbliebenen Geldscheine. Ich brauche ja nicht so oft auf die Uhr zu schauen, sagte ich mir. Aber vielleicht kann sie mir noch einmal gute Dienste leisten. Ich ging davon aus, dass ich sie eines Tages gegen Lebensmittel würde eintauschen können, und las weiterhin die Tageszeit am Sonnenstand ab. Das gab mir etwas zu tun.

Ich ging zurück in den Wald und machte mir im Schutz von Sträuchern ein Schlaflager. Als ich aufwachte, hatte ich keine Ahnung, wie lange ich geschlafen hatte, aber es spielte auch keine Rolle. Ich fühlte mich so ausgeruht, als hätte ich in einem richtigen Bett geschlafen. Ich stand auf, aß etwas, nahm mein Bündel und machte mich auf den Weg zur nächsten Lichtung. Zufrieden stellte ich fest, dass ich immer noch allein war.

Die Tage wurden immer kürzer, und die Luft wurde kälter. Mir war bewusst, dass ich den Winter im Freien nicht überleben konnte. Ein Plan musste her. Während ich nachdachte, aß ich noch etwas. Gestärkt ging ich bis nach Chmielek, das Dorf, das ich inzwischen gut kannte. Bei einigen freundlichen Dörflern erbettelte ich verschiedene Lebensmittel. Diese Leute würden mich nicht verraten, dachte ich, denn das hatten sie bisher auch nicht getan.

Ein paar Tage blieb ich in Chmielek. Jede Nacht schlief ich in einer anderen Scheune und hoffte, dass mich niemand entdeckte. Beim Einschlafen lauschte ich dem Rauschen des kalten Windes in den Bäumen. Immer wieder musste ich an meine wenigen Verwandten denken, die noch lebten. Mit der Zeit fühlte ich mich immer einsamer, bis ich es nicht mehr aushielt und lieber das Schicksal meiner noch lebenden Angehörigen teilen wollte, egal wie schlimm es war.

Ich beschloss also, nach Tarnogród zurückzukehren, und überlegte, wie ich am besten in das Haus kommen konnte, das ich immer noch als mein Zuhause betrachtete. Ich wusste, dass es dumm war, nach Tarnogród zu gehen, aber ich fühlte mich so einsam und ausgelaugt, dass ein paar Tage bei meinen Verwandten und ein paar Nächte in einem richtigen Bett das Risiko wert sein würden. Ich ahnte nicht, was mich in meinem geliebten Tarnogród erwartete.

15

Die letzten Ghettobewohner

Als ich mich einem kleinen See näherte, sah ich eine Schar Gänse. Ich schnitt einen Zweig von einem Baum ab und dirigierte die Gänse damit zu einem etwas abgelegenen Haus. Auf dem Weg dorthin schauten mich die Leute an, als käme ich von einem anderen Stern, und sie schrien mich an, ich sollte die Gänse in Frieden lassen – sie sorgten sich um die Gänse, nicht um mich. Ich beachtete sie nicht, sondern lief die ganze Zeit um die Gänse herum und trieb sie zu dem Haus. Ich wollte wissen, wer dort wohnte.

Das Haus musste bis vor Kurzem bewohnt gewesen sein, doch seine Bewohner hatten es offenbar verlassen, und zwar in aller Eile, denn Küchenschränke und Vorratskammer waren noch mit Lebensmitteln gefüllt. Nachdem ich mich satt gegessen und so viel Milch getrunken hatte, wie ich finden konnte, füllte ich meinen Beutel mit Proviant und zog wieder los.

Doch ich verirrte mich und konnte die Landstraße nicht finden. Bald kam ich an eine Lichtung. Ein paar polnische Holzfäller, die mich sahen, unterbrachen ihre Arbeit und wollten wissen, woher ich käme. Ich sagte ihnen, ich sei zwei Tage zuvor zum Pilzesammeln aufgebrochen und hätte mich dabei verlaufen. Aus irgendeinem Grund nannten sie mir daraufhin das Datum: Es war der 31. Oktober. Plötzlich fiel mir wieder ein, wie Onkel Abram mir von den Ukrainern erzählt hatte, die er im Wald bei Majdan belauscht hatte: »Hab Geduld«, hatte einer von ihnen gesagt. »Bald ist der erste November.«

Wenn ich vor dem ersten November in Tarnogród sein wollte, musste ich mich beeilen!

In Korchow gab mir eine alte Polin ein paar frisch gebackene Kekse. Anstatt sie zu essen, packte ich sie zu den Lebensmitteln, die ich in dem verlassenen Haus eingesteckt hatte. Gern hätte ich Malach einen Keks gegeben, aber ich erklärte ihr, dass meine Verwandten jeden Krümel brauchten, den ich auftreiben konnte. Malach schien es mir nicht übel zu nehmen. Sie lief wie immer still neben mir her, ohne irgendwelche Anzeichen von Hunger oder Durst zu zeigen.

Obwohl ich Tarnogród so schnell wie möglich erreichen wollte, machte ich mehrere Umwege, um möglichst unentdeckt zu bleiben. Ich ging zügig, manchmal lief ich sogar ein Stück weit. Es war, als würde mich ein Magnet nach Tarnogród ziehen. Ich hatte erneut die Richtung geändert und näherte mich Tarnogród jetzt von Luchów Górny aus.

Da ich mir keine Gelegenheit entgehen lassen wollte, noch mehr Lebensmittel zu besorgen, klopfte ich in Luchów Górny an ein paar Haustüren. Auch hier hielten mich die Leute für eine christliche Polin, schienen es jedoch merkwürdig zu finden, dass ich um Essen betteln musste. Eine Frau fragte mich: »Gibt deine Mutter dir denn nichts zu essen?«

»Ich habe eine Stiefmutter, und die kann mich nicht leiden«, antwortete ich.

»Armes Mädchen«, sagte die Frau. »Hier hast du ein paar Eier. Wenn du wieder hungrig bist, kannst du gern wieder herkommen.«

Ich bedankte mich bei der Frau und versprach, bald wiederzukommen, obwohl ich das Gefühl hatte, dass das Betteln für mich bald ein Ende haben würde.

Mein Beutel war inzwischen gut gefüllt und schwer. Am liebsten hätte ich unter einem großen Baum ein bisschen geschlafen, aber ich musste nach Tarnogród zu meinen Verwandten. Ich war so dumm zu glauben, mein Onkel Abram und meine Tante Goldie könnten mich beschützen, komme, was wolle. Außerdem glaubte ich, die Deutschen könnten mir nichts anhaben. Schließlich hatten sie genug Gelegenheiten gehabt und es bisher nicht geschafft. Vielleicht war ich auch immer noch ein bisschen naiv. Auf jeden Fall war ich dumm genug, nach Tarnogród zu gehen. Ich hätte mich an jenem schicksalhaften ersten November von der Stadt fernhalten sollen, diesem Tag, den ich bis an mein Lebensende nicht vergessen werde.

Als ich die ersten Häuser meiner geliebten Heimatstadt erblickte, rannte ich los, als hätte ich eine Mission zu erfüllen.

Als Erstes ging ich zu meinem Großvater. Er sah aus wie ein Skelett und war halb verhungert, aber seine Freude, mich zu sehen, war unbeschreiblich. An dem Tag habe ich gelernt, dass man ohne Nahrung ziemlich lange überleben kann, aber nicht ohne Hoffnung. Als er mich sah, richtete er sich mit letzter Kraft auf, um mich zu begrüßen. Er war so schwach, dass er nur noch flüstern konnte, doch er segnete mich und wünschte mir viel Glück. Ich versuchte, ihm ein bisschen in Wasser aufgeweichtes Brot zu füttern, aber er konnte nicht mehr schlucken. Ich blieb an seinem Bett sitzen und sah, wie er langsam ins Koma sank. Er sah so friedlich aus, und ich hoffte, dass er nie wieder aufwachen würde. Er hatte genug gelitten, und den Winter würde er nicht überleben. Ich verabschiedete mich im Stillen von ihm und machte mich auf den Weg zu meinem Onkel Abram.

Er und die Seinen waren auch vom Hunger geschwächt. Aus den Lebensmitteln, die ich mitgebracht hatte, kochte Tante Goldie uns eine warme Mahlzeit. Nach dem Essen berichtete mein Onkel mir, dass die Deutschen diejenigen, die am Vorabend von *Rosch ha-Schana* nach Izbice gebracht worden waren, in Holzschuppen gesperrt und lebendig verbrannt hatten. Die Leute im Ghetto hatten davon erfahren, weil die Mitglieder der Einsatzgruppen, der Nazi-Tötungskommandos, mit ihren Taten geprahlt hatten.

Ich schaute meinen Onkel entsetzt an, doch mehr sagte er nicht.

Ich legte mich völlig erschöpft schlafen.

Am frühen Morgen wurde ich durch Schreie im Haus und Schüsse in der Straße geweckt. Erschrocken sprang ich aus dem Bett. Gitel, die Schwester meiner Tante, sagte schluchzend zu mir, sie beneide meine Eltern und meine Schwestern, denn die seien schon von ihrem Leid erlöst. Die Männer zogen sich in ein Zimmer zurück, um zu beten. Alle wussten, was die Schüsse zu bedeuten hatten; die letzte Stunde hatte geschlagen. Ich war mir sicher, dass auch ich an diesem Tag sterben würde.

Plötzlich schrie Tante Goldie, ich solle um mein Leben rennen.

Zum Anziehen blieb keine Zeit. Ich stand zitternd im Nachthemd da, während meine Tante mir einen Korb mit Brot und einer Flasche Wasser in die Hand drückte. In dem Augenblick stürmte ein Soldat ins Haus und befahl allen, nach draußen zu kommen. Mir blieb nichts anderes übrig, als den anderen zu folgen, aber ich hatte nicht die Absicht, in den sicheren Tod zu gehen. Ich war entschlossen, erneut zu fliehen.

Ich gab Malach ein Zeichen, verschwand mit ihr durch den Hinterausgang und schlüpfte in eine Scheune, wo ich mich unter dem Stroh versteckte. Eine Minute später kam der christliche Hausbesitzer mit zwei Soldaten herein. Als die Soldaten dem Mann befahlen, mit einer Forke im Stroh herumzustochern, kam ich heraus. Anstatt wegzulaufen, gab ich mich gelassen und tat so, als gehörte ich zur Familie des Polen.

Voller Angst warf ich mich dem Hausbesitzer in die Arme, flehte ihn auf Polnisch an, mich nicht zu verraten, und versprach ihm zu verschwinden, sobald die Soldaten weg wären. »Ich bin doch noch so jung«, sagte ich zu ihm. »Und ich will leben. Eines Tages werde ich das wiedergutmachen.«

Die Soldaten verstanden zum Glück kein Polnisch. Für sie sah es so aus, als hätte der Bauer mich umarmt und nicht umgekehrt. Vermutlich hielten sie mich für die Tochter des Mannes und glaubten, ich hätte aus Spaß im Stroh geschlafen, denn einer von ihnen riss dem Bauern die Forke aus der Hand und begann, im Stroh herumzustochern. Ich nutzte die Gelegenheit und verschwand mit Malach durch die Hintertür der Scheune.

Nach dem Krieg erfuhr ich, dass diese Scheune später abgebrannt wurde und dass alle, die sich darin versteckt hatten, ums Leben kamen.

Ich ging sehr langsam, so als hätte ich alle Zeit der Welt, und überquerte scheinbar seelenruhig ein Feld, wo ich mich ab und zu bückte, um Steine aufzuheben.

Als ich an ein paar Soldaten vorbeikam, rief einer von ihnen hinter mir her: »Geh nach Hause zu deiner Mutter, blöde Ziege.«

Aber ich tat so, als würde ich kein Deutsch verstehen; die meisten Polen sprachen ja kein Deutsch. Da sie mich aus einem christlichen Haus hatten kommen sehen, hielten die deutschen Soldaten mich nicht für eine Jüdin und wiesen sogar ihre Kameraden an, sie sollten mich in Ruhe lassen, ich sei offenbar schwachsinnig. So, wie ich herumlief, im Nachthemd und mit zerzaustem Haar, machte ich wahrscheinlich genau diesen Eindruck. Mit einem blöden Grinsen winkte ich allen Leuten zu. Sie winkten zurück, und ich ging einfach immer weiter und spielte mit meinen Steinen.

Da ich die Gegend um Tarnogród wie meine Westentasche

kannte, wusste ich, dass sich jenseits der Felder eine Ziegelei befand. Dorthin ging ich, blieb vor dem Brennofen stehen und schaute eine ganze Weile ins Feuer, während ich versuchte, die schrecklichen Schreie der Menschen auszublenden, die gerade in Tarnogród systematisch erschossen wurden, darunter auch meine Verwandten.

Wie benommen ging ich weiter. Ich kam an einem Haus vorbei, dessen jüdische Bewohner am selben Tag deportiert worden waren wie meine Eltern und Schwestern. Das Haus sah verlassen aus, und ich rechnete nicht damit, noch Lebenszeichen zu sehen, aber als ich mich näherte, hörte ich ein Kind weinen. Ich konnte nicht weitergehen, ohne nachzusehen, was mit dem Kind war. Das Weinen klang so traurig. Ich ging ins Haus. Den Anblick, der sich mir bot, werde ich bis an mein Lebensende nicht vergessen. Mitten in einem leeren Zimmer saß Tante Goldies siebenjährige Nichte Liebele. Tränen liefen ihr über die bleichen Wangen, und sie wirkte vollkommen verloren. Sie rührte sich nicht von der Stelle und sagte kein Wort, als sie mich sah. Sie war total verängstigt.

Ich ging zu ihr und drückte sie fest an mich. Nach einer Weile hörte sie auf zu weinen. Sie war so verstört, dass sie mich nicht erkannte, aber allein meine Umarmung schien sie zu trösten. Leise und stockend erzählte sie mir, dass ein deutscher Soldat in ihr Haus gekommen war und alle nach draußen befohlen hatte. Ihre Mutter hatte ihr gesagt, sie solle weglaufen und sich bei Christen verstecken. Ich hätte gern gewusst, ob ihre Brüder und ihre Schwestern Etele und Toibele, die ich alle nie kennengelernt hatte, auch versucht hatten zu fliehen.

Ich hatte großes Mitleid mit Liebele, aber ich wusste, dass ich nichts für sie tun konnte und dass ich, wenn ich bei ihr blieb, Gefahr lief, mit ihr zusammen entdeckt und auch getötet zu werden.

»Ich habe es sehr eilig«, sagte ich zu der armen Kleinen. »Bleib hier sitzen, Liebele, deine Mutter kommt dich bestimmt bald holen.«

Dann gab ich ihr einen Abschiedskuss und verließ schweren Herzens das Haus. Ich wusste genau, dass sie keine Chance hatte, aber ich konnte ihr nicht helfen. Es gab niemanden, zu dem ich sie bringen konnte; ich wusste ja nicht einmal, ob es mir selbst gelingen würde, den Deutschen zu entkommen. Aber ich würde es auf jeden Fall versuchen und betete um Hilfe. Als ich ging, brachte ich es nicht fertig, mich noch einmal nach der Kleinen umzudrehen.

Ich ging weiter durch die Felder und gelangte schließlich an eine Brücke. Dort entdeckte ich einen jungen Juden von etwa zwanzig Jahren, der sich darunter versteckte. Er hielt einen Schreibblock und einen Stift in den Händen, und er schien schon viele Seiten beschrieben zu haben. Als er mich sah, blickte er erschrocken auf. Er beruhigte sich jedoch sofort wieder und meinte, wir könnten uns gemeinsam unter der Brücke verstecken und uns später einer Partisanengruppe anschließen. Da ich wusste, dass ich allein bessere Überlebenschancen hatte als mit ihm zusammen, lehnte ich sein Angebot ab.

Plötzlich sahen wir einen deutschen Soldaten mit einem Hund auf die Brücke zukommen. »Hier, nimm wenigstens mein Tagebuch mit«, bat mich der junge Mann.

Aber das konnte ich auch nicht tun, denn ich wusste genau, was mir blühte, falls ich mit Aufzeichnungen über die Gräueltaten der Nazis erwischt würde.

Ich lief einfach weiter. Obwohl der deutsche Soldat mich sehen konnte, beachtete er mich nicht. Vermutlich hielt er mich auch für ein christliches Mädchen, eine schwachsinnige Christin mit einer Katze.

Nach einer Weile hörte ich einen Schuss. Als ich mich umdrehte, sah ich den Soldaten davonschlendern, eine Zigarette im Mundwinkel. Für ihn gehörte das Töten von Juden zum Alltag. Der arme junge Mann hatte gehofft, dass irgendjemand seine Aufzeichnungen lesen würde. Aber jetzt war er zu einer Nummer in der anschwellenden Statistik der deutschen Verbrechen gegen die Menschheit geworden. Ich wünschte, aus dem Gewehr des Soldaten würde sich ein Schuss lösen und auch ihn töten. Das war das Mindeste, was er verdient hatte.

Ich erinnerte mich, dass mein Vater einmal einen guten Freund gehabt hatte, einen Bauern, der mir schon öfter Lebensmittel gegeben hatte. Also machte ich mich auf zu seinem Hof. Der Weg dorthin schien auf einmal viel länger zu sein als früher. Mühsam schleppte ich mich vorwärts.

Doch als ich mich dem Hof näherte, war ich ganz plötzlich hellwach. Die Bäume waren kräftig und schön, das Gras wirkte grüner denn je. Ich sah die Gebäude des Gehöfts mit ganz neuen Augen und wusste auf einmal sicher, dass ich die Welt noch nicht verlassen wollte. Ohne nach rechts und links zu sehen, rannte ich auf den Hof zu.

Nur mit einem Nachthemd bekleidet und mit einem Lächeln im Gesicht wie ein schwachsinniges polnisches Mädchen klopfte ich an die Tür. Der Bauer, ein sehr liebenswürdiger Mann, gab mir eine Scheibe Brot und eine Tasse Milch, damit ich mich stärken konnte. Außerdem gab er mir ein weißes Laken, in das ich mich wickeln konnte, und seine Frau drückte mir noch einen Schal in die Hand.

»Ich gehe ein hohes Risiko ein«, sagte der Bauer. »Aber ich möchte dir das Leben retten. Meinst du, du kannst meine Kühe auf die Weide treiben?«

»Klar«, sagte ich. »Mit Kühen kenne ich mich aus, ich habe überhaupt keine Angst vor ihnen.«

Der Bauer und seine Frau sagten mir, ich sollte die Kühe

bis zu einem kleinen Wäldchen auf dem Weg nach Różaniec treiben und die Leitkuh dort an einen Baum binden. »Da können die Kühe grasen«, sagte der Bauer, »und du kannst durch den Wald verschwinden. Wir holen uns die Kühe dann schon wieder, wenn nicht heute, dann morgen.«

Ich dankte den beiden für ihre Güte. »Ich werde Sie nie vergessen«, sagte ich und hoffte, dass sie nicht für ihre Hilfsbereitschaft würden bezahlen müssen.

Während ich die Kühe zu der Weide trieb, bemühte ich mich, möglichst entspannt zu wirken. Allen Soldaten, denen ich begegnete, lächelte ich zu und winkte ihnen freundlich, so als wollte ich sagen: »Mich sucht ihr sowieso nicht.«

Hätten sie genauer hingeschaut, dann hätten sie ein seltsames Bild gesehen: eine Katze, die um die Beine eines verwirrten Mädchens strich, das in einer Hand die Kette der Leitkuh hielt und mit der anderen Kieselsteine verstreute.

Von einem Hügel aus schaute ich auf die Stadt hinunter, aus der ich gerade flüchtete, und sah, dass sie ganz von Soldaten umzingelt war. Die Bewohner von Tarnogród hatten keine Chance zu entkommen. Ich fürchtete schon, dass ich es auch nicht schaffen würde.

Wie der Bauer gesagt hatte, band ich die Leitkuh an einem Baum fest, ging in den Wald und versteckte mich in dichtem Gebüsch. Von meinem Versteck aus entdeckte ich fünf jüdische Männer in der Nähe der Straße. Ich kannte die Männer, sie waren mit meinen Eltern befreundet gewesen, und wir Kinder hatten sie immer mit »Onkel« angeredet. Sie versteckten sich hinter einer Baumgruppe auf dem Feld.

Aufgeregt schlich ich mich zu ihnen hin. Sie wollten wissen, was in Tarnogród los war. Sie hatten die Stadt einen Tag zuvor verlassen, weil sie glaubten, dass die Deutschen planten, alle jüdischen Männer auf dem christlichen Friedhof zu erschießen. Zögernd berichtete ich ihnen, was wirklich geschehen war. Zu fassungslos, um zu weinen, sahen sie einander stumm an, als ihnen dämmerte, dass ihre Frauen und Kinder alle ermordet worden waren.

Nachdem sie sich von ihrem Schock erholt hatten, boten sie mir etwas zu essen an. Sie erzählten mir, dass eine Polin aus Różaniec ihnen gegen gute Bezahlung regelmäßig Lebensmittel und Getränke brachte. Sie luden mich ein, mich ihnen anzuschließen, aber ich konnte mir nicht vorstellen, dass sie wirklich eine Überlebenschance hatten. Außerdem wollte ich nicht allein mit fünf Männern unterwegs sein. Ich bedankte mich bei ihnen und machte mich wieder auf den Weg, auch wenn ich nicht wusste, wohin.

Kurze Zeit später sah ich eine Polin, die einen deutschen Soldaten zu der Stelle führte, wo die fünf Männer sich versteckten. Dann fielen Schüsse, gefolgt von einer unheimlichen Stille. Da wusste ich, dass die Freunde meiner Eltern ebenfalls Opfer der deutschen Barbaren geworden waren.

Ich bog von der Straße ab, die nach Różaniec führte. Die Frau, die die fünf Männer verraten hatte, war aus diesem Dorf, und die Vorstellung, dorthin zu gehen, war mir unerträglich. Jetzt befand ich mich auf der Straße nach Korchow. Ein Graben verlief am Straßenrand entlang, und ich entschloss mich, mir darin ein Lager für die Nacht zu machen.

Kaum war ich eingeschlafen, hörte ich jemanden rufen: »Komm mal her, da versteckt sich bestimmt jemand!«

Zwei deutsche Soldaten mit starken Taschenlampen und einem Schäferhund kamen in meine Richtung. Aber aus irgendeinem Grund entdeckten sie mich nicht. Der Hund, der in meiner Nähe herumgeschnüffelt hatte, stand still da und wartete auf Anweisungen. Nach einer längeren Debatte wandten die Soldaten sich ab und gingen zurück in Richtung Tarnogród.

16

Ruhepause bei den Gromykas

Offenbar hatte ich mehrere Stunden in dem Graben geschlafen, denn als ich die Augen wieder öffnete, ging schon die Sonne auf. Beim Einschlafen hatte ich auf Jiddisch meine Gebete gesprochen; mein Glaube war das Einzige, was mir noch geblieben war. Ganz in der Nähe waren die Häuser von Korchow zu sehen, dem Dorf, das ich inzwischen so gut kannte. Immer noch erschöpft von dem Schock, dem Tod so nahe gewesen zu sein, schlief ich wieder ein. Als ich erneut aufwachte, war das Wetter umgeschlagen, Blitze zuckten über den Himmel. Es hatte keinen Zweck, länger in dem Graben liegen zu bleiben, also machte ich mich auf den Weg nach Korchow.

Getrieben von Durst und Verzweiflung, versuchte ich mein Glück am ersten Haus, an das ich kam. Ein kleiner, freundlicher alter Mann und seine Frau machten auf. Ohne zu zögern, baten sie mich hinein. Eine junge Frau saß steif im Wohnzimmer. Sie schien sich dort nicht zu Hause zu fühlen, was merkwürdig war, da die beiden Alten sie mir als ihre neue Schwiegertochter vorstellten. An ihren Händen sah ich, dass sie in ihrem Leben noch keine schweren Arbeiten hatte verrichten müssen, dabei war sie schon ungefähr zwanzig. Sie war sehr hübsch und kam anscheinend aus wohlhabendem Hause. Auf keinen Fall würde sie auf die Weise überleben, wie ich es tat, dachte ich.

Die beiden Alten führten mich in die Küche und gaben mir zu essen und zu trinken. Die alte Frau erzählte mir, dass ihr frisch verheirateter Sohn zusammen mit anderen jungen Polen zur Zwangsarbeit nach Deutschland geschickt worden sei.

Er habe seine junge Frau bei ihnen gelassen, aber sie sei faul, sagte die alte Frau, und weigere sich, im Haushalt zu helfen. Auf Ermahnungen, sich mehr in die Familie einzufügen, antworte sie, sie habe ihren Sohn geheiratet, nicht sie.

Das Problem der alten Leute kam mir entgegen, denn es bedeutete, dass sie meine Hilfe brauchten, und ich war mehr als bereit, sie ihnen anzubieten. Solange ich genug zu essen bekam und meine Freiheit hatte, scheute ich mich nicht vor der Arbeit. Im Stillen dankte ich meinen Eltern dafür, dass sie mich nicht verwöhnt, sondern von klein auf in die Pflicht genommen hatten. Das hatte mich robust gemacht.

Jetzt schaltete sich auch der Mann ins Gespräch ein. Er stellte sich als Herr Gromyka vor und sagte: »Ich war mit deinem Vater befreundet. Itzik hat uns oft besucht. Ich bin auch mehrmals bei euch zu Hause gewesen, und ich habe dich gleich erkannt, als wir die Tür aufgemacht haben. Das sind schlimme Zeiten für dich und deine Familie, und ich möchte dir gern helfen.«

Vor dem Krieg hatten meine Eltern oft Besuch gehabt, aber an Herrn Gromykos Gesicht konnte ich mich nicht erinnern. Auf jeden Fall wussten er und seine Frau noch nicht, was in Tarnogród passiert war. Als sie mich fragten, wie es meinen Eltern und Geschwistern gehe, antwortete ich, es gehe ihnen allen gut, auch wenn ich ein schlechtes Gewissen bekam wegen der Lüge. Aber es musste sein, denn wenn ich ihnen die Wahrheit gesagt hätte, hätten sie es nicht gewagt, ein jüdisches Mädchen bei sich aufzunehmen. Ich wusste, dass ich sie in Gefahr brachte, wenn ich blieb, aber ich musste mich unbedingt ein paar Tage ausruhen.

Frau Gromyka bot mir an, bei ihnen zu bleiben, denn sie brauchten Hilfe im Haus und auf dem Hof. Ich sagte den beiden, dass das Beherbergen von Juden inzwischen unter Strafe stehe. Sie antwortete, sie hätten großes Mitleid mit mir und seien bereit, das Risiko einzugehen. Aber sie würden mich nicht Mala, sondern Marysia nennen.

»Du wirst dich schnell an deinen neuen Namen gewöhnen«, sagte Frau Gromyka. »Und du musst lernen, nur auf diesen Namen zu hören.«

Mein neuer Name gefiel mir. In der Schule hatte ich eine Marysia in der Klasse gehabt, die sehr nett gewesen war und an die ich mich gern erinnerte. Es machte mir nichts aus, ihren Namen anzunehmen. Außerdem hatte ich diesen Namen ja auch schon bei »Tante Aniela« benutzt, ich war also daran gewöhnt.

Frau Gromyka machte sich daran, das Abendessen zuzubereiten, und bat mich, die Kartoffeln und die Möhren für den Eintopf zu schälen. Während des Essens lobten sie mich für meine Geschicklichkeit. Später am Abend buk ich ein Brot. Während es im Ofen war, ging Herr Gromyko mit mir in den Kuhstall. Er zeigte sich angenehm überrascht, als er feststellte, dass ich mich im Umgang mit Kühen auskannte.

Herr Gromyka nahm mir das Versprechen ab, mich nur im Haus und im Kuhstall aufzuhalten und nirgendwo anders hinzugehen. »Niemand darf dich sehen«, schärfte er mir ein. »Zu deiner und unserer Sicherheit.«

Ich versprach ihm hoch und heilig, mich an seine Anweisungen zu halten. Ich war glücklich, ein Dach über dem Kopf und ein Bett zum Schlafen zu haben, auch wenn das Bett nicht mehr war als eine Bank mit einer Strohmatratze und einem Schultertuch als Zudecke. Die Gromykas waren wohlwollende Leute, ich hatte Glück, auf sie gestoßen zu sein. Dankbar sprach ich meine Gebete.

Nach dem Melken spülte ich das Geschirr und räumte die Küche auf. Ich fühlte mich so erschöpft, dass mir die Augen zufielen. Sosehr ich auch versuchte, wach zu bleiben und Pläne zu schmieden, es hatte keinen Zweck.

Als ich Stunden später aufwachte, fühlte ich mich ausgeruht und überraschend gestärkt, aber zugleich quälten mich Schuldgefühle, weil ich noch lebte, während alle meine Verwandten und fast alle, die ich kannte, inzwischen tot waren. Ich musste mich berühren, um mich davon zu überzeugen, dass mein Körper noch warm war, und ich kniff mich in den Arm, um den Schmerz zu spüren. Mir fehlte Malach, die die Gromykas nicht im Haus haben wollten. Sie meinten, die Katze gehöre mir nicht, und ich hätte genug andere Sorgen. Ich vermutete, dass Malach vor dem Kuhstall hockte und ganz unglücklich war in dem heftigen Regen, der draußen fiel. Sie war für mich tatsächlich wie eine kleine Schwester geworden, das Einzige an Familie, was mir geblieben war.

Am Abend konnte ich nicht einschlafen vor lauter Angst, dass die Deutschen an die Tür klopfen und schreien würden: »Aufmachen! Wo ist das jüdische Mädchen?« Aber das geschah nicht, und schließlich schlief ich doch ein. Einmal, ich war fast eingeschlafen, spürte ich, wie mich jemand streichelte. Die Augen, die mich anschauten, schienen zu glühen. Es war meine liebe Katze. Ich sah tiefe Traurigkeit in ihren Augen. Leise weinend schlief ich ein.

Am nächsten Morgen wachte ich auf, als Frau Gromyka mich rief: »Marysia!« Ich antwortete, ohne zu zögern. Es wunderte mich selbst, wie schnell ich mich an meinen neuen Namen und meine neue Umgebung gewöhnt hatte. Ich fühlte mich so zu Hause, dass ich es sogar wagte, vor dem Frühstück ein *Beracha* zu beten, und zwar so laut, dass jeder es hören konnte.

»Bete nur, mein Kind«, sagte Frau Gromyka. »Dann wird alles gut. Aber vor dem Frühstück musst du erst noch die Kühe melken.«

Ich holte die Milcheimer aus dem Hof und ging eilig zum Kuhstall. Dabei wagte ich nicht, mich umzuschauen, denn ich glaubte tatsächlich, wenn ich niemanden sah, konnte mich auch niemand sehen, erst recht nicht, wenn ich mir mein Kopftuch tief ins Gesicht zog. Viel später erst wurde mir bewusst, wie naiv das war.

Es gelang mir, beide Kühe zu melken, ohne einen Tropfen Milch zu verschütten oder einen Tritt abzubekommen. Stolz ging ich ins Haus zurück. Endlich durfte ich mich über mein Frühstück hermachen, das aus Schwarzbrot und Quark bestand. Ich schnitt eine Frühlingszwiebel in feine Ringe und rührte sie unter den Quark. Beim Essen spürte ich, wie meine Kräfte zurückkehrten, und ich dankte *HaSchem* für die leckeren Sachen. Ich fragte mich, womit ich das alles verdient hatte. Auf jeden Fall war ich entschlossen, das Leben zu genießen, solange ich konnte. »Mein Leben fängt doch gerade erst an«, sagte ich mir.

Sosehr ich meinen Luxus auch genoss, ich wusste, dass ich vorausschauend planen und neue Verstecke finden musste. Bei den Gromykas war ich nur vorübergehend in Sicherheit. Aber zuerst wollte ich mir ein paar Tage Ruhe gönnen und Kräfte sammeln. In der Zeit würde ich so viel essen, wie ich konnte, um Energie zu speichern, so wie Kamele Fett in ihren Höckern speichern, bevor sie in die Wüste ziehen. Und wenn ich mich von den Gromykas verabschiedete, würde ich sie bitten, mir genug Proviant für mehrere Tage mitzugeben. Ich war mir ganz sicher, dass sie mir diese Bitte nicht abschlagen würden.

Der zweite Tag verlief genauso wie der erste, und ich wurde noch besser beim Melken. Die Gromykas schienen mich zu mögen, und ich merkte ihnen an, dass sie großes Mitleid mit mir hatten. Ich hatte aber auch Mitleid mit ihnen, denn ich wusste ganz genau, was ihnen blühte, falls man mich bei ihnen entdeckte.

Einige Tage später war ich auf dem Weg zum Kuhstall, das

Kopftuch tief ins Gesicht gezogen und vertieft in meine Tagträume, in denen ich mich mit meinen Freundinnen zum Plaudern traf, als ich plötzlich Schritte hinter mir hörte. Ich blickte auf und sah einen Bauern, der in der Nähe wohnte. Sein Gesicht war kreidebleich, und er war sehr aufgeregt. Er sah aus, als hätte er gerade ein Gespenst gesehen.

»Bitte glaub mir«, sagte er zu mir. »Ich habe dich nicht verraten. Ich habe dich an dem Tag gesehen, als du hier angekommen bist, aber ich habe keiner Menschenseele davon erzählt, nicht mal meiner Frau und meinen Kindern. Ich mag die Gromykas und wollte sie nicht in Schwierigkeiten bringen. Und ich will auch nicht, dass dir etwas passiert, du armes Kind. Aber irgendjemand muss dich gesehen und verraten haben.«

Der Mann drückte mir ein paar Lebensmittel in die Hände und sagte, ich solle um mein Leben rennen, er habe gehört, die Deutschen seien unterwegs, um mich mitzunehmen. Vor lauter Verblüffung bekam ich nicht einmal ein »Danke« heraus, dabei hatte dieser Mann wirklich meinen Dank verdient.

Ich hatte keine Zeit, um nachzudenken oder den Kopf zu verlieren. Ich flehte *HaSchem* an, mir noch einmal zu helfen, und lief über den Hof, ohne vorher meine Sachen aus dem Haus zu holen. Hinter dem Kuhstall angekommen, sah ich eine Frau, die einen deutschen Soldaten über den Hof führte, den ich wenige Sekunden zuvor durchquert hatte. Wie es möglich war, dass sie mich nicht gesehen hatten, werde ich nie erfahren.

In einiger Entfernung entdeckte ich einen kleinen Schuppen, in dem ich mich versteckte, obwohl ich fürchten musste, dort jeden Augenblick entdeckt zu werden. Kurze Zeit später waren aus dem Haus der Gromykas Schüsse zu hören. Ich widerstand dem Impuls, zurückzulaufen, um den beiden gutherzigen alten Leuten beizustehen. Es war zwecklos. Sie waren bestimmt längst tot.

Es ist unwahrscheinlich, dass noch ein weiterer schriftlicher Bericht über die tragischen Ereignisse jenes Tages existiert, deswegen schreibe ich hier alles auf, um das Heldentum der Gromykas zu bezeugen und meine Verachtung für die Leute zum Ausdruck zu bringen, die mich für ein Kilo Zucker verraten haben – der Preis, den die Deutschen ihren Informanten zahlten. Möglicherweise haben die Deutschen auch die Verräter erschossen, als sie mich nicht finden konnten – auch das werde ich nie erfahren. Aber an die Gromykas denke ich heute noch, und ich werde sie immer in Erinnerung behalten.

Es war dunkel in der Hütte, aber nachdem meine Augen sich an das Dämmerlicht gewöhnt hatten, entdeckte ich etwas, was an einem Haken hing. Es war eine mit Pelz gefütterte Männerjacke. In einer Tasche befand sich eine Wasserflasche, in der anderen ein Brotkanten. Für eine Männerjacke war sie ziemlich klein, deshalb vermutete ich, dass sie Herrn Gromyka gehörte. Außerdem fand ich ein geblümtes Taschentuch und ein Schultertuch mit Fransen, ähnlich dem, das ich im Haus als Bettdecke benutzt hatte. An den Füßen trug ich dicke Socken, die Frau Gromyka für ihren Mann gestrickt hatte und die sie mir gegeben hatte, weil ich keine Schuhe besaß und sie keine übrig gehabt hatte. Die Schuhe, die ich mir in Majdan gekauft hatte, waren vom vielen Wandern längst verschlissen. Die Socken waren mir viel zu groß, was das Laufen erschwerte. Aber in der Situation, in der ich mich befand, war Weglaufen ohnehin keine Option. Im Gegenteil, wenn die Luft rein war und ich die Hütte verlassen konnte, würde ich, um mich nicht als Flüchtling zu verraten, ganz langsam gehen und so tun, als würde ich spazieren gehen. Bis dahin versuchte ich mich unsichtbar zu machen und versteckte mich unter dem Heu, für den Fall, dass die Deutschen die Hütte durchsuchen sollten. Ich wagte nicht, mich zu rühren, nicht einmal, als mir einfiel, dass Malach ja noch draußen war. In dem Moment konnte ich mich nur um mich selbst kümmern. Aber niemand kam in die Hütte. Ganz langsam wagte ich es, den Kopf zu heben. Da sah ich meine Katze im Eingang zur Hütte sitzen, als wollte sie sagen: »Das ist das Haus meiner Herrin, hier darf niemand hinein.«

Ich schaute auf meine Armbanduhr und stellte fest, dass es schon später Vormittag war. Ich aß etwas von dem Brotkanten und dachte an die armen Gromykas, die das Brot jetzt nicht mehr brauchten. Dann schlief ich ein.

Als ich aufwachte, miaute Malach draußen vor der Hütte. Ich fragte mich, wie es jetzt weitergehen sollte und wie lange mein Glück wohl noch währen würde. Letzteres wusste ich nicht, und ich wollte es auch nicht wissen. Ich beschloss, von jetzt an mein Leben nicht in Jahren, sondern nur noch in Tagen zu zählen, in der Hoffnung, dass es noch Tausende werden würden. Und falls ich diese schreckliche Zeit überleben sollte, würde ich der ganzen Welt berichten, was geschehen war, das schwor ich mir. Ich würde nie vergessen, was ich erlebt hatte, was meinen Eltern und meinen Verwandten und meinem Volk angetan worden war. Ich würde dafür sorgen, dass die Welt erfuhr, was die Deutschen getan hatten. Schon deshalb wollte ich unbedingt überleben.

17

Ein letzter Blick auf Tarnogród

Irgendwann verließ ich die Hütte und ging zur Landstraße. Ich konnte nicht anders, als noch einmal in meine Heimatstadt zurückzukehren. Eigentlich hätte es der letzte Ort auf Welt sein müssen, an den ich mich begab, aber irgendetwas zog mich wie ein Magnet dorthin. Ich ging einfach immer weiter in Richtung der Stadt, in der ich geboren worden war.

Kurz bevor ich Tarnogród erreichte, suchte ich Herrn Noryca auf, den Mann, von dem wir früher die Obstplantagen gepachtet hatten. Herr Noryca war auch unser Postbote gewesen, und er hatte sich immer mindestens so sehr gefreut wie mein Großvater, wenn Post von Onkel Shmuel aus Palästina gekommen war. Er war immer zu allen nett gewesen. Auch er war ein rechtschaffener Mann, der nicht vergessen werden sollte.

Frau Noryca machte auf. Von der Tür aus konnte ich ihre Tochter Nadia sehen. Ich war früher mit ihr befreundet gewesen, aber jetzt kam sie nicht einmal zur Tür, sondern warf mir nur einen ganz kurzen Blick aus dem Augenwinkel zu. Dafür kam ihr Bruder an die Tür gestürmt und erinnerte seine Mutter in schroffem Ton daran, dass es gefährlich war, auch nur mit mir zu reden. Frau Noryca gab mir ein paar Lebensmittel und bat mich freundlich, zu gehen. Nachdem ich ein paar Schritte gegangen war, rief sie mich noch einmal zurück. Sie zeigte auf ein Haus in der Nähe. »Da drüben wohnt eine Familie, deren Tochter zum Arbeiten nach Deutschland geschickt werden soll«, sagte sie. »Die Eltern sind sehr unglücklich darüber. Du siehst nicht aus wie eine Jüdin, Mala, und du sprichst perfekt Polnisch. Vielleicht können sie dich anstelle ihrer Tochter nach Deutschland schicken. Bitte sag ihnen nicht, dass ich dich geschickt hab. Sag einfach, du hättest zufällig davon gehört. Gott schütze dich, du armes Kind.«

Ich bedankte mich bei Frau Noryca, obwohl mir ihr Vorschlag kein guter Plan zu sein schien. Trotzdem befolgte ich ihren Rat und klopfte bei den Leuten an die Tür. Ein mageres Mädchen machte auf.

»Kann ich mit deiner Mutter oder deinem Vater sprechen?«, fragte ich.

Ihre Mutter erkannte mich und bat mich nicht ins Haus. Ich sagte ihr, ich hätte von ihrer Notlage erfahren und wäre bereit, mich anstelle ihrer Tochter zum Arbeitsdienst in Deutschland zu melden.

Sofort erhellte sich die Miene des Mädchens. »Ja!«, rief sie freudig aus. »Wer weiß, wie die mich dort behandeln würden.«

Mit der Erlaubnis ihrer Mutter holte sie die Aufforderung, sich zum Arbeitsdienst zu melden, ein Schreiben des Gemeindepriesters und ihre Geburtsurkunde, die alle, die zum Arbeitsdienst verpflichtet wurden, vorlegen mussten. Ich las den Brief des Priesters, in dem dieser den Deutschen versicherte, dass er das Mädchen persönlich kannte und dass sie aus einer christlichen Familie stammte.

Sie gaben mir Suppe zu essen, die besser schmeckte als alles, was ich seit Langem gegessen hatte. Aber noch während ich die köstliche Suppe löffelte, kam der Vater des Mädchens nach Hause und fing sofort an zu schimpfen.

»Was macht sie hier? Raus mit dir!«

Als er mich aus dem Haus warf, schnauzte er mich an: »Du kannst von Glück reden, dass ich dich nicht den deutschen Behörden melde!«

Beim Weggehen hörte ich, wie er seiner Frau erklärte, sie

hätten in große Schwierigkeiten geraten können, wenn die Deutschen den Betrug bemerkt hätten. Trotzdem hatte ich bei den Leuten sehr nützliche Informationen erhalten. Zum Beispiel, dass die Tochter sich in Biłgoraj, einer großen Stadt in der Nähe von Tarnogród, zum Arbeitsdienst melden musste. Obwohl ich die nötigen Papiere nicht besaß und auch keine Möglichkeit sah, sie mir zu besorgen, entschloss ich mich, nach Biłgoraj zu gehen. Schließlich hatte ich nichts mehr zu verlieren.

Aber zuerst ging ich weiter in Richtung Ortsmitte. Ich war mir sicher, dass die Leute in Tarnogród mich anstarren würden: ein merkwürdiges Mädchen in einer Männerjacke, einem riesigen Schultertuch und dicken Socken an den Füßen. Ich betete zu *HaSchem*, er möge mich unsichtbar machen.

Dann betrat ich mit Malach an meiner Seite zum allerletzten Mal meine geliebte Heimatstadt. Wie in einem Tagtraum ging ich automatisch zu dem Haus, in dem ich gewohnt hatte. Um ein Haar hätte ich gerufen: »Liebe Mutter, komm und hilf mir! Liebe Balla, sag mir, was ich tun soll! Du bist doch viel älter und klüger als ich.« Doch ich flüsterte die Worte nur leise vor mich hin wie in einem Traum, aus dem ich gerade erwacht war. Ein Schauder lief mir über den Rücken, als mir bewusst wurde, wohin ich ging. Instinktiv machte ich kehrt und ging stattdessen in Richtung Stadtmitte.

Die vertrauten Straßen waren menschenleer. Tarnogród war still und trostlos – beinahe wie ein Friedhof. Alle Menschen, die ich kannte und liebte, waren fort. Nur ich war noch übrig. Jetzt bereute ich, nach Tarnogród zurückgekehrt zu sein. Es war eine dumme Idee gewesen. Was hatte mich bloß dazu getrieben, noch einmal hierher zurückzukehren?, fragte ich mich. Hatte ich denn nicht miterlebt, welches Schicksal meine lieben Angehörigen erlitten hatten?

»Warum hast du mich nicht von meinem Vorhaben abgehalten?«, schalt ich Malach, doch kaum hatte ich die Worte ausgesprochen, tat es mir leid, dass ich ihr die Schuld gab. Ich selbst hätte es besser wissen müssen. Malach war schließlich nur eine Katze. »Bitte bleib bei mir«, sagte ich zu ihr. »Außer dir habe ich niemanden mehr.« Aber sie machte auch gar keine Anstalten, mich zu verlassen, und das beruhigte mich. Um ganz sicherzugehen, dass sie bei mir sein würde, wenn ich sie am nötigsten brauchte, hob ich sie auf und trug sie auf den Armen.

Aus einiger Entfernung sah ich ein Mädchen, das mir bekannt vorkam. Ich erschauderte, als ich meine ehemalige Klassenkameradin Irina erkannte. Offenbar hatte sie mich auch erkannt, denn sie kam direkt auf mich zu.

»Mala, meine Liebe!«, rief sie aus. »Was machst du denn hier? Alle Juden sind hier auf dem Marktplatz erschossen und in zwei Massengräbern verscharrt worden.«

Um mich herum lagen Kleidungsstücke und religiöse Utensilien verstreut. Niemand hatte die Sachen aufgehoben, wahrscheinlich, weil sie nicht mehr zu gebrauchen waren. Oder vielleicht fürchteten die Leute auch, dass die ehemaligen Besitzer der Sachen sie nachts heimsuchen und fragen könnten, warum sie ihre Kleider trugen. Was auch immer der Grund sein mochte – niemand hatte nach dem Massaker aufgeräumt, dabei war seitdem schon eine ganze Woche vergangen!

Plötzlich fing Irina an zu weinen. Ihre Tränen überraschten mich, denn ich hätte nicht gedacht, dass es sie besonders interessieren würde, was mit den Juden passiert war. Doch dann erfuhr ich, warum sie weinte: Ihre Mutter war am Tag zuvor gestorben. Als ich sie umarmte, beruhigte sie sich. Kann irgendjemand besser verstehen als ich, wie es sich anfühlt, die Mutter zu verlieren?, dachte ich. Ja, Irina tat mir leid, allerdings glaubte ich kaum, dass sie auch Mitleid für mich empfand. Aber das wäre wohl auch zu viel erwartet, denn ihr Vater war ein Rohling und außerdem ein Denunziant.

»Mein Vater hat jetzt den Getränkeladen übernommen, der vorher einer jüdischen Familie gehört hat«, sagte Irina. »Komm mit, du hast bestimmt Durst.«

»Ja«, sagte ich und folgte ihr zu dem Laden.

Als ihr Vater mich erblickte, packte er mich am Handgelenk, um mich zu den Deutschen zu bringen und eine Belohnung für meine Auslieferung zu kassieren.

Erst als Irina ihn um Gnade für mich anflehte und gar nicht mehr aufhörte zu weinen, ließ er mich los. Ich war ihm egal, aber er hatte Mitleid mit seiner Tochter, die gerade ihre Mutter verloren hatte. Anstatt mich an die Deutschen zu verraten, schenkte er mir sogar ein Eis.

Ich verließ den Laden und ging weiter zum Marktplatz. Auch dort lagen zu Haufen zusammengeschobene Habseligkeiten von Juden, die deportiert worden waren – Kleidungsstücke, Gebetsschals und *tefilin*, Gebetsriemen; manches war blutbefleckt.

Vor einem Milchgeschäft hatte sich eine Schlange gebildet. Ich stellte mich an, obwohl ich gar kein Geld hatte. Als ich an die Reihe kam, schickte die Ladenbesitzerin mich weg und sagte, ich solle erst zu Hause Geld holen. Aber ein Mann, der hinter mir stand, schalt sie für ihre Herzlosigkeit. »Schämen Sie sich denn nicht?«, fragte er. »Haben Sie kein Mitleid mit einem Mädchen, das sich nicht mal Schuhe leisten kann?«

Beschämt gab die Frau mir eine Portion Quark.

Ich lächelte in mich hinein, denn ich kannte den Mann gut; er dagegen hatte mich nicht erkannt. Ich fragte mich, wie ich wohl inzwischen aussah. Ich hatte zwar keinen Spiegel, aber ich war mir ziemlich sicher, dass ich ein merkwürdiges Bild abgab.

Am Ortsausgang sah ich ein Schild, auf dem stand: »Biłgoraj 21 km«. Inzwischen regnete es stark, und meine Füße waren von der Kälte schon ganz taub. Aber egal, wie kalt es war, und egal, ob ich die nötigen Papiere hatte, ich musste nach Biłgoraj. Ich wusste einfach keinen anderen Ort, an den ich mich begeben konnte.

Kurz darauf kam ich am Friedhof vorbei. Zwei deutsche Soldaten führten gerade zwei Juden dorthin. Es waren Kalman und Peshi, das Ehepaar, dem der Lebensmittelladen bei uns um die Ecke gehörte. Ich erkannte die beiden sofort, denn meine Eltern hatten mich oft zum Einkaufen in ihren Laden geschickt. Sie hatten mich offenbar auch erkannt, denn sie drehten sich immer wieder nach mir um. Ich fragte mich, was aus ihren Kindern geworden war. Offenbar hatten Kalman und Peshi sich versteckt, vielleicht unter Fußbodendielen oder in irgendeinem Tunnel, und jetzt waren sie entdeckt worden. Sie würden nicht mehr lange leben, das war klar. Um ein Haar hätte ich den Deutschen zugerufen, sie sollten mich auch mitnehmen, aber irgendetwas hielt mich davon ab. Meine letzte Stunde hatte noch nicht geschlagen.

Ich war müde und setzte mich hin, um mich ein bisschen auszuruhen. Eine Weile ließ ich die Umgebung auf mich wirken, die mir seit meiner Kindheit vertraut war. Ich schäme mich fast zu sagen, dass ich die Schönheit der Landschaft immer noch genoss. Selbst in dem Dämmerlicht und im strömenden Regen fand ich die Welt wunderbar. Die Welt sah so schön aus wie immer, nur die Menschen um mich herum hatten sich verändert.

Schüsse auf dem Friedhof rissen mich aus meinen Tagträumen. Die Schweine hatten das Ehepaar erschossen. Würden sie mich auf dem Rückweg in die Stadt entdecken und sich fragen, was ein Mädchen dort allein im Regen machte? Aber obwohl sie in meine Richtung schauten, beachteten sie mich nicht.

Konnte es sein, dass ich unsichtbar geworden war? Ich wusste, dass es immer noch gute Menschen auf der Welt gab, und ich hoffte, dass die nicht unsichtbar waren. »Bitte, zeigt euch mir!«, flehte ich im Stillen.

Es fühlte sich seltsam an, so allein in der Welt unterwegs zu sein. Ein Mädchen mit einer Katze. »Das ist nicht der richtige Moment zum Träumen«, sagte mir eine innere Stimme.

Ich riss mich aus meinen Gedanken und sagte mir, dass ich unbedingt nach Biłgoraj musste, wo ich versuchen wollte, mich unter die christlichen Mädchen zu mischen.

18

Der Arbeitsdienst

An einer Kreuzung blieb ich stehen und überlegte, ob ich weiter der Landstraße nach Biłgoraj folgen oder lieber einen Umweg über die Felder gehen sollte.

»Sag mir, welchen Weg ich nehmen soll«, bat ich Malach.

Doch zu meinem Entsetzen war sie nirgendwo zu sehen. Es war das erste Mal, dass sie von meiner Seite gewichen war. Aber warum? Ich konnte es mir nicht erklären. Ohne sie fühlte ich mich so einsam wie noch nie. Plötzlich war von meinem Selbstvertrauen nichts mehr übrig.

Ich war noch nie in Biłgoraj gewesen – wie sollte ich mich in der Stadt zurechtfinden? Wie sollte ich den Ort finden, wo man sich zum Arbeitsdienst melden musste? Ich würde überall nach dem Weg fragen müssen. Die Leute würden sich wahrscheinlich fragen, warum ein minderjähriges Mädchen wie ich unbedingt zum Arbeiten nach Deutschland wollte und warum ich ohne elterliche Begleitung war. Ich würde mir ein paar Gedanken machen und mir eine gute Geschichte ausdenken müssen.

Völlig verzweifelt über das Verschwinden meiner kleinen Freundin machte ich mich auf die Suche. Plötzlich tauchte wie aus dem Nichts ein Pferdewagen auf und hielt neben mir. Der Bauer, der auf dem Bock saß, fragte mich, wohin ich unterwegs sei, und ich erklärte ihm, ich müsse mich im Biłgoraj zum Arbeitsdienst melden.

»Los, steig auf«, sagte der Bauer. »Heute ist Markttag, und ich habe in der Stadt zu tun. Bis Biłgoraj sind es noch einundzwanzig Kilometer, das schaffst du nie ohne Schuhe an den Füßen.«

Unterwegs gab er mir einen Apfel und ein Stück Brot, dann begann er zu singen, als wollte er mich aufmuntern. Wir fuhren an einem Friedhof vorbei, und der Bauer zeigte auf ein paar Leute, die gerade dabei waren, Juden zu begraben, die erschossen worden waren. Er fragte mich nach meinen Eltern, und ich erzählte ihm von meinem Vater und meiner bösen Stiefmutter, die mich sehr schlecht behandelte und so gemein war, dass sie mir, obwohl ich für lange Zeit nach Deutschland musste, überhaupt nichts mitgegeben hatte, sondern gemeint hatte, die Deutschen würden mir schon etwas zum Anziehen kaufen müssen.

»Na ja, Hauptsache, du bist keine Jüdin«, sagte der Bauer.

Dann wollte er meine Adresse wissen, damit er bei seiner Rückkehr bei meinem Vater an die Tür klopfen und ihm sagen konnte, dass er mich heil abgeliefert habe. Bei der Gelegenheit wollte er meiner Stiefmutter eine Standpauke halten, die sie nicht so schnell vergessen würde. »Wie kann eine Mutter ihr Kind ohne Gepäck und ohne Schuhe nach Deutschland schicken!« Der Bauer hatte Mitleid mit mir und erbot sich, mich dorthin zu fahren, wo man sich zum Arbeitsdienst melden musste. Er fragte niemanden nach dem Weg und schien genau zu wissen, wo ich hinmusste, was mich ziemlich wunderte. Aber ohne seine Hilfe hätte ich es bestimmt nicht gefunden, und ich war ihm sehr dankbar für seine Hilfe.

»Sie schickt mir der Himmel«, sagte ich zu ihm, und das glaubte ich tatsächlich, denn ich hatte ihn nicht kommen sehen und erst bemerkt, als er neben mir gehalten hatte. Er lächelte mich an, als würde er mich schon lange kennen, und sagte nichts.

Es war der Tag, an dem die Deutschen die jüdische Bevölkerung von Biłgoraj auslöschten. Als wir in die Stadt hineinfuhren, sahen wir viele Menschen um ihr Leben rennen und andere, die auf sie schossen. Der Bauer meinte, es sei ein

Glück, dass er mich direkt zum Arbeitsdienst brächte, sonst wäre ich am Ende noch aus Versehen erschossen worden.

Als wir angekommen waren, gab er mir noch etwas Brot und Quark und versprach noch einmal, meiner Mutter eine Standpauke zu halten. Das war natürlich unmöglich, denn ich hatte ihm eine Fantasieadresse gegeben. Es wunderte mich allerdings, dass er das einfach so hingenommen hatte, denn er hatte mir erzählt, er kenne Tarnogród sehr gut.

Ich verabschiedete mich von dem freundlichen Bauern und kletterte von seinem Wagen. Als er wegfuhr, schaute ich ihm sehnsüchtig nach.

Es hatte gutgetan, mich eine Zeit lang in Sicherheit zu fühlen, und auch, mich mit jemandem zu unterhalten, der antworten konnte. Das hatte ich dringend gebraucht, nachdem ich mir so oft Malachs Schweigen angehört hatte. Aber jetzt war auch Malach fort.

Ich fragte mich, ob es eine gute Idee gewesen war, nach Biłgoraj zu kommen. Vielleicht hätte ich lieber im Wald bleiben sollen, in der Nähe von Tante Aniela. Aber jetzt war es zu spät, jetzt gab es kein Zurück mehr. In den Straßen wurde unaufhörlich geschossen, ich wäre nicht weit gekommen. Und selbst wenn ich es lebend aus der Stadt hinaus geschafft hätte, wäre das ziemlich sinnlos gewesen, denn noch einen Winter im Wald würde ich nicht überleben, da war ich mir ganz sicher. Trotzdem schien meine Situation hoffnungslos zu sein; ich konnte mir überhaupt nicht vorstellen, wie meine Zukunft aussehen sollte.

Auf einem Schild über dem Eingang stand auf Deutsch »Arbeitsamt«. Der düstere Warteraum war voll mit Jugendlichen. Ich setzte mich neben ein Mädchen, das sofort ein Stück von mir wegrückte. Ein anderes Mädchen setzte sich auf den frei gewordenen Platz, stand aber schon bald wieder auf. Es war nicht schwer zu erraten, warum niemand neben mir sitzen wollte. Ich hatte mich seit über einer Woche nicht mehr gewaschen. Meine Fingernägel waren lang und schmutzig, und die Fahrt auf dem Bauernkarren hatte meinen »Duft« auch nicht verbessert. Ich sah wirklich zum Fürchten aus. So würden die Deutschen mich bestimmt nicht nehmen, dachte ich.

Ich ging zur Toilette und trank etwas Wasser. Dann wusch ich mir die Hände und die Füße. Außerdem versuchte ich, meine Haare ein bisschen zu glätten, die inzwischen ziemlich lang geworden waren. Es gelang mir, sie zu einem Knoten zusammenzudrehen. Jetzt sah ich wenigstens sauber aus, wenn ich auch immer noch einen seltsamen Anblick bot in meiner Männerjacke über dem Nachthemd und mit den Männersocken an den Füßen. Aber ich musste es versuchen. Jetzt konnte ich nicht einfach aufgeben, denn das hier war meine letzte Chance, diese schlimme Zeit zu überleben.

Als ich von der Toilette zurückkam, sprach mich ein Mädchen an und bot mir den Platz neben sich an. Sie wollte wissen, warum ich so seltsam angezogen war, und wirkte ehrlich entsetzt, als ich ihr von meiner grausamen Stiefmutter erzählte. Sie meinte, vermutlich würde es mir besser gehen, jetzt, wo man mich zum Arbeitsdienst bestellt hatte. Dann wurde sie aufgerufen. Sie nahm ihre Unterlagen aus der Handtasche und sagte, sie freue sich, dass wir zusammen nach Deutschland gehen könnten.

»Halt deine Unterlagen bereit«, sagte sie. »Du bist die Nächste.«

Aber ich wurde nicht aufgerufen. Meine Gedanken rasten. Wenn ich nach Deutschland wollte, musste ich die Leute hier überlisten, aber wenn ich sie überlisten wollte, musste ich aufgerufen und befragt werden. Ich sprach ein stilles Gebet, dann stand ich auf und begann, die anderen Mädchen anzustarren, so als sähen sie merkwürdig aus, nicht ich. Viele wandten den Blick ab. Wahrscheinlich dachten sie, es lohne sich nicht, sich mit mir abzugeben. Aber um mein Ziel zu erreichen, musste ich an sie herankommen – oder zumindest an eine von ihnen.

Wieder beschlichen mich Zweifel, und ich fragte mich, ob es nicht eine große Dummheit war, mich ohne Papiere zum Arbeitsdienst melden zu wollen. Ich dachte an Malach. Vielleicht war es ein Fehler gewesen, mich von dem Bauern mit in die Stadt nehmen zu lassen. Vielleicht hätte ich besser nach meiner Katze suchen sollen. Jetzt würde ich die Strafe dafür bekommen, dass ich meine treue Katze im Regen allein gelassen hatte.

Plötzlich merkte ich, dass ich dabei war, die Hoffnung aufzugeben. So durfte ich nicht denken! Ich musste auf *HaSchem* vertrauen, so wie ich es die ganze Zeit getan hatte. Mein Schicksal lag allein in seinen Händen. Als ich mich im Warteraum umschaute, fiel mir ein Mädchen auf, das älter wirkte als die anderen. Sie sah außerdem ein bisschen jüdisch aus, und als der Platz neben ihr frei wurde, setzte ich mich dort hin. Ich sah Angst in ihren Augen, und sie wurde ganz nervös, als ich sie ansprach. Dann begann sie, etwas in ein Heft zu schreiben, und bat mich, mir ein Mädchen in meinem Alter zu suchen, wenn ich jemanden zum Reden brauchte. Aber obwohl sie so abweisend war, blieb ich neben ihr sitzen. Ich war von Natur aus stur, und wenn ich mir einmal etwas in den Kopf gesetzt hatte, gab ich nicht so schnell auf. Dieses Mädchen war meine einzige Chance. Für mich ging es um Leben und Tod. Ich musste eine Möglichkeit finden, mit ihr allein zu sprechen.

Nach einer Weile stand sie auf und stellte sich in die Schlange vor der Toilette. Ich stellte mich hinter sie. Als sie an die Reihe kam, schob ich mich mit ihr zusammen in die Kabine. Sie versuchte, mich daran zu hindern, aber ich war sehr kräftig und sehr entschlossen. Ich hatte nicht die ganze Zeit überlebt, nur um jetzt aufzugeben.

Das Mädchen schrie mich an, ich solle verschwinden. Ich begann, auf Jiddisch auf sie einzureden: Nur wenn sie auch Jüdin war, würde sie verstehen, was ich sagte.

Inzwischen hatte jemand das Theater in der Kabine mitbekommen und einen Polizisten geholt. Aber das Mädchen, das inzwischen begriffen hatte, dass ich auch Jüdin war, versicherte dem Mann, dass alles in Ordnung sei.

Sie schaute mich ungläubig an. »Du siehst aus wie eine Goi«, flüsterte sie. »Ich wünschte, das Glück hätte ich auch. Dass du mich als Jüdin erkannt hast, ist ein schlechtes Zeichen. Ich hoffe bloß, dass nicht noch jemand mich durchschaut.«

Wir umarmten uns, als wären wir Schwestern, und vergossen ein paar Tränen. Es fühlte sich an, als wäre mir ein schweres Gewicht von den Schultern genommen worden, aber ich wusste auch, dass ich ein Wunder brauchen würde, denn schon sehr bald würde ich wieder auf mich allein gestellt sein. Ohne Papiere würde ich verhaftet werden, und dann wäre es zu Ende mit der tapferen Mala. Dann würde es sein, als hätte ich nie existiert. Ich durfte keine Zeit verlieren, denn die Mädchen in der Schlange würden bald ungeduldig werden und Verdacht schöpfen.

Hastig schilderte ich ihr meine Notlage und versicherte ihr, dass mein Schicksal schon bald besiegelt sein würde. Mir sei natürlich klar, versicherte ich ihr, dass sie ihre Papiere nicht mit mir teilen könne, schließlich könne man sie nicht halbieren, aber vielleicht könne sie mir als die Ältere und Klügere einen guten Rat geben?

Sie erzählte mir, dass sie aus einer Stadt namens Janów kam. Es war ihr gelungen, aus dem Ghetto zu fliehen, als die Nazis dieses zerstört und alle Einwohner getötet hatten –

Männer, Frauen und Kinder. Ebenso wie ich hatte sie im Wald überlebt, bis sie auf die Idee mit dem Arbeitsdienst gekommen war, die sie als ihre letzte Chance betrachtete. Wir hatten beide bisher überlebt, indem wir immer wieder etwas gewagt hatten, und das jetzt war das größte Wagnis, das wir je eingegangen waren. Noch eine Chance würden wir nicht bekommen. Entweder kamen wir damit durch, oder wir würden beide sterben. Vermutlich würden die Deutschen uns erschießen. Doch dann sagte mir das Mädchen etwas, was mir neue Hoffnung gab.

»Ich habe auch keine Papiere«, sagte sie. »Ich werde denen erzählen, dass ich aus Pikule komme, einem kleinen Dorf in der Nähe von Janów, wo polnische Soldaten nach der Besetzung noch lange in den Wäldern Widerstand geleistet haben. Zur Strafe, weil die Leute die Partisanen nicht verraten haben, haben die Deutschen das ganze Dorf angezündet. Ich werde denen sagen, dass ich damals in Janów war und als Einzige das Feuer überlebt habe. Du kannst ihnen dasselbe erzählen.«

Ich hoffte inständig, dass die Polizisten uns unsere unglaubliche Geschichte abkaufen würden. Aber ich bezweifelte es stark, denn ich vermutete, dass Polizisten, die mit so einer wichtigen Aufgabe betraut wurden, keine Dummköpfe sein konnten. Aber wir hatten keine andere Wahl, und so hoffte ich einmal mehr auf ein Wunder.

Da wir uns angeblich aus Pikule kannten und dort gute Freundinnen gewesen waren, schien es ganz natürlich zu sein, dass wir das Zimmer, in dem die Papiere überprüft wurden, gemeinsam betraten.

Zu unserer großen Erleichterung und Überraschung hatten die Polizisten Mitleid mit uns und sagten, sie würden sehen, was sie für uns tun könnten.

Plötzlich war Malach wieder da. Sie tauchte auf genauso wundersame Weise wieder auf, wie sie verschwunden war. Ich war überglücklich, meine liebe Katze wiederzusehen. Ich streichelte liebevoll ihr Fell, und es machte mir nichts aus, dass alle mich für verrückt hielten, weil ich eine Katze mit nach Deutschland nehmen wollte.

Im Wartezimmer erklärte ein Polizist den anderen, was uns in Pikule zugestoßen war. Ich wunderte mich sehr, denn ich hatte noch nie erlebt, dass ein Deutscher mit einem Nichtdeutschen Mitleid gehabt hatte. Der Polizist sagte, wir hätten alles verloren, als unser Dorf abgebrannt war, und forderte alle auf, uns ein paar Kleidungsstücke abzugeben. So eine freundschaftliche Geste würde ihnen gut anstehen und für sie sprechen, wenn sie in Deutschland ankämen.

»Ihr könnt ihnen etwas zu essen und etwas zum Anziehen geben, aber ihr könnt ihnen nicht ihre Familie zurückgeben«, sagte der Polizist, woraufhin wir beide in Tränen ausbrachen, denn unsere Angehörigen hatten wir ja tatsächlich verloren, wenn auch nicht in Pikule, sondern in einer anderen Hölle.

Zu unserer großen Freude waren alle sofort bereit, uns etwas abzugeben. Die Jungen gaben uns Obst, die Mädchen überhäuften uns mit Kleidungsstücken. Ein Mädchen schenkte mir sogar ein Köfferchen voll Unterwäsche. Leider hatte niemand ein Paar Schuhe oder ein Kleid übrig. Aber wir waren dankbar für die Großzügigkeit und schätzten uns überglücklich.

Endlich hatte ich jemanden, dem ich meine Sorgen anvertrauen und an dessen Schulter ich mich ausweinen konnte. Unsere Geschichte war so traurig, dass meine Tränen niemanden misstrauisch machten. Und jetzt, wo alle wussten, warum ich keine Schuhe und nichts Ordentliches zum Anziehen hatte, sahen die anderen mich auch nicht mehr so argwöhnisch an. Auf einmal gehörten meine neue Freundin und ich dazu und erfreuten uns sogar großer Aufmerksamkeit. Die anderen beäugten uns zwar immer noch, aber jetzt mit einem freundlichen Lächeln. Meine Zukunft sah nicht mehr gar so düster aus.

Meine neue Freundin, deren Namen ich nie erfahren habe, schärfte mir ein, zu unseren Wohltätern unbedingt freundlich zu sein. Wir sollten uns glücklich zeigen und ihnen versprechen, dass wir uns nach dem Krieg erkenntlich zeigen würden. Wir baten die Polizisten sogar um ihre Adressen. Da unsere Häuser ja angeblich abgebrannt und unsere Familien darin umgekommen waren, wurden wir zum Glück nicht um unsere Adressen gebeten.

»Lass uns so tun, als wären wir zuversichtlich«, sagte ich. »Wir dürfen nicht mehr so einen traurigen Eindruck machen. Wir sind jung, und junge Leute kommen schnell über schlimme Erlebnisse weg.«

Ich wünschte mir nichts sehnlicher, als dass das stimmte. Dass wir immer noch schrecklich traurig waren, durften wir uns im Moment nicht anmerken lassen. Nur wenn die anderen das Lied *»Mamo, od ciebie dzis zdala«* (Mutter, heute verlasse ich dich) anstimmten, konnten wir unsere Tränen nicht zurückhalten.

Am nächsten Tag wurden wir nach Zamość gebracht, einer größeren Stadt als Biłgoraj, wo die Deutschen ihr Hauptquartier eingerichtet hatten. Man gab uns ein paar Stunden Freizeit, die wir beide nutzten, um uns die Stadt ein bisschen anzusehen. Ich hatte schon vor dem Krieg von Zamość gehört, aber nicht damit gerechnet, die Stadt unter diesen Umständen kennenzulernen. Die Sonne schien, und ich genoss meine paar Stunden Freiheit. Es tat gut, wieder zu einer Gruppe zu gehören, auch wenn ich niemanden kannte.

Wir gingen durch die menschenleere Stadt; nur hier und da trafen wir auf einzelne, verängstigt wirkende Zivilisten. Kleine Trupps Soldaten patrouillierten auf den trostlosen Straßen. Anscheinend hatten einen oder zwei Tage zuvor Pogrome stattgefunden, denn obwohl alle jüdischen Häuser verschlossen waren, schienen sie noch nicht geplündert worden zu sein. Dazu hatten die Deutschen wohl noch keine Zeit gefunden, und die Polen durften sich nur nehmen, was übrig blieb.

Ich hörte zwei Soldaten darüber reden, wie gut alles für Deutschland lief. »Gott sei Dank!«, meinte einer von ihnen. Aus dem Mund eines Deutschen war das eine Gotteslästerung.

Während meine neue Freundin und ich Hand in Hand durch die Straßen spazierten, erzählten wir einander, was wir in den vergangenen Jahren durchgemacht hatten. Sie sagte, am Ende seien manche Leute in ihrem Dorf sogar zu schwach gewesen, um klar denken zu können. Sie hatten geglaubt, dass sie an einem anderen Ort als Arbeitskräfte gebraucht würden und dass sie dort doppelte Essensrationen bekämen. Die meisten intelligenten Leute hatten nicht geglaubt, dass die Deutschen ihnen die Wahrheit sagten, aber sosehr sie ihnen auch misstrauten, hatten sie keine andere Wahl gehabt, als den Befehlen Folge zu leisten.

Widerstand wäre sinnlos gewesen, denn die Jungen und Kräftigen hatte man längst umgebracht. Sie hatten sich ohne Gegenwehr zum Erschießen auf den Friedhof führen lassen, in der Hoffnung, wenn sie sich opferten, könnten sie damit ihre Familien retten. Meine neue Freundin hatte den Deutschen kein Wort geglaubt, und es war ihr gelungen zu fliehen, ehe alle restlichen Bewohner von Janów deportiert worden waren. Seitdem war sie mehrmals knapp dem Tod entronnen.

Aber bald mussten wir aufhören, über die Vergangenheit zu reden, und uns der Zukunft widmen. Aus Angst, jemandem zu begegnen, der uns kannte, beschlossen wir, getrennte Wege zu gehen. Wenn wir zusammenblieben, liefen wir Gefahr, vor lauter schöner Zweisamkeit nachlässig zu werden.

Doch wir mussten immer auf der Hut sein. Der kleinste Fehler konnte unser Verderben bedeuten. Von jetzt an würden wir uns mehr unter die anderen Mädchen mischen.

Als wir ins Gebäude zurückkehrten, wurde uns ein Mittagessen serviert, das aus einer Suppe und einer Scheibe Brot bestand. Obwohl die Suppe nach nichts schmeckte, genossen wir das Essen, denn wir hatten einen Bärenhunger. Anschließend wurden uns Fingerabdrücke abgenommen, dann mussten alle ihre Papiere abgeben und erhielten einen Personalausweis, mit dem sie nach Deutschland einreisen konnten. Wir beide wurden als Letzte aufgerufen. Wir hatten große Angst und fürchteten das Schlimmste.

Zum Glück wurde meine Freundin vor mir aufgerufen. Sie fragten sie nicht nach ihren Papieren, sondern nur nach ihrem Namen und ihrer Adresse. Sie gab einen polnischen Namen an. Fieberhaft suchte ich im Stillen nach einem passenden Pseudonym. In meiner Klasse war ein Mädchen namens Stefania Iwkiewicz gewesen, und kurzerhand übernahm ich ihren Namen. Zu unserer Freude und Erleichterung bekamen wir genauso einen Personalausweis wie alle anderen. Für die anderen war dieser Ausweis nützlich, aber für uns war er lebensrettend. Wir glaubten tatsächlich, dass von jetzt an nichts mehr schiefgehen konnte, und ich betrachtete immer wieder ungläubig das wertvolle Dokument. Ich wusste, dass andere Mädchen in Tarnogród sehr viel Geld für ein solches Dokument bezahlt hatten, das sie am Ende doch nicht hatten benutzen können, und wir hatten überhaupt nichts dafür bezahlt. Meine Wangen glühten vor Glück, und doch hatte ich zugleich Schuldgefühle, weil ich die Einzige aus Tarnogród war, die bis hierher überlebt hatte.

Nach einem kurzen Aufenthalt in Zamość wurden wir nach Lublin gebracht, wo schon viele Jugendliche auf die Züge nach Deutschland warteten. Ich hatte meine neue

Freundin aus den Augen verloren, und als ich mich nach ihr umschaute, sah ich mit Entsetzen, wie sie von einem Polizisten abgeführt wurde. Ich begann zu zittern, als mir klar wurde, dass jemand sie in dieser großen Stadt erkannt haben musste, und fürchtete, dass es mir ebenso ergehen könnte.

Im Wartesaal des Bahnhofs saß ein Mädchen etwas abgesondert, und ich fragte, ob ich mich zu ihr setzen dürfe. Irgendwie fühlte ich mich sicherer, wenn ich mich von der Menge fernhielt. Sie zuckte apathisch mit den Schultern, also setzte ich mich ihr gegenüber. So wie ich aussah, wunderte es mich nicht, dass das Mädchen mich nicht in ihrer Nähe haben wollte. Wer hatte denn schon mal ein Mädchen in einer Männerjacke gesehen, ohne Schuhe an den Füßen? Sie würde ihren Freundinnen irgendwann eine Menge zu berichten haben, dachte ich. Ich konnte sie gut verstehen, denn an ihrer Stelle hätte ich mich genauso verhalten. Aber meine einzige Sorge war, dass jemand aus Tarnogród auftauchen und mich erkennen könnte. Dann würde mein neuer Ausweis mir nicht mehr helfen.

Ich legte mich auf den Boden, um mich ein bisschen auszuruhen, damit ich wieder klarer denken konnte. Aber an Schlaf war nicht zu denken, denn auf einmal fingen die Jugendlichen an zu singen, um sich aufzumuntern. Sie waren alle traurig darüber, von ihren Familien getrennt zu sein und in eine fremde Welt verschickt zu werden. Ich war auch alles andere als glücklich, aber ich hatte mich schon lange nicht mehr so sicher gefühlt. Nach einer Weile wurden wir auf verschiedene kleine Räume verteilt. Ich setzte mich neben ein Mädchen, und wir unterhielten uns freundschaftlich, aber bald darauf verließ sie den Raum. An einer Wand hing ein großer Spiegel, und ich stand auf, um mein Äußeres ein wenig in Ordnung zu bringen. Ich flocht mir die Haare, so wie ich es früher in Tarnogród immer gemacht hatte. Als das Mädchen zurückkam, warf sie mir böse Blicke zu, was mich beunruhigte. Offenbar gefiel es ihr nicht, dass ich nicht mehr aussah wie ein armes, zerlumptes Mädchen vom Land. Sie sah mich so feindselig an, dass mir angst und bange wurde. Das Gefühl der Sicherheit war restlos verflogen.

»Wo kommst du her?«, fragte sie mich.

Ich wusste nicht, ob ich es riskieren konnte, ihr die Adresse zu nennen, die ich mir gerade angeeignet hatte, und fragte sie freundlich, warum sie das wissen wollte. Ob sie glaubte, ich seine Verwandte von ihr?

»Auf gar keinen Fall«, antwortete sie kategorisch.

Mir war klar, dass ich ein Problem hatte. Plötzlich tauchte meine Katze auf und wollte mit mir spielen. Sie tat so, als wollte sie mich kratzen. Dann ging sie zu dem Mädchen, setzte sich vor sie hin und starrte sie an.

»Was machst du denn hier?«, schrie das Mädchen die Katze an und wollte sie verscheuchen, aber Malach rührte sich nicht vom Fleck.

Ich schaute absichtlich nicht in Malachs Richtung, sondern tat so, als würde ich sie nicht kennen. Das Mädchen hörte nicht auf, mich anzustarren, sodass ich schon fürchtete, sie wäre auch aus Tarnogród und hätte mich erkannt. Das war zum Glück nicht der Fall, aber was sie dann sagte, ließ mir das Mark in den Knochen gefrieren.

»Mit der Frisur siehst du aus wie eine *Żydówka*«, sagte sie. »Eine Jüdin.«

Mit diesen Worten verließ sie den Raum, und im nächsten Augenblick hörte ich, wie sie zu einem Polizisten sagte, da drinnen sitze eine Jüdin. Zum Glück war der Polizist sehr beschäftigt und befahl ihr barsch, in den Raum zurückzukehren und auf ihre Sachen aufzupassen, denn es gebe überall Taschendiebe.

Ihr blieb nichts anderes übrig, als zurückzukommen, und

diesmal schaute ich sie feindselig an. In meiner Verzweiflung begann ich, vor mich hin zu singen, um möglichst unbekümmert zu wirken. Sie sang aber nicht mit. Unter normalen Umständen hätte ich sie gefragt, ob sie mich für eine Jüdin hielt, weil ich so schönes Haar hatte. Jetzt jedoch beschimpfte ich sie und fragte sie, ob sie vielleicht selbst Jüdin war. Daraufhin raffte sie ihre Sachen zusammen und verließ eilig den Raum. Anscheinend hatten meine Worte sie gekränkt oder vielleicht sogar geängstigt.

Kaum war sie weg, löste ich meine Zöpfe wieder. Dann ging ich auch nach draußen und mischte mich unter die Jugendlichen. Als ich das Mädchen zwischen den anderen entdeckte, ging ich zu dem Polizisten und bat ihn um die Erlaubnis, zur Toilette zu gehen. Nachdem sie gesehen hatte, dass ich keine Angst vor dem Polizisten hatte, ließ sie mich in Ruhe, vermutlich in der Überzeugung, einen großen Fehler begangen zu haben. Schließlich gab es viele Gois, die jüdischer aussahen als ich. Aber ihre Worte waren mir eine Warnung gewesen. Ich nahm mir vor, mir nie wieder auf diese Weise die Haare zu flechten, die mich am Ende noch verraten könnte.

Wir mussten lange auf den Zug warten, und ich wurde immer ungeduldiger. Ich wollte so schnell wie möglich nach Deutschland, denn ich glaubte tatsächlich, dass ich dort endlich in Sicherheit sein würde. Als die anderen wieder anfingen zu singen, sang ich mit.

19

Streit mit Zosia

Am 13. November 1942 brachen wir schließlich nach Deutschland auf. Als der Zug in Lublin abfuhr, versuchte ich mich zu entspannen, indem ich mir einredete, dass ich endlich in Sicherheit sein würde – zumindest für eine Weile. Mit dem Gedanken an meinen kostbaren Personalausweis schlief ich sogar ein bisschen ein. Aber meine bisherigen Erfahrungen hatten mich gelehrt, dass ich mich nicht zu früh freuen durfte: Letztendlich war der Ausweis nur ein Stück Papier.

Das Gefühl, dass jemand mich anschaute, weckte mich aus meinem leichten Schlaf. Als ich die Augen öffnete, erstarrte ich vor Schreck. Direkt mir gegenüber saß Zosia, ein Mädchen, das ich aus der Schule kannte. Ich war mir sicher, dass sie mich auch erkannt hatte, denn sie gehörte nicht zu der Sorte, die leicht vergaß, wenn sie glaubte, jemand habe ihr unrecht getan. Dabei war sie es in Wirklichkeit gewesen, die meinen Bruder und mich schikaniert hatte.

Ein paar Jahre vor dem Krieg waren Yechiel und ich zusammen mit ein paar älteren jüdischen Kindern in den Wald gegangen, um Waldbeeren zu sammeln, aus denen unsere Mütter Branntwein machten und leckeren Kuchen buken. Irgendwie hatten mein Bruder und ich die anderen Kinder verloren und uns verlaufen. Außerdem hatten die anderen unseren ganzen Proviant, sodass wir nur die Waldbeeren hätten essen können. Unglücklich, wie wir waren, riefen wir um Hilfe. So fand uns Zosia, aber anstatt uns den Weg zu zeigen, verlangte sie unsere Waldbeeren. Wir hatten Stunden gebraucht, um die Beeren zu sammeln, und wollten sie nicht herausrücken, also versuchte sie, sie uns mit Gewalt abzunehmen, und in dem Gerangel fielen sie alle auf den Boden. Aus Wut darüber verschütteten wir auch ihre Beeren, und so musste sie auch mit einem leeren Korb nach Hause gehen. Yechiel konnten nicht verstehen, warum sie so böse zu uns gewesen war, und wir weinten auf dem ganzen Heimweg.

»Tolle Verkleidung«, sagte sie jetzt zu mir. »Steht dir gut. Weißt du noch, wie ihr beide, du und dein blöder Bruder, im Wald meine ganzen Beeren verschüttet habt?«

Ich hatte zu viel Angst, um ihr zu sagen, dass sie es gewesen war, die den Streit angefangen hatte.

»Ich friere«, sagte sie betont.

»Ich auch«, sagte ich.

»Gib mir deine Pelzjacke, sonst sage ich der Polizei, dass du eine *Żydówka* bist«, sagte sie so laut, dass alle es hören konnten.

Plötzlich war alle Angst wie weggeweht, und eine nie gekannte Kraft erfüllte meinen Körper. Ich empfand nur noch Hass. Ich war bereit zu sterben, aber ich würde mich nicht kampflos ergeben, und ich würde nicht sterben, ohne dieses schreckliche Mädchen vorher zu bestrafen. Zuerst wollte ich mich gleichgültig geben, um von mir abzulenken. Aber das war unmöglich, denn Zosia machte so ein Theater, dass alle sich schon zu uns umgedreht hatten. Sie starrten mich an, als wäre ich kein friedliebendes Mädchen, das einfach nur leben wollte, sondern ein gefährliches Tier, das aus seinem Käfig ausgebrochen war. Nun gut, dachte ich, wenn ich schon sterben musste, dann würde ich Zosia mitnehmen.

Ich schaute ihr in die Augen und sagte: »Du bist eine *wariatka*, eine Verrückte.«

»Hat hier jemand etwas von einer *Żydówka* gesagt?«, fragte ein Aufpasser auf Polnisch, dem wohl gerade erst aufgegangen war, was er gehört hatte.

Der Mann musste ein Pole in deutscher Uniform sein oder ein in Polen geborener Deutscher. Aber das war eigentlich egal. Seine Augen funkelten, als hätte ihm gerade jemand gesagt, dass er eine Million Złoty gewonnen hatte, und er packte mich an der Hand, um zu verhindern, dass ich davonlief. Wie dumm von ihm, nicht zu begreifen, dass das vollkommen unmöglich war. Flucht war in dem Moment überhaupt keine Option. Ich würde mit diesem Mädchen kämpfen, und wenn ich starb, würde sie mit mir sterben.

Ich rechnete damit, dass der Aufpasser mich vor aller Augen erschießen würde; das hätte Zosia gefallen. Ich verstand nicht, warum er es nicht tat. Ich lächelte ihn freundlich an, was ihn wunderte, dann spuckte ich Zosia ins Gesicht und beschimpfte sie noch einmal als *wariatka*. Sie regte sich furchtbar auf und war zugleich total überrascht von meinem Mut – damit hatte sie nicht gerechnet, erst recht nicht von mir, einem jüdischen Mädchen. Plötzlich fühlte ich mich wie Samson, und in dem Moment glaubte ich tatsächlich, ich könnte es mit der ganzen Welt aufnehmen. Ich rief mir in Erinnerung, dass ich im Besitz eines gültigen Personalausweises war. Nur die Polizei in Zamość wusste, wie ich an den Ausweis gekommen war. Es war äußerst unwahrscheinlich, dass einer unserer Aufpasser im Hauptquartier in Zamość anrufen und sich über mich erkundigen würde. Dort hatte man Wichtigeres zu tun. Es stand nur Zosias Wort gegen meins.

Ich stand auf und warf Zosia die schlimmsten Schimpfwörter an den Kopf, die mir einfielen. Dabei starrte ich sie hasserfüllt an, und mit einem Mal fiel mir auf, dass sie sehr dunkles Haar und dunkle Augen hatte. Ich dagegen hatte so helles Haar, dass meine Klassenkameraden mir den Spitznamen Albino gegeben hatten. Die Tatsache, dass Zosia viel eher wie eine Jüdin aussah als ich, gab mir Mut, ich hatte das Gefühl, dass meine Gebete erhört worden waren.

Der Aufpasser hielt mich ganz fest, doch er schlug mich nicht. Ich musste daran denken, wie grausam die Soldaten mit den Leuten in Tarnogród umgesprungen waren, und verstand nicht, warum er mir nichts tat. Wahrscheinlich kam ich ihm einfach nicht vor wie eine Jüdin, so blond und so mutig, wie ich war. Denn wer hätte es jemals erlebt, dass ein jüdisches Mädchen gar keine Angst zeigte, wenn sie festgenommen wurde? Er war vermutlich genauso verwundert wie Zosia.

Als der Zug im nächsten Bahnhof hielt, führte unser Aufpasser uns ins Gestapo-Büro. Ich lächelte alle Gestapo-Leute an und wünschte ihnen einen guten Morgen.

Ich bat eins dieser Ungeheuer in schwarzer Uniform um ein Glas Wasser. Er gab mir keins. Also setzte ich mich auf einen Stuhl und lächelte die Gestapo-Leute weiter an. Ein außenstehender Beobachter hätte meinen können, ich sei gekommen, um mich für eine Stelle zu bewerben. Ich saß erhobenen Hauptes da und wirkte kein bisschen wie ein Mädchen, das fürchtet, gleich hingerichtet zu werden. Ich sah ihnen an, dass sie sich nicht sicher waren, ob sie mich für eine Jüdin halten sollten. Sie unterhielten sich leise miteinander, ihre Blicke waren skeptisch. Das machte mich noch mutiger.

»Wie heißt du, Mädchen?«, fragte mich ein Soldat auf Deutsch.

Ich antwortete nicht, sondern tat so, als würde ich kein Deutsch verstehen. Stattdessen lächelte ich sie alle weiter an.

Der Aufpasser aus dem Zug setzte sich auf den Stuhl neben mir und fragte mich, was ich zu Zosias Beschuldigung zu sagen hätte. Ich tat so, als könnte mich nichts erschüttern, nahm all meinen Mut zusammen in der Annahme, dass es das letzte Mal sein würde, dass ich ihn brauchte, und warf Zosia einen bösen Blick zu. »Sie muss verrückt sein«, sagte ich. »Oder sie ist selbst Jüdin. Im Zug hat sie zu mir gesagt, wenn ich ihr meine Jacke nicht gäbe, dann würde sie Ihnen gegenüber behaupten, ich sei eine Jüdin.«

Der Mann wandte sich meiner Verräterin zornig zu. Zu meinem großen Glück hatte Zosia ihm nicht gesagt, dass sie mich kannte.

»Stimmt das?«, fragte der Mann Zosia.

Sie wurde kreidebleich. Plötzlich schien sie vor Angst kein Wort herauszubringen. Vielleicht tat es ihr sogar leid, dass sie diese Sache vom Zaun gebrochen hatte. Aber jetzt gab es natürlich kein Zurück mehr. Nie im Leben hatte sie damit gerechnet, dass es zu so einem Verhör kommen würde. Vermutlich hatte sie angenommen, dass die Deutschen mich erschießen würden, sobald sie ihnen sagte, dass ich Jüdin war. Dann hätte sie meine Jacke bekommen und Rache für ihre schönen Waldbeeren.

Mir brannten die Augen, aber ich wandte den Blick nicht von Zosia ab. Ich sah, dass ihre Angst immer größer wurde. Ich war auf das Schlimmste gefasst, sie nicht. Sie hatte eine Zukunft vor sich, ich hatte nichts zu verlieren. Sie hatte längst nicht so viel Mut wie ich – Mut, den meine schlimmen Erfahrungen mich gelehrt hatten. Ich war ihr gegenüber im Vorteil, das wurde immer deutlicher. Die Atmosphäre im Raum war extrem angespannt. Alle Gestapo-Leute beobachteten uns. Ich wirkte total entspannt, während Zosia von Minute zu Minute nervöser wurde. Dann fingen die Deutschen an, miteinander zu reden, und schenkten uns eine Zeit lang keine Beachtung. Ich fürchtete schon, dass sie als Nächstes mein Todesurteil verkünden würden.

Aber so schnell ging das nicht.

Der Mann, der mich verhört hatte, wollte jetzt wissen, ob ich das Gebet aufsagen konnte, das die Kinder jeden Morgen vor dem Unterricht sprachen. Wir jüdischen Kinder hatten immer still dagestanden, wenn die christlichen Kinder gebetet hatten. Da ich ein gutes Gedächtnis hatte, konnte ich das Gebet wortgetreu aufsagen. Ich konnte alle ihre Fragen zum katholischen Glauben beantworten, und sie schienen zufrieden zu sein.

Trotzdem waren sie noch nicht mit mir fertig. Aber je länger die Befragung dauerte, desto mehr Hoffnung schöpfte ich. Sie wirkten verunsichert, und das war mir nur recht. Die Zeit spielte für mich. Irgendwann zogen sie sich in ein anderes Zimmer zurück, um sich zu beraten. Als sie zurückkamen, befahlen sie mir, verschiedene Lieder zu singen, darunter auch die polnische Nationalhymne.

»*Jeszcze Polska nie zginęla, kiedy my żyjemy*«, sang ich. »Noch ist Polen nicht verloren, solange wir leben.« Ich erinnerte meinen Befrager daran, dass Polen bereits untergegangen war.

Er übersetzte meine Bemerkung, die allen zu gefallen schien. Sie lachten laut, während ich so tat, als wäre ich niedergeschlagen.

»Mein Land ist zusammen mit meinen Brüdern und Vettern untergegangen, die alle Soldaten waren«, fügte ich hinzu und gab mich wütend darüber, dass die Deutschen uns unser Land weggenommen hatten.

Sie schienen mich alle zu bewundern – ein mutiges polnisches Mädchen, das sich nicht scheute, der Gestapo gegenüber ihre Meinung zu sagen.

Während der Vernehmung hörte ich die ganze Zeit die schrecklichen Geräusche aus einem Nebenraum, wo Menschen mit Hunden gefoltert wurden, und ich empfand tiefes Mitgefühl mit ihnen. Ihre fürchterlichen Schreie bestärkten mich nur in meinem Entschluss, alles zu tun, um nicht das gleiche Schicksal zu erleiden. Ich musste mich unbedingt aus meiner Zwangslage befreien, und ich wandte meinen ganzen Zorn gegen Zosia.

»Ich habe gehört, dass es in Deutschland sehr kalt ist«, fauchte ich sie an. »Aber du kriegst meine warme Jacke nicht, jetzt nicht und auch nicht, wenn wir in Deutschland sind, du verrücktes Miststück! Ich hoffe, dass du nie nach Deutschland kommst! Sollen sie dich doch den Hunden vorwerfen!«

Zu meiner Erleichterung glaubten immer mehr dieser grausamen Gestapo-Leute, Zosia sei in Wirklichkeit Jüdin. Jetzt tat es ihr leid, dass sie mich verraten hatte, das sah ich ihr an, aber es war zu spät. Sie konnte ihre Worte nicht mehr zurücknehmen.

Die Gestapo-Leute, die sich immer noch nicht sicher waren, führten uns beide in das Zimmer ihres Chefs, der bequem an seinem Schreibtisch saß. Der fette Unmensch musterte mich von oben bis unten. Er war betrunken und unsicher, ob er mich für eine Jüdin halten sollte. Das war ein gutes Zeichen. Ich lächelte ihn treuherzig an, doch dann sagte er plötzlich, selbst wenn sie sich irrten und ich in Wirklichkeit keine Jüdin sei, wäre es nicht schade um mich, denn es würde bedeuten, dass es ein polnisches Ungeziefer weniger gäbe. Das war mein Todesurteil.

»Bringt sie zu den Hunden, sofort!«, sagte er.

Ich musste mir ganz schnell etwas einfallen lassen, bevor es zu spät war.

Ich reckte stolz das Kinn vor. Wenn ich wirklich keine Jüdin, sondern Polin war, konnte ich nicht verstanden haben, was der Mann gesagt hatte. Um sicherzugehen, dass sie mir wirklich glaubten, wandte ich mich an den Mann, der Polnisch sprach, und fragte, wann sie mir endlich etwas zu essen und zu trinken geben würden.

»Du kriegst hier überhaupt nichts«, erwiderte er barsch.

»Wollen Sie mich etwa verhungern lassen?«, fragte ich und begann bitterlich zu weinen.

Der Mann übersetzte für die anderen, was ich gesagt hatte,

und die Gestapo-Leute fingen an, sich über mich lustig zu machen.

»Bringt sie zu den Hunden!«, sagte der Chef noch einmal.

Aber keiner rührte mich an. Irgendetwas hielt sie davon ab.

»Los, worauf wartet ihr?«, bellte der Chef.

Ich konnte nicht länger warten, mir blieb nur noch eine Minute. Ich tat immer noch so, als würde ich kein Deutsch verstehen (es hätte mich verraten, weil Jiddisch dem Deutschen sehr ähnlich ist), und trat auf Zosia zu. Ich zerkratzte ihr das Gesicht mit meinen langen, schmutzigen Fingernägeln, bis ihr das Blut auf ihre schönen, sauberen Sachen tropfte.

»Das ist meine Jacke, und ich brauche sie, und ich bringe dich um, wenn du versuchst, sie mir abzunehmen, du egoistisches Miststück!«, schrie ich.

Ich war inzwischen so voller Hass, dass ich sie wirklich am liebsten umgebracht hätte.

»Aufhören!«, schrie der Chef. Dann fuhr er den Mann an, der uns zu ihm gebracht hatte. »Ich dachte, es steht fest, dass sie Jüdin ist. Sie hat kein Wort von dem verstanden, was ich gesagt habe. Und jetzt stören Sie mich gefälligst nicht länger, ich habe zu tun!«

Er schenkte sich Whisky ein und leerte das Glas mit einem Zug. Das gefiel mir. Er war so betrunken, dass er nicht mehr klar denken konnte. Ich dagegen wurde immer entschlossener. Ich schaute ihn furchtlos an, während er mich ungläubig musterte.

Ich setzte mich, dann stand ich wieder auf, ohne um Erlaubnis zu fragen. Ich nahm all meinen Mut zusammen, trat zu dem Chef und bedeutete ihm, er solle mir aus seiner Flasche etwas zu trinken geben. Doch er schubste mich mit den Händen weg. Ich lächelte ihn ganz besonders freundlich an, setzte mich wieder und bat erneut um ein Glas Wasser, das ich natürlich nicht bekam. Der Mann verstand kein Wort Polnisch.

Plötzlich wurde er wütend. »Sie sieht viel weniger nach einer Jüdin als die, die sie denunziert hat«, schrie er.

Der Mann, der uns hergebracht hatte, bekam es mit der Angst zu tun und entschuldigte sich dafür, dass er die Zeit seines Chefs vergeudet hatte.

»Lassen Sie sie sofort gehen«, blaffte der Chef. »Verhören Sie die andere.« Dann wandte er sich Zosia zu, die sich eben noch in ihrer Rolle als Denunziantin ganz wichtig gefühlt hatte. »Die sieht viel jüdischer aus.«

Und mich schrie er an: »Mach, dass du wegkommst!«

Am liebsten wäre ich sofort losgerannt, aber ich musste weiterhin so tun, als würde ich ihn nicht verstehen. Ich sah ihm weiter beim Trinken zu. Das ging ihm auf die Nerven, und er befahl dem anderen Mann, mich zum Bahnhof zurückzubringen und nicht länger seine Zeit zu vergeuden.

Ich atmete erleichtert auf. Ein anderer Mann brachte mich zurück zum Bahnhof, wo ich auf den nächsten Zug wartete.

Zosia sah ich nie wieder. Ich kann mir gut vorstellen, was mit ihr passiert ist.

Buch drei

Unter Feinden

20

Alias Stefania

Das Verhör hatte mich viel Kraft gekostet, und ich setzte mich auf eine Bank, um mich auszuruhen. »Leb wohl, Mala Szorer«, sagte ich zu mir selbst. »Ich bin jetzt Stefania Iwkiewicz.« Ein christlicher Name, nicht besser und nicht schlechter als Marysia. Doch dann fiel mir auf, dass der Name Iwkiewicz ukrainisch war, während ich doch behauptete, Polin zu sein. Ich konnte nur hoffen, dass den Deutschen mein Fehler nicht auffallen würde. Ich fragte mich, ob sie Zosia umgebracht hatten. Verdient hätte sie es ja, aber der Gedanke machte mich nicht froh. Jetzt, wo ich nicht mehr in akuter Gefahr schwebte und wieder ich selbst war, hatte ich Mitleid mit dem dummen Mädchen.

Alle in der Wartehalle starrten mich verblüfft an, weil ich in Begleitung eines deutschen Polizisten gekommen war. Sie schienen vor Neugier zu platzen, doch niemand wagte es, mir Fragen zu stellen. Ein Mädchen kam zu mir und bot mir ein Butterbrot an.

»Danke«, sagte ich. »Ich hab selber welche.«

»Warum hat der Polizist dich hergebracht?«, fragte sie dann.

»Das ist geheim«, antwortete ich.

Sie schaute mich mit großen Augen an, sagte jedoch nichts mehr. Ich gestattete mir ein kleines Lächeln und ließ sie im Ungewissen. Ich setzte mich neben ein anderes Mädchen. Auch sie kam nicht gegen ihre Neugier an.

»Sag keinem, dass ich es dir verraten habe«, sagte ich zu ihr. »Ich hab versucht abzuhauen. Ich wollte zurück nach Hause.«

»Wie dumm von dir«, erwiderte sie. »Du hättest es nie nach Hause geschafft.«

»Stimmt«, bestätigte ich, »es war dumm. Aber ich hatte plötzlich Angst vor der Fremde. Vielleicht werden wir dort schlecht behandelt oder bekommen nicht genug zu essen.«

»Wir werden es gemeinsam ertragen«, tröstete sie mich. »Und versuch nicht noch mal, wegzulaufen.«

»Mach ich nicht«, versicherte ich ihr.

Dann erzählte sie allen, dass ich versucht hatte wegzulaufen, und fügte hinzu, ich hätte bei meinem Fluchtversuch meine Schuhe verloren. Ihr Mitteilungsbedürfnis war mir nur recht.

In der bitterkalten Bahnhofshalle warteten wir auf unsere Abreise. Im Zug war es auch nicht wärmer, denn es handelte sich um einen Güterzug, und wir saßen auf dem Boden von Viehwaggons. Ich bedeckte meine Füße mit meiner viel zu großen Jacke und versuchte mich zu entspannen. Mit dem Gedanken an meinen kostbaren Ausweis schlief ich ein.

Als ich aufwachte, kam ein Junge auf mich zu. Würde er auch meine Jacke verlangen? Normalerweise würde ein Junge ein Mädchen in einem so sonderbaren Aufzug niemals ansprechen. Aber mein Aussehen schien ihn nicht zu stören. Er sagte mir, er sei der Sohn eines Arztes, und ihm sei mein blutender Daumen aufgefallen. (Ich hatte ihn mir in dem Gerangel mit Zosia verletzt.) Er sagte, der Daumen müsse verbunden werden, sonst würde er sich entzünden.

»Hier«, sagte er und gab mir eine Tube Zinksalbe. »Wie ist das passiert?«

»Ich bin beim Laufen gefallen«, log ich.

»Bei der viel zu großen Jacke, die du anhast, und wo du noch dazu auf Socken unterwegs bist, ist das ja auch kein Wunder«, sagte er. »Hast du denn nichts anderes zum Anziehen?«

»Meine Stiefmutter hat mir nicht erlaubt, meine Sachen mitzunehmen«, antwortete ich. »Sie hasst mich, weil ich meinem Vater gesagt habe, dass sie nicht so nett ist wie meine echte Mutter.«

»Und wo war dein Vater, als du dich auf den Weg gemacht hast?«

»Bei seinen Pferden«, log ich. »Seit er wieder geheiratet hat, sind sie ihm wichtiger als ich.«

»Dann werde ich dich von jetzt an beschützen«, sagte er freundlich. Aber ich wusste, dass ich besser auf mich selbst aufpassen konnte, und hoffte, dass wir in unterschiedliche Städte geschickt werden würden. (So kam es dann auch.)

Ein Mädchen, das mir gegenübersaß, hatte unser Gespräch mitbekommen und versuchte, mich zu trösten. »Du hast dein ganzes Leben noch vor dir«, sagte sie. »Wenn du aus Deutschland zurückkommst, bist du alt genug, um für dich selbst zu sorgen. Vielleicht lernst du ja auch einen netten jungen Mann kennen, der dich heiratet.«

Das Mädchen gab mir ein Pflaster und ein Butterbrot. Ihre Großzügigkeit und das leckere Butterbrot stärkten und trösteten mich. Nach dem, was ich gerade erst durchgemacht hatte, brauchte ich dringend Zuspruch, und das Mädchen wirkte sehr sympathisch.

»Hast du gesagt, du heißt Stefania?«, fragte sie. »Du kommst nicht zufällig aus Tarnogród? Ich hab eine entfernte Kusine, die Stefania heißt, und die wohnt in Tarnogród.«

Mir blieb fast das Herz stehen. »Nein«, sagte ich. »Ich bin nicht aus Tarnogród. Ich hab noch nie von Tarnogród gehört. Ich komme aus Pikule, das ist in der Nähe von Janów. Wie heißt deine Kusine denn mit Nachnamen?«

»Ehrlich gesagt, kann ich mich nicht erinnern«, sagte sie. »Wir haben mit den Verwandten in Tarnogród keinen Kontakt. Wir wohnen in Łukowa.«

Dass sie aus Łukowa kam, gefiel mir nicht. Von dort bis nach Tarnogród waren es nur zwei Stunden mit dem Pferdekarren. Aber zum Glück hatte sie gesagt, dass sie keinen Kontakt zu ihren Verwandten hatte. Wieder einmal war ich knapp davongekommen, und ich sprach ein besonderes Dankgebet.

Ich schloss die Augen, und das Mädchen suchte sich jemand anderen zum Plaudern. Irgendwie würde ich dafür sorgen müssen, dass ich ihr nicht wieder begegnete. Ich stand auf und ging in den hinteren Teil des Waggons. Ich sorgte mich, dass mein Name aufgerufen werden könnte oder dass man mich in dieselbe Stadt schicken könnte wie dieses Mädchen. Wenn sie meinen Nachnamen erfuhr, würde sie sich womöglich erinnern, dass ihre entfernte Kusine Iwkiewicz hieß.

Ich entdeckte ein Mädchen, das etwas abseits saß, und setzte mich neben sie. Sie wirkte ziemlich freundlich und stellte sich als Marysia vor. »Ich wünschte, wir könnten in einem Personenzug mit richtigen Sitzen fahren«, sagte sie. »Ich bin total erschöpft.«

»Ich auch«, sagte ich. »Aber es ist Krieg, und wir müssen alle unseren Teil der Last tragen. Bestimmt können wir uns ausruhen, wenn wir erst in Deutschland sind.«

»Hoffentlich kommen wir bald an«, sagte sie. »Ich bin total durchgefroren.«

»Ich würde dir ja gern etwas zum Anziehen abgeben, aber ich habe nur einen Pullover«, sagte ich. Dann verschob ich meine lange Jacke so, dass sie ihre Füße mit darunterschieben konnte. »Vielleicht hilft das ja ein bisschen.«

Meine Jacke hatte sich geöffnet, sodass mein Nachthemd zu sehen war. »Wieso hast du denn ein Nachthemd an?«, fragte das Mädchen.

»Das sieht nur aus wie ein Nachthemd«, sagte ich. »Aber es ist ein komisches Kleid, das meine Stiefmutter für mich genäht hat.«

»Meine Stiefmutter ist sehr nett, und ich hab sie lieb«, sagte sie.

Wir hatten also etwas gemeinsam und viel Gesprächsstoff. Ich brauchte jemanden, dem ich mein Herz ausschütten konnte, und sei es über meine böse Stiefmutter.

Aber ich überließ das Sprechen hauptsächlich Marysia, die munter drauflosplapperte. Sie wirkte nicht besonders intelligent, und ich hoffte, dass man uns in dieselbe Stadt schicken würde und wir uns anfreunden konnten. Je intelligenter die Leute waren, mit denen ich zu tun hatte, desto wahrscheinlicher war es, dass ihnen irgendwann auffiel, dass ich anders war. Sollte ich gezwungen sein, in die Kirche zu gehen, könnte ich die Lieder nicht mitsingen. Aber Marysia kannte sich noch weniger aus als ich. Sie war so unbedarft, dass meine Ahnungslosigkeit gar nicht mehr auffallen würde.

Trotzdem musste ich mir irgendwie ein paar Kleidungsstücke besorgen, wenn ich nicht wollte, dass meine zukünftigen Arbeitgeber Verdacht schöpften.

»Kannst du mir einen Gefallen tun?«, fragte ich Marysia. »Könntest du die anderen fragen, ob sie ein paar Anziehsachen übrig haben? Die könnten wir beide uns dann teilen.«

Marysia tat, worum ich sie gebeten hatte, und sprach mehrere Mädchen an. Eine Weile später kam sie mit ein paar Pullovern und drei Röcken zurück. Ich hatte mal wieder Glück. Jetzt hatte ich etwas zum Anziehen und eine Freundin. Es war, als hätte *HaSchem* mir Marysia geschickt, ein nettes Mädchen, das ich wirklich mochte.

Der neue Aufpasser ließ uns während der Fahrt in Ruhe. Er sprach zwar Polnisch, aber er war eben ein Deutscher und hatte nicht die Absicht, sich mit polnischem Ungeziefer abzugeben. Wenn meine Eltern mich nur sehen könnten, dachte ich. Sie wären mächtig stolz auf mich, wenn sie mitbekämen, dass das, was sie mir beigebracht hatten, mir jetzt half zu überleben.

»Du bist so still«, sagte Marysia. »Willst du nicht mit mir reden?«

»Ich höre dir lieber zu«, erwiderte ich.

Während sie redete, dachte ich an meine Familie, und auf einmal überkam mich eine große Sehnsucht, nach Tarnogród zurückzukehren. Ich stellte mir vor, wie sie alle an der Tür standen und mich ins Haus baten. Ich würde ihnen erzählen, was ich erlebt und wie viele Gefahren ich überwunden hatte, und dann würden sie mich alle warmherzig und voller Bewunderung anlächeln.

Doch dann stieg eine unangenehme Erinnerung in mir auf. Einmal hatte meine Mutter mich gebeten, mit meinen kleinen Schwestern draußen spielen zu gehen. Aber ich hatte keine Lust dazu gehabt und behauptet, ich sei mit einer Schulfreundin verabredet, weil wir gemeinsam ein Gedicht auswendig lernen wollten. Jetzt, inmitten all der traurig dreinblickenden Jugendlichen, die von einem Mann mit versteinerter Miene beaufsichtigt wurden, bat ich meine Familie inständig um Verzeihung.

»Bitte verzeiht mir, was ich euch angetan habe«, flüsterte ich. »Ihr wart die beste Familie, die ich mir hätte wünschen können. Danke, liebe Mutter, dass du für mich gesorgt hast, als ich klein war. Danke für all das leckere Essen, das du für mich gekocht hat. Danke für die schönen Kleider, die du mir genäht hast. Wie dumm von mir, mich darüber zu beklagen. Du hast dein Bestes gegeben, liebe Mutter. Bis spät in die Nacht hinein hast du für mich und meine Geschwister genäht. Ich werde dich nie vergessen, denn jetzt weiß ich, dass du die beste Mutter der Welt warst. Wenn du wüsstest, wie sehr du mir fehlst.

Lieber Vater, ich verstehe erst jetzt, dass du jedes Mal dein Leben aufs Spiel gesetzt hast, wenn du in die Dörfer gegangen bist, um den Lebensunterhalt für die Familie zu verdienen.

Du bist jeden Morgen ganz früh losgezogen und erst spät am Abend nach Hause gekommen, und im Winter war dein Bart manchmal hart gefroren. Damals war ich zu klein und zu dumm, um das wertzuschätzen. Ich danke dir, lieber Vater. Du warst der beste Vater, den ich mir wünschen konnte.

Danke, liebe Balla, dass du dich um mich gekümmert hast, als ich klein war. Danke für die schönen Kleider, die du mir aus Warschau geschickt hast. Und dafür, dass du alle meine Briefe beantwortet hast. Aus deinen Briefen und aus den *Sabina*-Heften, die du mir geschickt hast, habe ich so viel über die Großstadt gelernt, dass ich regelrecht wusste, wie es in Warschau aussieht.

Lieber Yechiel, es tut mir leid, dass wir uns so viel gestritten haben. Ich war damals noch ein Kind, aber ich bin größer geworden. Wenn du jetzt hier wärst, würde ich immer nachgeben. Ich würde nie wieder egoistisch sein.

Wie sehr ihr mir fehlt, Esther, Kresele und Surele, meine süßen kleinen Schwestern! Möge *HaSchem* geben, dass ihr alle in Frieden ruht. Ich werde euch immer lieben und bis an mein Lebensende nie vergessen.«

Dann hielt der Zug und beendete meine Meditation. Wir waren in Dessau angekommen, wo wir etwas zu essen und zu trinken bekamen. Auf dem Bahnhof wimmelte es von deutschen Zivilisten und Soldaten. Niemand beachtete uns, wir waren für sie nur polnische Sklaven. Selbst wenn man uns angesprochen hätte, hätte niemand von uns etwas verstanden. Das heißt, niemand außer mir. Ich verstand fast alles, was die Leute sagten, aber das durfte ich mir natürlich nicht anmerken lassen, und ich verhielt mich genauso still wie alle anderen.

Man befahl uns, uns auszuziehen und uns vor ein paar Nazis aufzustellen. Ich versuchte verzweifelt, mich mit meinem Halstuch zu bedecken, aber es wurde mir aus der Hand gerissen. Es war demütigend, wie die Leute lachten und anzüglich grinsten. Wir alle schauten zu Boden. Nach einer Weile befahl man uns, uns wieder anzuziehen und in den Zug zu steigen.

Marysia klammerte sich an meinen Arm. Sie fürchtete sich vor dem, was uns in diesem seltsamen Land erwartete, sagte sie, und meinte, wir sollten zusammenbleiben.

»Wie sollen wir mit unseren Arbeitgebern reden?«, fragte sie. »Ich verstehe doch kein Wort Deutsch. Du?«

»Nein, kein Wort«, log ich. »Und ich will gern deine Freundin sein. Ich hoffe, wir kommen in dieselbe Gegend. Aber du bist älter, du kannst bestimmt gut kochen und kommst in ein reiches Haus. Ich kann nur putzen.«

»Wenn wir in denselben Haushalt kommen, bringe ich dir das Kochen bei«, versprach Marysia.

»Leider haben wir keinen Einfluss darauf«, antwortete ich. »Wir werden sehen.«

In Dresden wurden wir in ein Quarantänehaus gebracht, wo wir desinfiziert wurden. Anschließend brachte man uns in eine kleine Stadt in der Nähe von Leipzig. Kaum waren wir aus dem Zug gestiegen, wurden wir zum Büro des Arbeitsdienstes gebracht. Die Nazis teilten uns willkürlich in Gruppen auf; meine Gruppe sollte in einer Schokoladenfabrik arbeiten. Wir waren so viele, dass ich fürchtete, jemandem zu begegnen, der mich kannte und verraten würde. Ich musste also unbedingt weg von dieser Gruppe, nicht zuletzt, weil einige der Jugendlichen mich mit den Gestapo-Leuten gesehen hatten. Es konnte jederzeit passieren, dass jemand darüber redete, und dann würden sich die Deutschen wundern. Während wir also durch die Straßen geführt wurden, merkte ich mir genau den Weg, und nachdem wir ein Stück weit gegangen waren, entfernte ich mich unbemerkt von der Gruppe und lief zurück zum Büro des Arbeitsdienstes.

Inzwischen waren noch viel mehr junge Leute eingetroffen. Obwohl mir das Angst machte, schob ich mich durch die Menge und bemühte mich, unbesorgt zu wirken.

Ich ging zur Toilette und blieb dort so lange, bis ich keine Stimmen mehr hörte. Als ich wieder herauskam, waren nur noch zwei Aufpasser, Malach und ich da.

»Wo warst du? Warum haben wir dich vorhin nicht gesehen?«, fragte mich einer der Aufpasser.

Ich tat so, als hätte ich seine Frage nicht verstanden. Der Mann sagte zu seinem Kollegen, es habe keinen Zweck, mich einzusperren. Irgendjemand würde schon Verwendung für ein junges Mädchen haben. Dann ging er zum Telefon und wählte eine Nummer.

»Herr Perlmutt? Sie sagten doch, Sie bräuchten eine Putzhilfe für das Gasthaus. Wir haben hier ein ziemlich einfältiges junges Mädchen, das etwas merkwürdig aussieht. Wollen Sie sich das Mädchen mal ansehen? Wenn sie Ihnen gefällt, können Sie sie gern mitnehmen.« Nachdem er kurz zugehört hatte, antwortete er: »Ich schätze, sie taugt nur zum Putzen.«

Ich hoffte inständig, dass Herr Perlmutt ein netter Mann war. Welche Arbeit ich verrichten musste, war mir ziemlich egal, Hauptsache, ich bekam genug zu essen und ein warmes Bett. Und ich sehnte mich danach, zu jemandem zu gehören, und sei es nur als dessen Putzfrau, das war mir egal. Zu Hause war mir die Hausarbeit immer leichtgefallen, manchmal hatte sie mir sogar Spaß gemacht. Die Deutschen würden sich noch wundern, wie gut so ein einfältig aussehendes Mädchen putzen konnte.

Erschöpft von all den vielen Sorgen und Ängsten, setzte ich mich auf eine Bank und wartete auf meinen zukünftigen Chef. Ich hoffte, er würde nicht so grausam sein wie die deutschen Soldaten in Polen. Nach einer Weile tauchte ein dicker Mann auf. Erstaunt musterte er mich von oben bis unten, dann rief er aus: »Ja, zum Putzen ist sie sicher zu gebrauchen!« Dann bedeutete er mir, ihm zu folgen.

Der Weg bis zu ihm nach Hause kam mir endlos vor, denn ich lief immer noch auf Socken, und Schneeregen hatte eingesetzt. Herr Perlmutt bedeutete mir, an der Haustür zu warten, und rief nach jemandem, der mir Hausschuhe bringen sollte, bevor ich das Gasthaus betrat. Ich schlüpfte in die Holzpantinen und war glücklich, endlich wieder Schuhe an den Füßen zu haben, auch wenn sie mir zu groß waren. Es waren nur Hausschuhe, aber sie waren besser als meine Socken, und ich sah nicht mehr ganz so lächerlich aus.

Irgendwann wurde ich in die Küche gerufen, die sehr groß und sehr sauber und aufgeräumt war. Ich musste ein paar Minuten warten, bis Frau Perlmutt erschien, eine sehr dicke Frau. Zu meiner Erleichterung wirkte sie ziemlich liebenswürdig. Ich sah keinen Hass in ihren Augen, als sie mich musterte, sie schien eher Mitleid zu haben mit so einem merkwürdigen polnischen Mädchen. Die Situation machte mich ein bisschen verlegen, und ich hoffte, dass sie nicht annahm, ich würde mich freiwillig so komisch kleiden.

Frau Perlmutt erklärte mir mit Händen und Füßen, dass ihr Gasthaus sowohl Hotel als auch Restaurant war. Sie bedeutete mir, ihr in den Keller zu folgen, wo sie ihre Putzutensilien aufbewahrte. Wie erwartet, wurde ich als Putzhilfe gebraucht. Um mir die Arbeit zu erklären, brauchte es zum Glück keine Sprache.

Im Lauf der ersten Tage erklärte mir Frau Perlmutt genau, was meine Pflichten waren, und sie war sehr überrascht, dass ich, obwohl ich doch angeblich ihre Sprache nicht verstand, alles genauso machte, wie sie es mir aufgetragen hatte. Langsam begriff ich, dass nicht alle Deutschen alle Ausländer hassten; diese Frau mochte mich von Anfang an. Was andererseits auch kein Wunder war, denn ich arbeitete doppelt so hart wie die deutschen Mädchen, die mich außerdem wie Luft behandelten.

Harte Arbeit konnte mich nicht schrecken, daran war ich von klein auf gewöhnt. Im Gegenteil, ich war froh, endlich etwas zu tun zu haben, das hatte mir während der Zeit im Wald sehr gefehlt. Ich war dankbar für alles, was ich hatte, und schätzte mich wirklich glücklich. Meine Gebete waren auch diesmal erhört worden.

Im Moment hatte ich eigentlich nur zwei Probleme: Ich musste mich an den Namen gewöhnen, den ich mir selbst gegeben hatte, und ich durfte nicht vergessen, so zu tun, als würde ich kein Deutsch verstehen. Später führte das »Sprachproblem« zu einigen lustigen Vorfällen. Einmal zum Beispiel baten mich die Perlmutts, ihnen einen Korb zu bringen; ich wusste natürlich, dass Frau Perlmutt den Korb für das Brot haben wollte, aber ich bat die Köchin absichtlich um einen »Korken«. Aber Frau Perlmutt war eine geduldige Frau.

Sie war außerdem sehr liebenswürdig und fragte in der Nachbarschaft herum, ob jemand ein paar Kleidungsstücke erübrigen konnte. Sie kaufte mir sogar Unterwäsche und ein Paar Schuhe. Ich war so dankbar, dass Frau Perlmutt zu mir sagte: »Der Weihnachtsmann wird schon die anderen Sachen bringen.«

Ich ließ durchblicken, dass ich ein bisschen von dem verstand, was sie sagte. Ich konnte oft nur schwer dem Drang widerstehen, den Deutschen zu zeigen, dass ich ihre Sprache beherrschte und dass ich nicht so dumm war, wie sie glaubten. Ich fürchtete zwar nicht, dass Frau Perlmutt Verdacht schöpfen würde, schließlich war es denkbar, dass ich, seit die Deutschen Polen besetzt hatten, hier und da ein paar Brocken Deutsch aufgeschnappt hatte. Aber sie wunderte sich manchmal schon ein bisschen, ich musste also sehr vorsichtig sein.

An Heiligabend nahmen die Perlmutts mich zum ersten

und einzigen Mal mit in die Kirche. Sie schenkten mir viele Kleidungsstücke zu Weihnachten – einige waren neu, und einige hatten sie von Freunden bekommen. Den Perlmutts war es wichtig, dass ich vorzeigbar aussah. Sie schenkten mir auch noch andere Sachen zu Weihnachten, außerdem eine schöne Karte. Die Geschenke und die Liebenswürdigkeit überraschten mich; so etwas hätte ich von Deutschen nicht erwartet. Auf jeden Fall betrachteten sie mich nicht als polnisches Ungeziefer. Vermutlich konnten sie sich vorstellen, wie es sich anfühlte, wenn man in so jungen Jahren aus seiner Familie gerissen wurde und Weihnachten nicht mit seinen Lieben verbringen konnte.

Die Angestellten waren allerdings nicht so nett wie die Perlmutts. Niemand hatte ein Lächeln für mich übrig. Und weil ich kein Deutsch sprach, behandelten sie mich von oben herab. Manchmal waren sie sogar richtig gemein zu mir. Zum Beispiel durfte ich nicht mit ihnen zusammen essen, sondern musste meine Mahlzeiten an einem kleinen Tisch zusammen mit einem geistig zurückgebliebenen jungen Mann namens Manfred einnehmen. Manfreds einzige Aufgabe bestand darin, das Geschirr zu spülen, weil er zu nichts anderem zu gebrauchen war. Wie alle anderen schlief auch ich in einer kleinen Mansarde, trotzdem wurde ich geschnitten. Was wohl auch besser war, sonst hätte ich mich womöglich noch verplappert und sie merken lassen, dass ich Deutsch konnte. Das hätte sie schon gleich zu Beginn misstrauisch gemacht und nicht erst viel später. Es machte mir also nicht so viel aus, dass sie mich links liegen ließen. Aber so einsam, wie ich war, wäre mir ein Lächeln hin und wieder ein kleiner Trost gewesen.

Ich verliebte mich sofort in mein winziges Zimmer, so karg es auch eingerichtet war. Für mich war es ein Palast, und in den ersten Wochen schlief ich tief und fest.

Doch dann wurde ich eines Nachts von Sirenengeheul aus

dem Schlaf gerissen. Fremde Flugzeuge waren am deutschen Himmel aufgetaucht, aber so verschlafen, wie ich war, wähnte ich mich in Tarnogród. Ich sprang aus dem Bett, schnappte mir meine pelzgefütterte Jacke und rannte nach unten in die Gaststube. An den Tischen saßen Soldaten, die in aller Ruhe aßen und tranken. Ohne nachzudenken, fragte ich auf Jiddisch: »Wus is du gevehn?« Was ist passiert? Herr Perlmutt, der nicht verstanden hatte, was ich gesagt hatte, kam zu mir herüber, schubste mich aus dem Raum und schrie mich an: »Du dummes Ding! Raus hier!«

Entsetzt ging ich zurück in mein Zimmer. Inzwischen war ich hellwach und begriff, dass ich Herrn Perlmutt vor seinen Gästen in eine unmögliche Situation gebracht hatte. Zum Glück hatte niemand bemerkt, dass ich Jiddisch gesprochen hatte. Offenbar hatten sie noch nie Jiddisch gehört und hatten es für Polnisch gehalten. Ich war noch einmal davongekommen und hoffte bloß, dass wirklich niemand meine Worte verstanden hatte und irgendjemandem gegenüber wiederholen würde, der mich bei der Polizei meldete.

Es fiel mir nicht schwer, mich für eine Christin auszugeben, aber das nicht koschere Essen bereitete mir Probleme, und ich bat *HaSchem* um Rat. Anfangs versuchte ich, soweit es irgend möglich war, mich an die jüdischen Speisegesetze zu halten. Ich aß nur Milchprodukte und ließ Fleisch und Hartkäse auf dem Teller liegen, ohne darüber nachzudenken, dass das auffallen konnte. Dass die anderen Angestellten sich über meine Essgewohnheiten wunderten und untereinander tuschelten, beachtete ich nicht weiter.

Eines Abends wusch ich vor dem Schlafengehen meine schwarz-weiße Schürze und meine Strümpfe. Erschöpft wie immer, schlief ich danach sofort ein. Plötzlich stand meine Mutter in der Tür. Der Flur hinter ihr war hell erleuchtet, und ich sah alle Kleidungsstücke, die ich an die Leine gehängt hatte, bevor ich meine Zimmertür verriegelt hatte. Meine Mutter kam an mein Bett und sagte: »Mein liebes Kind, unten wird über dich geredet. Sie wundern sich über deine merkwürdigen Essgewohnheiten. Wenn du nicht alles isst, was man dir vorsetzt, wirst du nicht überleben.«

Obwohl ich schlief, wusste ich, dass sie nicht mehr am Leben war. Ich wachte zitternd auf, ging zur Tür und rüttelte daran. Der Riegel saß immer noch fest. Ich hatte so heftig an der Tür gerüttelt, dass Herr Perlmutt nach oben kam, um nachzusehen, was los war. Um ihn nicht merken zu lassen, dass ich Deutsch verstand, antwortete ich nicht auf seine Fragen.

Ich ging zurück ins Bett und schlief wieder ein. Aber als ich am nächsten Morgen aufwachte, hatte ich den Rat meiner Mutter nicht vergessen. Ich konnte es kaum glauben, dass sie gekommen war, um mich zu warnen. Obwohl sie tot war, konnte sie mir immer noch helfen.

21

Briefe aus der Heimat

Kurz nachdem ich diesen Traum gehabt hatte, hörte ich einmal die anderen Angestellten über mich reden. Sie fanden es äußerst merkwürdig, dass ein so junges Mädchen keine Post von seinen Eltern bekam, wo es doch so weit weg von der Heimat war. Eine Frau vermutete, ich wäre von zu Hause weggelaufen.

»Vielleicht ist sie ja deswegen so fleißig«, sagte sie. »Damit die Perlmutts nur ja keinen Grund zur Klage haben. Aber wenn sie katholisch ist, wie sie behauptet, warum betet sie dann nie, und warum trägt sie keinen Rosenkranz? Und wieso kriegt sie es jedes Mal mit der Angst zu tun, wenn irgendein Offizier das Hotel betritt?«, fragten sie.

Ich nahm mir vor, in Zukunft vorsichtiger zu sein. Und weniger demütig. Als Frau Perlmutt das nächste Mal in mein Zimmer kam, hob ich meine schwarze Bettdecke hoch und sagte ihr, sie sei zu dünn, ich würde nachts frieren und hätte gern ein Federbett.

»Anscheinend ist sie etwas Besseres gewohnt«, sagte Herr Perlmutt, der neben seiner Frau stand. Als ich am Abend in mein Zimmer kam, war meine Decke durch ein Federbett ersetzt worden.

Von jetzt an benahm ich mich, als wäre ich eine von ihnen. Ich gab mich weniger demütig, war aber immer noch fleißig. Als Nächstes ließ ich durchblicken, dass es mir nicht gefiel, Essensreste vorgesetzt zu bekommen. Von da an bekam ich frisches Essen. Mein Plan funktionierte, alle brachten mir mehr Respekt entgegen.

Aber das Problem mit der Post blieb. Wenn ich das Misstrauen der anderen Angestellten zerstreuen wollte, musste ich eine Möglichkeit finden, Post »von zu Hause« zu bekommen. Das Problem brachte mich um den Schlaf. Nachdem ich mir nächtelang den Kopf zerbrochen hatte, erinnerte ich mich an eine polnische Familie, deren Adresse ich auswendig kannte. Die Mutter, die zufällig auch Stefania hieß, war nach Oświęcim/Auschwitz deportiert worden, weil sie zur polnischen Intelligenzija gehörte. Ich würde dieser Familie einen Brief schreiben und den armen Vater davon überzeugen, dass ich seine Frau war.

Es lag mir überhaupt nicht, unschuldigen Menschen Leid zuzufügen, und ich grübelte lange darüber nach, ob es recht war, der Familie falsche Hoffnungen zu machen. Doch da nicht weniger als mein Leben davon abhing, entschloss ich mich, mein Vorhaben in Angriff zu nehmen, und griff zu Feder und Papier.

Lieber Maciek!
Wahrscheinlich wunderst Du Dich, dass meine Handschrift auf einmal ganz anders aussieht. Das liegt daran, dass ich mir in dem Zug, mit dem ich nach Deutschland gefahren bin, den Daumen gebrochen habe, sodass ich jetzt gezwungen bin, mit der linken Hand zu schreiben. Und bitte vergib mir meinen schlechten Schreibstil. Ich stehe seit dem Unfall immer noch unter Schock.
Aber mach Dir deswegen keine Gedanken, mein Lieber, mein Daumen heilt gut. Ich mache mir schreckliche Sorgen um Euch und hoffe, dass Ihr gut zurechtkommt. Ich habe große Sehnsucht nach Euch, aber ich fürchte, dass es kein Wiedersehen geben wird, solange der Krieg andauert. Ich hoffe sehr, dass es Euch allen gut geht und Ihr genug zu essen habt. Wie machen sich die Kinder in der Schule? Ich arbeite hier in ei-

nem Hotel und entwickle mich zu einer Expertin im Bettenmachen, Putzen und Geschirrspülen. Jeden Tag kommen ungefähr dreihundert Personen zum Essen, hauptsächlich Soldaten. Ich bin die einzige Geschirrspülerin. Ich bin sehr stolz auf mich, denn es ist nicht zu übersehen, dass die Perlmutts sehr mit mir zufrieden sind. Meine Arbeit gefällt mir. Ich bekomme gutes Essen, und ich werde von Tag zu Tag molliger. Wenn ich einen Teller dicke Erbsensuppe gegessen habe, brauche ich eigentlich kein Fleisch mehr. Aber Du weißt ja, dass ich mir noch nie viel aus Fleisch gemacht habe. Bitte schreibt mir alle, auch die Kinder. Ich bin so einsam hier!

Deine Dich liebende
Stefania

Ich fragte mich, was in mich gefahren war, und traute mich zuerst gar nicht, den Brief abzuschicken. Ich war doch immer ein ehrliches Mädchen gewesen, und jetzt führte ich eine ganze Familie hinters Licht! Ich tröstete mich mit dem Gedanken, dass ich in dem Brief nicht ausdrücklich behauptete, Macieks Frau zu sein.

Schon bald bekam ich Antwort von »meiner Familie«. Aus dem Brief – und aus allen folgenden – sprach die tiefe Sehnsucht nach einem baldigen Wiedersehen. Auch die Kinder, die sich freuten, dass ihre Mutter noch lebte, begannen zu schreiben. Sie waren sehr vorsichtig in Bezug auf das, was sie mir mitteilten, und fragten mich nicht, wie mir die Flucht gelungen war. Vermutlich erzählten sie niemandem von der »Flucht« ihrer Mutter, aus Angst, sie könnte verraten und wieder verhaftet werden. Bei jedem Brief, den ich der Familie schrieb, war mir schwer ums Herz, aber ich wusste mir einfach nicht anders zu helfen. Die Briefe weckten bei diesen Leuten falsche Hoffnungen, aber mir retteten sie das Leben.

Aus diesem Grund fand ich das Lügen vertretbar. Trotzdem betete ich zu *HaSchem* um Vergebung für meine Sünde.

Als leidenschaftliche Briefeschreiberin schrieb ich der Familie ziemlich häufig und bekam jedes Mal postwendend Antwort. So lief das eine ganze Weile, bis die ganze Geschichte mir eines schicksalhaften Tages beinahe um die Ohren geflogen wäre.

Folgendes passierte: Unter den Angestellten des Hotels waren zwei Schwestern. Sie waren in Danzig geboren, konnten aber seltsamerweise nur ein paar Brocken Polnisch. Als ich einmal einen Brief von meiner angeblichen Tochter las, schaute mir Charlotte, die ältere der beiden Schwestern, über die Schulter und sah die Anrede »*Kochana Mama*« (Liebste Mama).

»Was ist das denn für ein Quatsch, Stefania«, rief sie aus. »Du kannst doch in deinem Alter keine Mutter sein!«

Ich versuchte, meinen Schreck zu verbergen, und fauchte sie an, sie habe kein Recht, meine Briefe zu lesen. Außerdem habe sie sich geirrt, da stehe nicht »Mama«, sondern »Manio«, was Dienstmädchen bedeute. In Wirklichkeit lautet das polnische Wort für Dienstmädchen *służąca*, aber ich verließ mich darauf, dass sie das nicht wusste. Ich tat so, als würde ich mich fürchterlich über ihre Aufdringlichkeit aufregen, rannte nach oben, knallte meine Zimmertür zu und verriegelte sie. Dann zerriss ich den Brief in winzige Stücke, die ich unter den Bodendielen versteckte, aus Angst, jemand könnte mein Zimmer in meiner Abwesenheit durchsuchen und sie entdecken.

Als ich mich das nächste Mal aus dem Haus traute, warf ich die Papierschnipsel weit entfernt vom Hotel in einen öffentlichen Mülleimer. Jetzt konnte ich nur noch hoffen, dass die Familie mir nicht wieder schreiben würde. Und meine Gebete wurden tatsächlich erhört. Als mein »Mann« keine Post mehr von mir erhielt, hatte er vermutlich daraus geschlossen, dass seine Frau wieder verhaftet worden war, und traute sich nicht mehr zu schreiben. Ich war erleichtert. Und Charlotte erwähnte den Brief nie wieder.

Seit diesem Vorfall richtete ich es so ein, dass ich immer alle Post abholte, nur für den Fall, dass noch mal ein Brief für mich eintreffen sollte. Das Glück war mir hold, es kamen keine Briefe mehr von »meinen Kindern«. Aber wenn ich weiterhin überleben wollte, war es wichtig, dass ich Post aus Polen bekam. Ich zerbrach mir nächtelang den Kopf über das Problem.

Als ich wieder einmal nicht schlafen konnte, hatte ich einen Geistesblitz. Ein neuer Plan reifte in meinem Kopf, einer, von dem ich hoffte, dass er besser funktionieren würde als der erste. Aber diesmal würde ich Hilfe brauchen, was ein gewisses Risiko darstellte.

Zum Glück hatte ich mich inzwischen mit einigen Polinnen angefreundet, die wie ich in der Stadt arbeiteten. Es war ganz einfach gewesen, sie für mich einzunehmen, indem ich ihnen nicht ihre Freunde ausspannte und keinen Streit vom Zaun brach, wie es manche der jungen Mädchen taten. Außerdem waren einige von ihnen Analphabetinnen, und sie waren dankbar, dass ich für sie ihre Briefe an ihre Familien schrieb.

Wir trafen uns immer sonntags in einem Park. Dort konnten wir entspannt zusammensitzen und uns ungestört über unsere Arbeitgeber beklagen. Die Deutschen mieden den Park, denn sie betrachteten uns Polen als Untermenschen und wollten nichts mit uns zu tun haben. Uns war das nur recht, denn so hatten wir den Park für uns allein und fühlten uns dort wie zu Hause in Polen.

Bei unserem nächsten Treffen im Park nahm ich meinen Plan in Angriff. Es gelang mir, meine polnischen Freunde davon zu überzeugen, dass ich Schriftstellerin werden wollte und nach dem Krieg der ganzen Welt erzählen würde, was wir in Deutschland durchgemacht hatten. In meinem Buch würde ich genau schildern, wie man uns aus unseren Familien gerissen und nach Deutschland gebracht hatte. Die ganze Welt sollte von unserem Schicksal erfahren. Wenn Polen endlich befreit war, würden wir alle berühmt werden.

Vor lauter Begeisterung über meine Geschichte von Ruhm und Freiheit stimmten sie die polnische Nationalhymne an. Ich sang aus vollem Hals mit und klatschte mit den Händen den Takt. »*Jeszcze Polska nie zginęla kiedy my żyjemy!*« (Polen wird nicht untergehen, solange wir leben.) Alle lächelten mich an, und auch ich lächelte. Das waren wirklich nette Jugendliche.

»Wir wurden gegen unseren Willen von unseren Eltern getrennt«, sagte ich. »Um später alles aufschreiben zu können, muss ich das Schreiben üben. Schließlich bin ich noch sehr jung und konnte die Schule nicht beenden. In meiner Familie sind leider alle furchtbar schreibfaul. Würdet ihr mir vielleicht die Adressen von einigen Verwandten oder Freunden geben, mit denen ich Briefe austauschen könnte?«

Zuerst sagte niemand etwas, dann begannen einige, miteinander zu flüstern. Andere lachten mich aus und sagten, klar, sie würden später auch ein Buch über das alles hier schreiben. Ich dachte schon, ich müsste meinen Plan begraben, doch dann sagte ein Junge namens Jurek: »Sie ist die Jüngste von uns, warum soll sie das Buch schreiben? Ich finde, das sollte jemand übernehmen, der älter und reifer ist, und dann machen wir alle mit.«

Sie fingen an, meine Geschichte ernst zu nehmen!

Wir warteten eine ganze Weile, aber niemand von den Älteren war bereit, die Aufgabe zu übernehmen, und so fiel sie schließlich mir zu. Damals hatte ich gar nicht die Absicht, ein

Buch zu schreiben, ich wollte nur möglichst viele Adressen haben, auch wenn ich dafür meine Freunde hinters Licht führen musste.

»Arbeitest du auch bestimmt nicht für die Deutschen?«, fragte ein Mädchen plötzlich.

»Wie kommt es, dass du viel mehr Deutsch verstehst als wir?«, fragte eine andere.

»Ich versteh gar nicht mehr als ihr«, log ich. »Ich tue nur so. Und darin bin ich sehr gut!«

Alle lachten mit mir.

»Es ist eine gute Idee, Stefania, mach das!«, sagte ein Mädchen namens Janina. »Und eines Tages kaufen wir alle dein Buch!«

Am Sonntag darauf bekam ich jede Menge Adressen, die meisten in Polen, aber auch einige in Deutschland und Österreich, wo Freunde und Verwandte meiner Freunde zum Arbeitsdienst eingeteilt waren. Als ich mit meinen Adressen nach Hause ging, kam ich mir richtig reich vor. Diese Adressen waren für mich wie ein Goldschatz, sie waren überlebenswichtig. Jeden Abend saß ich nach getaner Arbeit auf meinem Bett, den Briefblock auf den Knien, und schrieb. Dabei achtete ich sehr genau darauf, was ich in meinen Briefen erzählte. Ich wagte es nicht, mehr über mich selbst zu verraten, als dass ich keine Post von zu Hause bekam und deswegen einsam war und mich nach Brieffreundschaften sehnte.

Es dauerte eine Weile, bis die ersten Antworten auf meine Briefe kamen, und eine ganze Weile musste ich jedes Mal, wenn die Post kam, so tun, als wäre ich kreuzunglücklich darüber, dass nichts für mich dabei war. Einmal schob ich sogar mein Frühstück weg und weinte bittere falsche Tränen. Frau Perlmutt schnalzte mit der Zunge und sagte: »Irgendwas Schlimmes muss bei ihr zu Hause passiert sein. Vielleicht ist ja jemand gestorben.«

Dann, endlich, bekam ich einen Brief von einem Mädchen namens Maryla Kobylarz. Sie arbeite in Wien, schrieb sie, und ihre Schwester Zosia Flamer arbeite in Magdeburg. Wenn ich wolle, könne ich auch mit Zosia Briefe austauschen. Ich wunderte mich darüber, dass zwei Schwestern unterschiedliche Nachnamen hatten. Nach langem Nachdenken kam ich zu dem Schluss, dass sie vermutlich auch Jüdinnen waren, die ebenso wie ich einen anderen Namen angenommen hatten, um zu überleben. Ich schrieb an Zosia und erhielt schon bald Antwort von ihr. Sie erzählte mir, sie und ihre Schwester stammten aus Pysznica. Ich war verblüfft. Pysznica war eine Kleinstadt in der Nähe von Nisko, wo meine Großmutter einmal gewohnt hatte. Ich schrieb ihr, dass meine Großmutter einen Mann namens M.B. (Moshe Brand) geheiratet hatte und dass die beiden auch in Pysznica wohnten. Außerdem erzählte ich Zosia, dass ich aus Tarnogród stammte und dass meine große Schwester B. (Balla) bei meiner Großmutter gewohnt hatte, die ihr in Nisko eine Schneiderlehre finanziert hatte.

Nachdem wir mehrere Briefe ausgetauscht hatten, stellte sich heraus, dass wir tatsächlich verwandt waren. Der Großvater der beiden Schwestern war der zweite Ehemann meiner Großmutter. Ich war ganz aufgeregt und konnte es kaum erwarten, die beiden kennenzulernen. Leider hat sich mein Traum bis heute nicht erfüllt, aber viele Jahre später erfuhr ich, dass die beiden nach dem Krieg nach New York gezogen waren. Ich weiß nicht, wie sie heute heißen und wo sie wohnen. Aber ich hoffe immer noch, irgendwann mit ihnen Kontakt aufnehmen zu können oder dass sie sich bei mir melden, wenn sie dieses Buch lesen.

22

Ein Verdacht

Eines Abends Anfang 1943 bat Frau Perlmutt mich, nach der Arbeit noch einen Moment unten zu bleiben, sie wolle kurz unter vier Augen mit mir reden. Ich fürchtete das Schlimmste: Sie hatte irgendwie herausgefunden, dass ich Jüdin war.

Würde ich nun doch sterben? Vielleicht war meine Glückssträhne ja zu Ende. Aber Frau Perlmutt war so freundlich wie immer und wirkte eher besorgt. »Setz dich, Stefania«, sagte sie. »Du musst nicht stehen bleiben.«

Ich ließ mir meine Angst nicht anmerken, sondern lächelte wie immer, wenn sie mit mir sprach, und setzte mich.

Frau Perlmutt schien es schwerzufallen, das Gespräch zu beginnen, vielleicht, weil sie alles immer mehrmals wiederholen und viel gestikulieren musste, um sich mir verständlich zu machen, da ich ja angeblich kein Deutsch verstand.

»Du bist bestimmt sehr müde«, sagte sie. »Es ist schon spät.«

»Ja, ich wollte gerade ins Bett gehen. Habe ich etwas falsch gemacht, Frau Perlmutt?«

»Nein, nein«, sagte sie. »Du machst alles sehr gewissenhaft. Ich wollte dir nur erzählen, was ein paar Deutsche den Juden in meiner Heimatstadt Leipzig angetan haben. Sie haben alle verhaftet und in ein Konzentrationslager deportiert, wo die meisten gestorben sind.«

Einerseits freute ich mich zu hören, dass einige Juden noch lebten, andererseits dämmerte mir, dass Frau Perlmutt mich im Verdacht hatte, Jüdin zu sein. Ich musste mich gleichgültig geben, so als würde mir das, was sie mir erzählt hatte, nichts bedeuten. Gleichzeitig wurde mir bewusst, dass ich mir etwas vormachte, dass es dumm gewesen war anzunehmen, ich könnte in Deutschland überleben. Ich hätte bei Tante Aniela bleiben sollen, dachte ich, da hätte ich bessere Überlebenschancen gehabt. Aber jetzt steckte ich hier fest, jetzt war es zu spät, um nach Polen zurückzukehren.

Eine innere Stimme riet mir, nicht den Mut zu verlieren, und beruhigte die Panik, die in mir aufstieg. Außerdem verhalf die Stimme mir zu einem praktischen Entschluss. Zwar war ich nicht so naiv zu glauben, Frau Perlmutt könne niemals Verdacht schöpfen, aber ich hatte sie als sehr gutherzig kennengelernt. Vielleicht wollte sie mich nur wissen lassen, dass der Verdacht im Raum stand, ich sei Jüdin, und mir raten, etwas vorsichtiger zu sein. Aber wenn sie glaubte, von mir eine Antwort zu bekommen, dann irrte sie sich gewaltig. Ich lächelte meine Chefin an, als erwartete ich, dass sie mir noch mehr Neuigkeiten erzählte. Dann gähnte ich ein paar Mal und stand auf.

»Frau Perlmutt, warum erzählen Sie mir das alles?«, fragte ich. »Es interessiert mich kein bisschen.«

Dann wünschte ich ihr höflich eine gute Nacht und lief nach oben. In der Sicherheit meines Zimmers grübelte ich darüber nach, was das Gespräch mit Frau Perlmutt zu bedeuten hatte. Ich verstand einfach nicht, warum sie, nachdem ich schon anderthalb Jahre bei ihr war, plötzlich das Bedürfnis verspürte, mir diese Dinge zu erzählen. Krampfhaft überlegte ich, was ich gesagt oder getan haben könnte, um ihren Verdacht zu erregen.

Alle hatten sehen können, dass ich Fleisch und nicht koschere Speisen gemieden hatte; aber das konnte nicht der Grund sein, denn seitdem meine Mutter mir im Traum erschienen war, aß ich alles, was mir vorgesetzt wurde. Charlotte hatte den Brief gesehen, der mit »*Kochana Mama*« begann, aber das war schon lange her. Vielleicht war mein Deutsch zu gut für eine Polin; ich hatte viel schneller »gelernt«, Deutsch zu sprechen, als alle anderen polnischen Arbeitskräfte. Vielleicht hatte ja einer von den Polen Verdacht geschöpft und mich bei der Polizei gemeldet. Vielleicht hatte die Polizei Frau Perlmutt gebeten, mit mir zu sprechen, um zu sehen, wie ich reagieren würde.

Ach, warum hatte ich mich nicht viel länger dumm gestellt? Aber mich in Selbstvorwürfen zu ergehen half mir jetzt nicht weiter. Der Schaden war angerichtet, und jetzt musste ich sehen, wie ich meine Fehler wieder ausbügeln konnte. Das würde alles andere als einfach werden, und ich bat den Allmächtigen um Hilfe. Ich sprach meine Gebete, dann suchte ich nach Malach. Ich fand sie unter dem Bett, und es beruhigte mich, dass sie da war. Ich schlief ein in der Gewissheit, dass *HaSchem* weiterhin über mich wachte.

In den folgenden Tagen dachte ich die ganze Zeit daran, dass die Perlmutts sich nicht sicher waren, ob ich wirklich Christin war. Ich tröstete mich mit dem Gedanken, dass sie nichts wussten, denn wenn dem so wäre, dann wäre ich längst tot.

Doch am darauffolgenden Sonntag verschlimmerte sich die Situation.

Alle ausländischen Arbeitskräfte waren verpflichtet, sich jeden Sonntag bei der Polizei zu melden. Auf diese Weise kontrollierten die Deutschen, ob einer von uns die Stadt verlassen hatte, was uns strengstens verboten war. Normalerweise dauerte diese Formalität nur eine Minute. Einer nach dem anderen betraten wir ein Büro, setzten unsere Unterschrift neben unseren Namen in einer Liste und fertig. Dann konnten wir gehen.

Am Sonntag nach dem Gespräch mit Frau Perlmutt ging ich wie immer zur Polizei, um mich zu melden. Ein neuer

Beamter beaufsichtigte die Prozedur, aber ich dachte mir nichts dabei und unterschrieb.

Als ich fast an der Tür war, sagte der Mann: »Moment. Geh noch nicht, Stefania. Ich möchte dir ein paar Fragen stellen.«

Ich erschrak, und das sah er mir anscheinend an, denn er fügte hinzu: »Keine Sorge, setz dich einfach. Du arbeitest im Gasthaus der Perlmutts, stimmt's? Sie nennen dich Stefin, nicht wahr?«

»Ja«, sagte ich.

Er schien eine Erklärung zu erwarten, und ich plapperte drauflos. »Sie können Stefciu nicht aussprechen. Ich nehme an, Stefin ist ein deutscher Name. Ehrlich gesagt, komme ich mir inzwischen schon fast vor wie eine Deutsche, und viele Leute halten mich sogar dafür. Ich arbeite ja auch nur mit Deutschen zusammen, und da habe ich die Sprache schon ziemlich gut gelernt. Ich habe eben ein Talent für Sprachen.«

»Welche anderen Sprachen beherrschst du denn?«

»Polnisch natürlich.«

»Man hat mir gesagt, dass du ein sehr schönes Polnisch sprichst.«

»Wirklich?«, fragte ich. »Meine Freunde haben Ihnen gesagt, dass ich ein schönes Polnisch spreche? Warum haben Sie sie denn zu meiner Person befragt?«

»Ich habe nicht gesagt, dass ich sie befragt habe«, antwortete er. »Und die Leute, die mir das gesagt haben, sind nicht unbedingt deine Freunde. Welche Sprachen beherrschst du sonst noch, Stefin?«

»Ich verstehe etwas Ukrainisch, weil mein Vater es fließend sprach«, antwortete ich und bereute meine Worte sofort. Wenn er mich jetzt nach dem Namen meines Vaters oder dem meiner Mutter fragte, würde er merken, dass ich zögerte. Hastig dachte ich mir zwei Namen aus.

»Iwkiewicz ist eigentlich kein polnischer Name«, sagte er,

»sondern entweder russisch oder ukrainisch. Woher kommst du also wirklich, Stefin?«

»Ich bin Polin«, antwortete ich. »Das müssten Sie doch am besten wissen!«

Ich war froh, dass er mich nicht nach den Namen meiner Eltern fragte.

»Wie viele Geschwister hast du, Stefin?«

Ich sprang auf und fauchte: »Wissen Sie denn nicht, was Ihre Landsleute meiner Familie in Pikule angetan haben? Sie haben das ganze Dorf mit Petroleum übergossen und angezündet. Alle sind verbrannt, nur ich und noch ein anderes Mädchen haben überlebt.«

Ich nahm mein Taschentuch heraus und wischte mir die Tränen von den Wangen. Ich war froh, dass ich weinen konnte, so wirkte es glaubwürdig, wenn ich vor Aufregung nicht antworten konnte, falls er auf die Idee kam, mich nach dem Namen des anderen Mädchens zu fragen. Aber zu meinem großen Glück fragte er nicht danach.

Sein freundlicher Blick verwirrte mich, denn ich hatte damit gerechnet, Feindseligkeit in seinen Augen zu sehen. Es verwirrte mich noch mehr, als er mich bat, am kommenden Sonntag schon um halb elf zur Polizeistation zu kommen, dann sei er allein im Dienst.

»Schreib deine Adresse hier auf diesen Zettel«, sagte er.

Diese Aufforderung war äußerst merkwürdig, schließlich kannte er meine Heimatadresse, stand sie doch auf meinem Ausweis. Doch ich konnte mich nicht widersetzen, also schrieb ich: »Pikule, Kreis Lublin« auf den Zettel. Ich hoffte, dass das so stimmte, denn ich war noch nie in Pikule gewesen. Ich wusste nur, dass es sich um ein winziges Dorf handelte, wo es wahrscheinlich weder Straßennamen noch Hausnummern gab. Ich spürte, dass er mir kein Wort glaubte, und ich konnte mir nicht erklären, warum er seine Zeit mit mir verschwendete, einem polnischen Ungeziefer. Endlich sagte er, ich könne gehen, und wünschte mir einen schönen Tag.

Ich musste mir etwas ausdenken, um dieser Zwangslage zu entkommen. Ich konnte mich nicht erinnern, wie oft ich schon in der Situation gewesen war, mir einen Plan zurechtzulegen, um mein Leben zu retten.

Da ich gerade nichts anderes zu tun hatte, entschloss ich mich, eine Frau namens Marysia zu besuchen, die auch sonntags freihatte. Sie hatte in Deutschland geheiratet, und sie und ihr Mann arbeiteten für eine reiche deutsche Familie. Marysia und ihr Mann waren beide Analphabeten, und manchmal schrieb ich für sie Briefe nach Polen. Darüber waren sie sehr froh, und zum Dank gaben sie mir hin und wieder etwas Brot und frisches Obst.

Zu dritt machten wir einen langen Spaziergang und gelangten schließlich in den Park. Als wir uns auf eine Bank setzten, spürte ich, dass meinen Freunden etwas auf den Nägeln brannte.

»Mein Mann hat mich gebeten, dir etwas zu sagen«, begann Marysia. »Du sonderst dich gern ab, und uns ist aufgefallen, dass du dich kaum für Jungs interessierst, Stefciu. Uns ist nicht entgangen, dass du einsam bist. Mein Mann hat einen sehr netten Vetter, der in Bitterfeld arbeitet, das ist ganz hier in der Nähe. Wir finden, er wäre genau der Richtige für dich.« Sie schauten mich erwartungsvoll an.

Plötzlich fiel mir das ukrainische Abzeichen am Kragen von Marysias Mann auf. Ich musste es schon oft gesehen haben, aber zum ersten Mal begriff ich seine Bedeutung: Es hieß, die Ukrainer seien fast genauso schlimm wie die Deutschen. Ich beschloss auf der Stelle, die Freundschaft mit den beiden zu beenden, denn mich beschlich der Verdacht, dass sie es waren, die mich an die Polizei verraten hatten.

Marysia ließ nicht locker. »Wir sind doch beste Freundinnen, oder? Und jetzt könnten wir sogar bald Verwandte sein! Stell dir das mal vor! Du wärst fast so was wie meine Schwägerin! Was sagst du dazu, Stefciu?«

Mir wurde ein bisschen schwindlig. Dann sagte ich, das wäre ganz großartig, aber ich sei noch nicht bereit, eine Ehe einzugehen. »Meine Freiheit ist mir wichtig, und ich möchte lieber warten, bis der Krieg vorbei ist. So wie die Deutschen grade an allen Fronten gewinnen, erobern sie noch die ganze Welt, sogar Amerika und England.«

»Ich hoffe, du behältst recht«, sagte Marysias Mann erfreut. »Du scheinst ja gut informiert zu sein. Dann bekommen wir auch unseren eigenen Staat. Das haben die Deutschen uns jedenfalls versprochen. Und du wärst eine von uns, Stefciu, wie unser eigen Fleisch und Blut.«

»Ehrlich gesagt, ich kenne einen netten Jungen in Janów. Wir schreiben einander. Aber ich denk drüber nach«, sagte ich.

»Versprochen?«

»Ja«, log ich. »Und danke, dass ihr so gute Freunde seid.«

Als wir uns zu den anderen gesellten, sagte ein Mädchen zu mir, ich machte ein Gesicht, als hätte ich gerade ein Gespenst gesehen. Ich konnte ihr nicht sagen, dass nicht ein Gespenst mir Sorgen machte, sondern der Gedanke, dass ich Marysia bald eine Antwort geben musste. Der Gedanke quälte mich, denn meine Antwort würde natürlich Nein lauten. Ich wusste nicht, wie sie und ihr Mann reagieren würden, aber ich wusste, sofern sie den Verdacht hatten, ich könnte Jüdin sein, würden sie mich auf jeden Fall verraten, wenn ich ihr Angebot ablehnte.

Dann entdeckte ich in einiger Entfernung den Polizisten, der mich am Morgen befragt hatte, und erstarrte. Es kam äußerst selten vor, dass ein Deutscher sich in diesen Park verirrte, und ich war mir ganz sicher, dass er gekommen war, um mich auf die Polizeistation abzuführen. Doch er warf nur einen kurzen Blick in meine Richtung, dann machte er auf dem Absatz kehrt und ging eilig davon. Ich entspannte mich wieder und mischte mich in ein gut gelauntes Gespräch ein. Alle hatten Geschichten von zu Hause zu erzählen, und ich, die größte Geschichtenerfinderin von allen, ließ mich auch nicht lumpen.

»Ich hab an die hundert Vettern und Kusinen«, sagte ich. »Fast alles Jungs. Die werden sich riesig freuen, wenn ich wieder nach Hause komme.« Ich sagte das so laut, dass Marysia und ihr Mann es auf jeden Fall hören konnten.

»Die machen dir bestimmt alle einen Heiratsantrag«, rief jemand. »Denn bis dahin bist du eine berühmte Schriftstellerin!«

Sofort sah ich die Enttäuschung in Marysias Gesicht. Sie wollte mich in ihrer Familie haben, begriff aber jetzt, dass das es dazu wohl nicht kommen würde. Trotzdem behandelte sie mich, als wären wir schon verwandt.

»Du hast doch neulich erzählt, dass du deinen Rosenkranz verloren hast«, sagte sie. »Wir haben dir einen neuen gekauft.«

»Ach, wie lieb von euch! Ich brauche ihn wirklich dringend.«

Auf dem Rückweg in die Sonnenstraße 9, wo sich das Gasthaus der Perlmutts befand, grüßte ich alle, denen ich begegnete, und zeigte stolz meinen neuen Rosenkranz. Die Leute würden glauben, dass ich jeden Sonntag in die Kirche ging. Dabei ging ich in Wirklichkeit nie zur Kirche, aber das wusste niemand, denn den Perlmutts und meinen Arbeitskollegen erzählte ich immer, ich würde mit meinen polnischen Freunden zusammen die Messe besuchen. Ich legte den Rosenkranz auf meine Kommode, sodass die Perlmutts ihn gleich sehen würden. Falls sie in meiner Abwesenheit in mein Zimmer kamen, dann konnten sie gleich allen davon erzählen.

Als ich an dem Abend im Bett lag, überlegte ich, ob ich

vielleicht versuchen sollte wegzulaufen. Doch das schien mir keine gute Idee zu sein. Man würde mich bestimmt einfangen, womöglich noch am selben Tag. Ich befand mich auf deutschem Boden, weit weg von polnischen Dörfern. Aber meine Situation war jetzt noch ernster, als sie es in Polen gewesen war. Obwohl ich mit vielen Leuten unter einem Dach lebte, hatte ich das Gefühl, wieder allein in einem dunklen, gefährlichen Wald zu sein. Die Menschen, unter denen ich lebte, waren jedenfalls nicht meine Freunde. Sie waren sehr gefährlich, viel gefährlicher als die Tiere, denen ich im polnischen Wald begegnet war.

Während der darauffolgenden Woche wurde ich in Ruhe gelassen. Ich nahm an, dass die Ukrainer jeden meiner Schritte genau verfolgten, doch ich tat so, als merkte ich es nicht. Ich fragte mich außerdem, warum die Deutschen mich nicht verhafteten. Worauf warteten sie? Auf die Frage gab es nur eine Antwort: Sie hörten sich in Janów um, und das brauchte Zeit. Aber das war egal, denn sie wussten ja, wo sie mich finden würden, sobald sie die gewünschten Informationen hatten. Ich zog jeden Tag ein sauberes Kleid an, um nur ja kein sauberes zurückzulassen, wenn die Nazis mich holen kamen.

Eine Kollegin im Gasthof fragte mich, warum ich mich neuerdings immer so fein machte. Schließlich ging ich nicht jeden Tag in die Kirche, sondern musste schmutzige Arbeit verrichten.

»Es macht mir einfach Spaß«, antwortete ich. »Und wie du siehst, habe ich viele Kleider.«

»Ja, das ist uns schon aufgefallen«, sagte sie. »Wir finden, dass du neuerdings ziemlich komisch geworden bist, so als würdest du jeden Augenblick damit rechnen, dass dein Prinz durch die Tür kommt.«

Ich schlug gespielt betrübt die Augen nieder. »Leider mögen die Jungs mich nicht«, sagte ich.

Plötzlich schien sie Mitleid mit mir zu haben und zu denken, ich machte mich fein, um meinen Minderwertigkeitskomplex zu überspielen, was natürlich Unsinn war. Trotzdem war ich froh, dass meine Antwort ihre Neugier befriedigte.

Im Lauf der Woche war der Polizist, der mich befragt hatte, mehrmals im Gasthof aufgetaucht. Bevor er sich ins Restaurant setzte, um zu essen und zu trinken, ging er immer in die Küche, um Frau Perlmutt zu begrüßen. Mir war klar, dass das nur ein Vorwand war, denn jedes Mal warf er mir einen verstohlenen Blick zu. Ich verstand nicht, warum er seinen Verdacht immer noch nicht gemeldet hatte. Aber womöglich hatte er das ja längst getan, dachte ich, und die Angelegenheit lag jetzt gar nicht mehr in seiner Hand. Ich war mir sicher, dass man mich sehr bald abholen würde.

Doch mit der Angst wuchs auch mein Kampfgeist. Ich war eine große Kämpferin, sagte ich mir immer wieder. Und es bestand lediglich der Verdacht, dass ich Jüdin war. Wenn sie Beweise hätten, dann hätten sie mich längst verhaftet und gefoltert. Vor der Folter hatte ich mehr Angst als vor dem Tod.

Die ganze Woche über konnte ich an nichts anderes denken als daran, dass sie vielleicht jeden Augenblick kommen würden, um mich zu holen. Als der Sonntag kam, wurde mir angst und bange bei dem Gedanken, zur Polizei gehen zu müssen, um meine Unterschrift zu leisten. Aber mir blieb nichts anderes übrig, als hinzugehen.

Ich betrat das Gebäude, nahm all meinen Mut zusammen und schaffte es, meinem Befrager gegenüber eine gleichgültige Miene aufzusetzen. Ich hatte mir ein schönes Kleid angezogen und wirkte nach außen hin gut gelaunt. Ich staunte nicht schlecht, als ich sah, dass der Polizist zwei Tassen Kaffee und zwei Stücke Kuchen bereitgestellt hatte und mich einlud, Platz zu nehmen. Er war genauso freundlich wie am Sonntag zuvor, doch zu meiner Bestürzung sagte er: »Weißt du, Stefin, die Juden in Lublin haben genauso geredet wie du.«

Mit meiner besten Unschuldsmiene, so als würde das Thema mich überhaupt nicht interessieren, fragte ich ihn: »Was sind Juden?«

»Willst du mir allen Ernstes erzählen, dass du nicht weißt, was Juden sind?«, fragte er mit gespielter Verwunderung.

Er erwartete keine Antwort, und ich gab ihm auch keine. Stattdessen erinnerte ich ihn daran, dass deutsche junge Männer eigentlich nicht mit polnischen Mädchen sprechen durften. Sofort bereute ich meine Worte und rief mir in Erinnerung, dass er mich nicht wirklich als Mädchen, sondern als Jüdin betrachtete. Aber wenn das der Fall war, warum lud er mich dann zu Kaffee und Kuchen ein? Das Ganze war wirklich total verwirrend, und ich sagte mir schließlich, dass er entweder immer noch nicht wusste, dass ich eine Jüdin war, oder dass er einfach nicht wollte, dass ich starb.

In der Nacht fand ich kaum Schlaf. Ich zerbrach mir den Kopf, wie ich diesen Polizisten davon überzeugen konnte, dass ich keine Jüdin war.

Am darauffolgenden Sonntag ging ich wieder zur Polizeistation, aufrecht und ein Lächeln im Gesicht. Diesmal wartete ich nicht ab, bis der Polizist etwas sagte, sondern plapperte gleich drauflos.

»Letzte Wochen haben Sie mich gefragt, was Juden sind, und meine polnischen Freunde haben mir jetzt genau erklärt, wie Juden aussehen.« Ich lächelte den Mann an. »Meine Freunde sagen, Juden haben dunkle Augen und dunkles Haar, genau wie Sie.« Dann fragte ich ihn frech, warum er sich so sehr für Juden interessiere.

Er erwiderte mein Lächeln und sagte nichts.

Ich glaubte eigentlich nicht, dass ich viel erreicht hatte, und rechnete immer noch damit, dass man mich abholen würde.

Ich vermutete, dass Marysia und ihr ukrainischer Ehemann mich verraten hatten. Aber hatte der Polizist nicht gesagt, es seien nicht meine Freunde gewesen, die mich verraten hatten? Trotzdem konnten es nur Marysia und ihr Mann gewesen sein. Ihr ganzes Gerede von dem Vetter in Bitterfeld war ein Trick gewesen. Die beiden waren in Wirklichkeit gar nicht meine Freunde, sondern meine Feinde, dachte ich.

Am folgenden Sonntag marschierte ich schnurstracks in das Büro des Polizisten und sagte zu ihm: »Ich hoffe, dass Sie mir heute nicht wieder die gleichen albernen Fragen stellen. Zur Abwechslung können Sie ja mal die anderen mit Ihren Fragen belästigen, die draußen Schlange stehen. Ich habe heute meinen freien Tag, und meine Freunde warten schon auf mich.«

Dann drehte ich mich mit pochendem Herzen um und verschwand, so schnell ich konnte, aus dem Büro. Ich rechnete damit, dass er mir folgen würde, weil ich so unverschämt gewesen war, doch er kam nicht.

Schon bald bereute ich, was ich getan hatte, und ging zurück, um mich zu entschuldigen, aber die Polinnen und Ukrainerinnen im Warteraum bombardierten mich mit Fragen, bevor ich dazu kam.

»Warum bleibst du immer so lange da drin?«, fragten sie. »Wir gehen da nur rein und wieder raus. Bespitzelst du uns etwa? Wir dürfen nicht mit dem Mann reden, und er darf nicht mit uns reden.«

»Das weiß ich«, antwortete ich. »Das nächste Mal erinnere ich ihn daran.«

»Will er dich vielleicht heiraten?«

Ich lachte. »Ich glaube nicht, dass er sich für mich interessiert, für ihn bin ich doch polnisches Ungeziefer.«

Ein Mädchen namens Helena entgegnete: »Was sagst du da?«

»Ach, das hat mal ein Deutscher zu mir gesagt, nachdem er erfahren hatte, dass ich Polin bin.«

Ihre Miene verfinsterte sich, und sie knirschte vor Wut mit den Zähnen. Die anderen begannen, die Deutschen zu beschimpfen.

»Polnisches Ungeziefer! Wir sind viel besser als die Deutschen, und eines Tages werden wir unser Land zurückerobern.«

»Ja, genau!«, stimmte ich zu, und alle nickten.

»So ein nettes Mädchen wie dich hat er jedenfalls nicht verdient. Außerdem solltest du sowieso einen Polen heiraten. Tadeusz zum Beispiel. Der ist sehr nett! Wir wissen, dass er dir einen Heiratsantrag gemacht hat und dass du Nein gesagt hast.«

»Ich muss erst die Schule abschließen, bevor ich ans Heiraten denken kann«, sagte ich. »Ich hab ja nicht mal die Grundschule beendet.«

»Außerdem musst du dein Buch schreiben«, erinnerte mich jemand.

»Das habe ich nicht vergessen«, antwortete ich. Und um von dem Polizisten abzulenken, setzte ich hinzu: »Möchte wissen, wie lange es noch dauert, bis wir wieder zu unseren Lieben zurückkönnen. Ich hab solches Heimweh! Wie geht es euch?« Sie sollten nicht denken, dass ich einen Deutschen heiraten würde, einen Feind.

Am nächsten Sonntag saß ein anderer Mann am Schreibtisch, und der zeigte nicht das geringste Interesse an mir. Ich war einerseits erleichtert, fragte mich jedoch andererseits, wer mich als Nächster quälen würde.

Kurze Zeit später wurde im Radio berichtet, dass das Warschauer Ghetto brannte und alle Juden in ihren Häusern starben. Instinktiv unterbrach ich meine Arbeit, um zuzuhören, woraufhin eine Kollegin mich sofort misstrauisch fragte, wieso ich so viel Deutsch verstand, dass ich den Bericht verfolgen konnte. Hastig antwortete ich, ich hätte nur ein paar Worte über eine Theatergruppe in Warschau aufgeschnappt. Die Deutsche lachte lauthals und berichtete mir höhnisch, was der Radiosprecher in Wirklichkeit gesagt hatte. Aber ich durfte keine Gefühle zeigen und mir nicht anmerken lassen, dass mich das alles interessierte. Und ich musste darauf achten, so zu tun, als wäre mein Deutsch immer noch bruchstückhaft.

Als Frau Perlmutt mich das nächste Mal bat, ihr ein Ei aus der Vorratskammer zu holen, fragte ich sie, was ein Ei sei. Sie sagte, es sei weiß und rund, und ich brachte ihr absichtlich einen Laib Weißbrot.

»Aber ich habe dir doch gesagt, dass es klein ist«, sagte Frau Perlmutt. Also brachte ich ihr ein Brötchen.

Frau Perlmutt regte sich furchtbar auf, schimpfte, ich würde nie richtig Deutsch sprechen lernen, und schickte jemand anderen nach dem Ei.

»Die ist zu blöd, um irgendwas zu kapieren«, schimpfte Herr Perlmutt mit rotem Gesicht. Frau Perlmutt erklärte ihm und den anderen jedoch, ich sei kein hoffnungsloser Fall, und erinnerte sie daran, dass ich mir aus großen Bögen Transparentpapier wunderschöne Gardinen gebastelt hatte; selbst die Nachbarn seien gekommen, um sie zu bewundern, und hätten über mein aufgeräumtes Zimmer gestaunt. Eine Nachbarin hatte einmal zu Frau Perlmutt gesagt, so ein fleißiges Mädchen wir mich könne sie auch gebrauchen, und sie würde mich sofort übernehmen, wenn Frau Perlmutt mich nicht mehr brauchte. Aber Frau Perlmutt wollte mich nicht abgeben und sagte: »Wenn sie erst einmal loslegt, arbeitet sie wie eine Maschine. Obwohl es stimmt, dass sie manchmal vollkommen begriffsstutzig ist, was mich immer wieder wundert.«

Nach Frau Perlmutts Kompliment sagte ich mir, dass ich

ruhig ein bisschen mehr durchblicken lassen konnte, wie gut mein Deutsch inzwischen war, und ein paar Monate später konnte ich mich schon ganz gut mit ihr unterhalten, worüber sie sich sehr freute.

»Weißt du, Stefin«, sagte sie immer wieder. »Ich hatte von Anfang an den Eindruck, dass du eigentlich ein intelligentes Mädchen bist. Nur weil das mit deinem Deutsch so lange gedauert hat, haben wir dich für dumm gehalten.«

Ich nahm mir vor, noch mehr zu arbeiten und dafür zu sorgen, dass die Perlmutts so wenig Geld wie möglich ausgeben mussten. Sie würden keinen Fensterputzer mehr brauchen, denn ich hatte keine Höhenangst und war bereit, mein Leben zu riskieren, um alle Fenster im Haus spiegelblank zu putzen.

Es gab nur eine Aufgabe, die mir zutiefst widerstrebte, nämlich die Wochenzeitung *Der Stürmer* für die Soldaten auszulegen, denn die war voll mit antisemitischer Hetze. Sie enthielt Bilder von Juden mit hässlichen Fratzen, die kaum noch menschlichen Gesichtern ähnelten. Wenn ich die neueste Ausgabe dieses Wochenblatts ausgelegt hatte, ging ich manchmal nach oben in mein Zimmer und betrachtete mich im Spiegel, um mich davon zu überzeugen, dass ich überhaupt nicht so aussah wie die Juden in diesen Zeichnungen. Auch meine schönen Schwestern und meine Freundinnen hatten keinerlei Ähnlichkeit mit diesen Fratzen gehabt.

Wenn ich abends an diese Karikaturen dachte, überkam mich eine solche Wut, dass ich gar nicht einschlafen konnte. Ich begriff einfach nicht, wie ein Volk, das so wunderbare Musik und so hohe Literatur hervorgebracht hatte, so dumm sein konnte zu glauben, dass es sich bei diesen Zeichnungen um wahrheitsgetreue Porträts von Juden handelte! Wie hatten die Deutschen in so kurzer Zeit so tief sinken können? Wie war es möglich, dass sie alle den Verstand verloren hatten und nach der Pfeife eines einzigen Mannes tanzten?

Meine Eltern hatten immer gesagt: »Ein junger Verstand ist noch weich und lässt sich leicht verbiegen. Während wir heranwachsen, übernehmen wir Gutes, aber auch Schlechtes von anderen Menschen. Umgebt euch immer mit guten Menschen, dann werdet ihr auch gute Menschen.«

Erst jetzt begriff ich, was sie damit gemeint hatten.

23

Sieg über einen Polizisten

Nach einer Weile war mein Deutsch ziemlich fließend, und ich klang fast wie eine Muttersprachlerin. Die Perlmutts hielten mich nicht länger für dumm. Sie schlossen mich in ihr Herz und erlaubten mir immer häufiger, den Gasthof zu verlassen. Donnerstags nachmittags war der Gasthof geschlossen, und wenn ich meine Arbeit erledigt hatte, durfte ich gehen. Allerdings gab es eine Ausgangssperre. Ausländische Arbeitskräfte durften sich nach acht Uhr abends nicht mehr außer Haus aufhalten. Außerdem mussten alle Ausländer Abzeichen tragen. Wir Polen zum Beispiel mussten uns ein *P* auf den Kragenaufschlag oder auf die linke Brustseite sticken. Und es war Ausländern nicht gestattet, die Stadt zu verlassen, in der sie zum Arbeitseinsatz eingeteilt worden waren.

Aber ich entfernte das *P* häufig, genauso wie ich es in Polen mit dem gelben Davidstern gemacht hatte, und ging unbemerkt aus dem Haus. Manchmal ging ich zum Friseur, wo man mich für eine Deutsche hielt. Oder ich besuchte eine Schneiderin, eine freundliche junge Frau, die mir aus irgendeinem Grund hin und wieder ein Kleid schenkte. Einmal war ich besonders mutig und ging sogar ins Kino. Das war uns streng verboten, aber ich riskierte es trotzdem, denn das Kino war der einzige Ort, wo ich mir ungestört die Nachrichten über den Krieg anhören konnte.

Einige meiner polnischen Bekannten, die anfangs in der Schokoladenfabrik eingesetzt worden waren, arbeiteten inzwischen auf einem Bauernhof in einem Dorf nahe unserer Stadt. Möglicherweise gab es einen Zug, der dorthin fuhr, aber da es mir verboten war, die Stadt zu verlassen, habe ich mich nie danach erkundigt. Als ich eines Tages nichts Besonderes zu tun hatte, entschloss ich mich, zu diesem Bauernhof zu wandern.

In demselben Dorf, nicht weit von dem Bauernhof entfernt, befand sich ein Kriegsgefangenenlager. Die russischen Soldaten waren so abgemagert, dass sie eher halb verhungerten Tieren glichen als menschlichen Wesen. Ich wusste nur zu gut, was Hunger bedeutete, und war fest entschlossen, diesen armen Russen zu helfen, egal, wie gefährlich das war.

Am darauffolgenden Sonntag nahm ich einen Laib Brot, etwas Butter und einen Schinken aus der Vorratskammer des Gasthofs und machte mich auf den Weg. Am Kriegsgefangenenlager schob ich die Lebensmittel durch den Zaun.

»*Spasibo, spasibo, diewushka!*«, riefen die Männer. »Danke, danke, junge Frau!« Sie hatten keine Messer, um den Schinken zu schneiden, und machten sich mit den Zähnen darüber her wie hungrige Geier. Es bereitete mir große Freude, ihnen etwas zu essen geben zu können. Ich wusste, dass ich ein großes Risiko einging, aber das war ja meine Spezialität. Damit kannte ich mich wirklich aus, und wenn es eine Sünde war, für diese armen Kreaturen zu stehlen, dann war ich bereit, meine Strafe dafür zu akzeptieren.

Ich schaute mich kurz um, und als ich das Gefühl hatte, dass keine Gefahr drohte, ging ich weiter. Aber auf dem Weg zu dem Bauernhof, wo meine Freunde arbeiteten, begegnete ich einer Deutschen, die mich misstrauisch beäugte. Sie schien zu wissen, dass ich Ausländerin war und eigentlich ein *P* an der Jacke haben müsste.

Ein paar Stunden später kam ein Polizist auf den Hof und durchsuchte meine Tasche. Er fand nichts außer meinem Taschentuch. Dann brachte er mich in seinem Pferdekarren zurück in die Stadt. Unterwegs sagte er kein Wort, drehte sich jedoch gelegentlich um und warf mir böse Blicke zu. Ich hielt seinem Blick stand, der Mann machte mir keine Angst. Egal, welche Strafe man mir aufbrummen würde, es würde nicht die Todesstrafe sein, denn er hatte nicht gesehen, wie ich den Russen etwas zu essen gegeben hatte.

Er setzte mich in der Nähe seiner Polizeistation ab und sagte mir, ich würde bald von ihm hören. Ich glaubte nicht, dass ich ihn jemals wiedersehen würde, was ziemlich naiv von mir war.

Ein paar Tage später kam er zum Gasthof. Ich war gerade in der Waschküche beschäftigt. Er hielt mir einen Strafzettel unter die Nase, in dem ich beschuldigt wurde, das *P* von meiner Jacke entfernt und mich außerhalb der Stadt aufgehalten zu haben.

Ich war eine nützliche Sklavin, und mein Leben war nicht in Gefahr. Mit versteinerter Miene sagte ich zu dem Polizisten: »Diesen Strafzettel werde ich mir eines Tages einrahmen und in meinem Wohnzimmer an die Wand hängen, damit jeder sehen kann, welche Verbrechen ich begangen habe. Natürlich habe ich das *P* entfernt, denn mit dem Abzeichen an der Jacke hätte ich die Stadt nicht verlassen dürfen, um meine Freunde zu besuchen. Was für ein schlimmes Verbrechen!«

Als er versuchte, mir den Strafzettel wieder abzunehmen, riss der Zettel entzwei. Jetzt wusste er nicht, was er tun sollte. Auf mich wirkte er ein bisschen ängstlich, wahrscheinlich wurde ihm klar, dass ich zu viel wusste.

Da ich mich inzwischen immer wieder unter Deutsche mischte, die mich für eine von ihnen hielten, hatte ich erfahren, dass die deutsche Armee gar nicht mehr an allen Fronten siegreich war. Ich hatte begriffen, dass die Deutschen bereits auf der Verliererseite waren. Ihr großer Führer schien zu schrumpfen, und es war nur noch eine Frage der Zeit, bis er sich geschlagen geben musste. Ich wollte es unbedingt miterleben, wie die Unterdrückten befreit wurden und die schrecklichen Henker und ihr geliebter Führer zugrunde gingen.

Ich war sehr begierig, Näheres über die aktuelle Situation in Erfahrung zu bringen, hatte aber nur wenige Möglichkeiten dazu. Ich durfte nicht Radio hören, so als würde mich das alles nichts angehen, und inzwischen trauten sich die Deutschen auch immer weniger, über den Krieg zu reden. Es war streng verboten, den Glauben an Hitler aufzugeben; das war ein Verbrechen, für das man auf die »schwarze Liste« kam und mit dem Tod bestraft werden konnte. Deutschen war es außerdem strengstens verboten, ausländische Radiosender zu hören, aber viele taten es trotzdem, wohl wissend, welcher Gefahr sie sich damit aussetzten.

Dem Polizisten, der mir den Strafzettel gebracht hatte, schien allmählich zu dämmern, was alle Ausländer längst begriffen hatten. Wahrscheinlich fing er an, sich zu fragen, was wohl mit ihm passieren würde, wenn der Krieg vorbei war. Er wirkte eher ängstlich als wütend, und das gefiel mir, denn ich wurde immer zuversichtlicher, den Krieg zu überleben.

Er ließ die Sache fallen, und alle sahen, dass ich einem hochdekorierten Polizisten Angst gemacht hatte.

24

Hoffnungsschimmer

Der riesige Keller des Gasthofs war in mehrere Bereiche aufgeteilt. Ein Teil diente als Luftschutzraum, in einem anderen lagerten die Bierfässer, in einem dritten lagen frisch gebackene Brote und Kuchen in Regalen. Es gab auch Schränke mit Kleidung für alle, für den Fall, dass das Haus ausgebombt wurde.

Eines Tages konnte ich dem Duft des frisch gebackenen Brots nicht widerstehen und ersann eine Möglichkeit, meinen Appetit zu stillen. Wir bekamen drei Mahlzeiten pro Tag, aber so viel, wie ich arbeitete, brauchte ich mehr. Außerdem bekamen die anderen Angestellten ja zusätzlich zu Hause zu essen.

An einem Sonntagmorgen schlich ich früh, als alle anderen noch schliefen, barfuß in den Keller und nahm eins meiner Kleider aus dem Schrank. Dann nahm ich einen Laib Brot, schnitt ein großes Stück Kuchen ab und wickelte beides in das Kleid. Ich schaltete das Licht aus und eilte wieder nach oben.

Auf der Treppe lief ich dem Stallburschen über den Weg, ein alter Mann, der sehr hart arbeitete. Er rieb sich die Augen und wirkte sehr müde. Er musste die Pferde nicht nur füttern, sondern auch striegeln. Er stammte aus einer alteingesessenen Familie und war von Natur aus sehr liebenswürdig, daran hatte auch Hitler nichts geändert.

»Guten Morgen, Herr Storzmann«, sagte ich in einem freundlichen, arglosen Ton zu dem verdutzten Mann.

»Was machst du denn hier so früh am Morgen?«, wollte er wissen.

»Ich konnte nach dem Fliegeralarm nicht mehr schlafen«,

sagte ich. »Ich hab die ganze Nacht überlegt, welches Kleid ich heute anziehen soll, wo doch heute Sonntag ist.«

Herr Storzmann zweifelte meine Geschichte nicht an, und ich ging weiter nach oben. Dann fiel mir ein, dass ich einen Laib Brot an einer Stelle im Regal abgelegt hatte, wo er nicht hingehörte. Man würde mich bestimmt nicht schwer bestrafen, trotzdem wollte ich nicht als Diebin auffallen, denn das würde nicht nur bedeuten, dass man mich von da an schärfer beobachtete, sondern auch, dass mein guter Ruf ruiniert wäre. Um das zu verhindern, ging ich noch einmal nach unten, mein Kleid unterm Arm. Herr Storzmann stand immer noch auf der Treppe, und ich erklärte ihm, ich hätte das falsche Kleid aus dem Schrank genommen und müsse noch mal nach unten, um es auszutauschen.

Ich legte das Brot an die richtige Stelle und tauschte das Kleid gegen ein anderes aus, ein schönes wollenes, das ich dann natürlich auch anziehen musste. Allerdings war Sommer, und das Kleid war viel zu warm. Erst am Nachmittag fand ich eine Gelegenheit, mir etwas Sommerliches anzuziehen. Aber niemandem war das wollene Kleid aufgefallen und auch nicht, dass ich mich umgezogen hatte. Die Leute hatten andere Sorgen.

Inzwischen gab es immer häufiger Fliegeralarm; es verging kaum eine Nacht, ohne dass britische Bomber Angriffe auf die größeren Städte in der Nähe flogen. Die amerikanischen Bomber kamen immer tagsüber. Da wir nur deutsches Radio hören durften, sprachen sich die Neuigkeiten über den Vormarsch der Alliierten nur sehr langsam herum. Aber immer wieder sah ich Herrn Perlmutt heimlich ausländische Radiosender hören.

Mir fiel auch auf, dass er die Soldaten neuerdings mit »Guten Morgen« begrüßte anstatt mit »Heil Hitler«.

Die jungen indoktrinierten Männer, die im Gasthof zum

Essen kamen, beschimpften ihn für seinen »Verrat« und drohten ihm ganz offen. »Warten Sie, bis der Krieg vorbei ist«, sagten sie zu ihm. »Sie stehen auf der schwarzen Liste.« Wir wussten alle genau, dass das wahrscheinlich die Todesstrafe für ihn bedeutete. Ich fragte mich, ob die Deutschen tatsächlich sogar ihre eigenen Leute hinrichten würden.

Ich begriff immer mehr, was für ein skrupelloser Staatsmann Hitler war. Ein Menschenleben auszulöschen bedeutete ihm nichts – selbst wenn es ein deutsches Leben war. Und all diese jungen Soldaten waren ihm treu ergeben, sie hatten ihre Menschlichkeit längst vergessen.

Ein paar Mal hörte ich die Soldaten über ihre japanischen Verbündeten scherzen.

»Die glauben tatsächlich, wir werden hinterher alles mit ihnen teilen«, sagte ein Soldat.

»Sollen sie doch«, sagte ein anderer. »Wir brauchen sie jetzt. Wir wissen ja, was wir später mit ihnen machen!«

Alle lachten.

Aber ihre Großspurigkeit bekam auch Risse. Manchmal sangen sie ein Lied, das zeigte, dass sie nicht mehr so recht an den Sieg glaubten.

Schön ist die Nacht, der Himmel bewacht.
Die englischen Flieger kommen zu uns, jede Nacht.

Die Soldaten lamentierten, aber ich jubelte innerlich, denn meine Überzeugung wuchs, dass ich den Krieg tatsächlich überleben würde. Ich wollte unbedingt mehr Informationen haben, aber von meinen Kolleginnen konnte ich sie nicht bekommen.

An einem meiner freien Tage nahm ich Malach auf den Arm und entschloss mich spontan, nach Leipzig zu fahren, wo ich schon mehrmals gewesen war. Natürlich war ich ziemlich nervös und hoffte, niemandem über den Weg zu laufen, der mich kannte und wusste, dass ich Polin war.

Der Zug war sehr voll, und ich musste mich notgedrungen zwischen andere Fahrgäste quetschen, die natürlich alle Deutsche waren. Auf der Hinfahrt saß ich zwischen zwei Soldaten. Sie hielten mich für eine Deutsche und sprachen mich an. Aus Angst, sie könnten merken, dass Deutsch nicht meine Muttersprache war, fragte ich sie gleich, aus welcher Region sie stammten. Nachdem sie es mir gesagt hatten, behauptete ich, ich käme aus einem ganz anderen Teil Deutschlands.

»Hör dir das an, die hat ja einen lustigen Akzent«, sagte einer der beiden.

»Das ist mir egal«, sagte der andere. »Mir gefällt, wie sie spricht.«

Dann tat ich so, als wäre mir ihre Zutraulichkeit unangenehm, und setzte mich auf eine Bank, wo nur alte Leute saßen.

In Leipzig angekommen, ging ich schnurstracks in den Zoo, wo ich die Sonne und die Unschuld der Tiere genoss. Als ich gerade die Affen fütterte, sprachen mich drei Mädchen an. Sie erzählten mir, dass sie sich in einer billigen Unterkunft ein Zimmer teilten, und ich fragte, ob ich bei ihnen übernachten könne. Ich sagte, ich hätte mich mit meiner Stiefmutter gestritten und wolle noch nicht wieder nach Hause.

Sie freuten sich, mich kennengelernt zu haben, und sagten zu. Ich war überglücklich. Ich war losgezogen, um Informationen über die Kriegssituation zu bekommen, und das war eine vielversprechende Gelegenheit. Ich wollte wissen, wie weit die Alliierten vorgedrungen waren, und es war mir egal, welche Konsequenzen mein Verhalten nach sich ziehen würde und was mich erwartete, wenn ich in den Gasthof zurückkehrte. Ich spielte wieder die Dumme: ein Mädchen, das sich kein bisschen für Politik interessierte und deren einzige Sorge ihre böse Stiefmutter war.

Eins der Mädchen wirkte sehr bedrückt; sie trug eine

schwarze Armbinde. Sie erzählte mir, dass ihr Verlobter kürzlich bei Krakau gefallen war und dass die Deutschen sich auf dem Rückzug befanden. Ich jubelte innerlich und wünschte mir, wenigstens einer aus meiner Familie hätte überlebt. Erst jetzt wurde mir bewusst, wie einsam ich in Zukunft sein würde, und ich fragte mich, ob es eine kluge Entscheidung gewesen war, so verzweifelt ums Überleben zu kämpfen. Doch als ich merkte, dass ich begann, die Hoffnung zu verlieren, schüttelte ich die trüben Gedanken ab wie einen bösen Traum. Jetzt die Hoffnung aufzugeben, sagte ich mir, wäre dumm. Endlich würde ich frei sein, und ich würde meine Freiheit nutzen, um der Welt zu berichten, zu welchen Gräueltaten Menschen fähig sind.

Nachdem ich eine Weile mit den Mädchen geplaudert hatte, legte ich mich hin und tat so, als würde ich schlafen. Ich wollte die Gespräche der drei belauschen und endlich Genaueres über die derzeitige Lage erfahren. Ich schnarchte sogar ein bisschen, um sie zu überzeugen, dass ich auch wirklich schlief.

Ich brauchte nicht lange darauf zu warten, dass sie zu reden begannen. Das Mädchen, deren Verlobter kürzlich gefallen war, beklagte sich bitterlich, Hitler würde sie alle betrügen. Die drei schienen jede Hoffnung auf einen Sieg der Deutschen verloren zu haben. Ich konnte mein Glück kaum fassen und lauschte angestrengt, um nur ja kein Wort zu verpassen.

Schon bald waren sie alle drei in Tränen aufgelöst. Es tat gut zu wissen, dass jetzt die Deutschen mit Trauern an der Reihe waren. Plötzlich hatte ich das Bedürfnis, diesen deutschen Mädchen Angst einzujagen. Sie sollten sich einmal genauso vor den deutschen Soldaten fürchten, wie ich es all die Jahre getan hatte. Ich hob den Kopf und begann sie zu schelten.

»Hab ich recht gehört? Ihr beklagt euch über Hitler?«, sagte ich. »Habt ihr etwa den Glauben an unseren Führer verloren? Man sollte meinen, ihr wärt gar keine Deutschen! Ihr solltet euch was schämen!«

Sie waren total verblüfft über meinen Ausbruch und schauten mich mit großen Augen an, als fürchteten sie, ich sei eine Spionin. Sie boten mir Geschenke an und flehten mich an, sie nicht zu verraten. Ich bat sie um Verzeihung für meine harschen Worte und fragte, ob sie vielleicht etwas zu essen für mich hätten. Dann schlief ich wieder ein. Am nächsten Morgen bedankte ich mich bei den Mädchen und versprach ihnen, niemandem zu verraten, was ich gehört hatte.

Auf dem Weg zum Bahnhof hüpfte ich vor Freude. Die Leute starrten mich an, aber es war mir egal, ob sie mich für einfältig oder sogar für verrückt hielten.

Aber das berauschende Gefühl der bevorstehenden Freiheit verflog, als ich an die unsichere Zukunft dachte, die mir nach dem Krieg bevorstand. Ich hatte mitansehen müssen, wie die barbarischen Horden mein Heim, meine Familie und mein ganzes Volk ausgelöscht hatten, und ich lebte nun als Flüchtling und als Sklavin unter Fremden. Was würde ich nach dem Krieg tun? Wo sollte ich hin?

Als ich im Gasthof eintraf, schalten mich die Perlmutts, weil ich über Nacht ausgeblieben war, aber ich reagierte nicht darauf; sollten sie denken, was sie wollten. Ich war nur froh, dass ich meine Arbeitsstelle noch hatte und dass sie sich freuten, mich wiederzusehen. Vorerst war der Gasthof mein Zuhause, und ich ging frohgemut auf mein Zimmer. Ich zog mich um, ging nach unten und machte mich an die Arbeit. Ich lächelte alle an, egal, ob sie mein Lächeln erwiderten oder nicht. Niemand fragte mich, warum ich plötzlich so gut gelaunt war. Jetzt, wo die Lage sich von Tag zu Tag verschlimmerte, stand ich nicht mehr im Zentrum der Aufmerksamkeit.

Alle Angestellten des Gasthofs waren entsetzt über die Entwicklung, die der Krieg für die Deutschen nahm, und sie behandelten mich von Tag zu Tag mit mehr Respekt. Aber es interessierte mich nicht mehr, wie sie mit mir umgingen; ich träumte nur noch von der Freiheit und hatte nicht vor, auch nur eine Minute länger als nötig in Deutschland zu bleiben. Ich träumte von Palästina und von einem neuen Leben unter meinesgleichen.

Als ich eines Nachmittags durch die Stadt schlenderte, sprach mich ein deutsches Ehepaar mittleren Alters an. Sie stellten sich als Herr und Frau Ehrhardt vor. Der Name machte mich neugierig, denn ich hatte einmal von einer jüdischen Familie gehört, die so hieß. Zu meiner großen Enttäuschung waren sie jedoch Protestanten. Sie luden mich ein, am kommenden Sonntag zu ihnen zum Tee zu kommen. Sie erzählten mir, dass sie keine Kinder hatten und dass sie sich über jede Gelegenheit freuten, intelligente Gespräche zu führen. Irgendwie fühlte ich mich zu den beiden hingezogen, und mir fehlten Gespräche noch viel mehr als ihnen. Die beiden wirkten zwar ziemlich einsam, doch ich fragte mich, warum sie ausgerechnet mich, eine Wildfremde, zu sich einluden.

Ihr Haus war sehr sauber und ordentlich, sie suchten also keine Putzfrau. Sie schienen wirklich nur an Freundschaft interessiert zu sein. Trotzdem war ich mir nicht sicher, ob es klug gewesen war, eine Einladung von Fremden zu akzeptieren. Als ich mich verabschiedete, sagten sie, ich sei bei ihnen jederzeit herzlich willkommen.

Am darauffolgenden Sonntag zog ich mir ein hübsches Kleid an und besuchte die Ehrhardts noch einmal. Ich genoss die entspannte Atmosphäre in ihrem herrlichen Garten, wo wir über Gott und die Welt plauderten – nur nicht über den Krieg und über Politik. Als Herr Ehrhardt sah, wie ich die Bücherregale im Wohnzimmer bewunderte, bot er mir an, mir ein paar Bücher auszuleihen. Er zeigte mir deutsche Klassiker und mehrere Bände von Shakespeare, von dem Balla einiges gelesen hatte. Sie hatte ihre Bücher aufgehoben, damit ich sie später lesen konnte. Aber dazu war es nie gekommen. Und jetzt stand ich vor all diesen Büchern. Aber ich zögerte. Ich war mir nicht sicher, ob es klug war zuzugeben, dass ich deutsche Bücher lesen konnte.

Einmal mehr fragte ich mich, ob die Ehrhardts wirklich nur freundlich waren oder ob die Polizei sie geschickt hatte, um mich auszuspionieren. Zwar konnten sie mir jetzt nicht mehr groß schaden; Pikule, mein angeblicher Heimatort, war längst von der russischen Armee besetzt worden, die Deutschen hatten also keine Möglichkeit mehr, meine wahre Identität herauszufinden. Aber was, wenn das Blatt sich wieder wendete und die Deutschen das Gebiet zurückeroberten? Ich konnte nichts anderes tun als beten und auf das Beste hoffen.

Einsam, wie ich war, besuchte ich die Ehrhardts immer wieder, und sie wuchsen mir mit der Zeit wirklich ans Herz. Frau Ehrhardt erinnerte mich an meine Tante Suri, die Schwester meines Großvaters, die auch keine Kinder gehabt hatte und ganz vernarrt in mich gewesen war. Die Ehrhardts behandelten mich, als wäre ich etwas ganz Besonderes, sie setzten mir meine Lieblingsspeisen vor und schenkten mir sogar ab und zu ein hübsches Kleid. Trotzdem konnte ich den Verdacht nie ganz abschütteln, dass sie mich ausspionierten, entweder im Auftrag der Perlmutts oder im Auftrag der Polizei.

Ich nahm mir vor, sie bei meinem nächsten Besuch genauer zu beobachten. Soweit ich das beurteilen konnte, waren sie jedoch einfach nette Leute, denen ich leidtat, weil ich in so jungen Jahren von meiner Familie getrennt worden war. Trotzdem verstand ich nicht, wie sie auf mich gekommen waren. Doch schließlich fand ich es heraus.

Als ich wieder einmal an einem Sonntag bei ihnen zu Besuch war, schenkten sie mir eine schöne Halskette. Frau Ehrhardt ließ mir etwas Zeit, das Schmuckstück zu bewundern, dann sagte sie: »Du fragst dich vielleicht, wie wir von dir erfahren haben, Stefin.«

Ich wollte ihnen nicht sagen, wie sehr ich mir den Kopf darüber zerbrach, was sie zu mir geführt haben konnte, wo es doch viel hübschere Polinnen in der Stadt gab.

»Was wir dir jetzt sagen, liebe Stefin, muss unbedingt ein Geheimnis zwischen uns bleiben«, fuhr sie fort. »Der Polizeibeamte, der dich ein paar Mal gebeten hat, länger zu bleiben, ist ein Freund unserer Familie. Er wartet darauf, dass der Krieg zu Ende geht, dann will er um deine Hand anhalten. Du weißt sicher, dass es im Moment einem deutschen Mann nicht einmal erlaubt ist, mit einer Ausländerin zu sprechen.«

»Ja, das weiß ich«, antwortete ich. »Das habe ich dem Polizisten auch gesagt. Ich wollte nicht in Schwierigkeiten geraten. Aber ich bin nur eine polnische Arbeitskraft. Ich bin streng katholisch, und ich weiß, dass die Angehörigen der Wehrmacht alle Atheisten sind.«

»Liebe Stefin«, sagte Frau Ehrhardt. »Wir wissen, dass du die Perlmutts nur ein einziges Mal zur Kirche begleitet hast, und das war am Heiligen Abend neunzehnhundertzweiundvierzig.«

Sie hatten mich also tatsächlich ausspioniert! Wie dumm von mir zu glauben, ich würde den Krieg überleben. Was hatte ich bloß falsch gemacht? Irgendetwas musste ich getan haben, um ihren Verdacht zu erregen, aber ich wusste nicht, was es gewesen sein konnte. Ich musste unbedingt herausfinden, woher die Ehrhardts wussten, dass ich nicht in die Kirche ging. Nachdem ich lange darüber nachgrübelt hatte, kam ich zu dem Schluss, dass irgendeiner meiner polnischen Freunde mich verraten haben musste. Ich ging alle Polinnen durch, die ich kannte, aber keine kam infrage. Wenn auch nur eine von ihnen den Verdacht gehabt hätte, dass ich Jüdin war, hätte es sich sofort überall herumgesprochen. Dann wäre ich schon längst nicht mehr am Leben.

Schließlich fiel mir ein, dass eine Nachbarin der Perlmutts mich einmal zu meinem guten Deutsch beglückwünscht hatte, worauf ich scherzhaft geantwortet hatte, ich sei eben aus »Deitschland«, wie Deutschland auf Jiddisch ausgesprochen wird. Vermutlich hatte die Frau das brühwarm den Perlmutts erzählt, und die hatten es der Polizei gemeldet.

Aber die Ehrhardts jetzt zu meiden würde mir nichts nützen. Ich ging sie also wieder besuchen.

»Ist das nicht ein herrlicher Tag?«, sagte Herr Ehrhardt und bat mich, Platz zu nehmen.

Wir saßen wieder in ihrem schönen Garten, und der Tisch war festlich gedeckt, als wäre heute ein besonderer Tag. Vorsichtig fragte ich, ob jemand Geburtstag habe, woraufhin Herr Ehrhardt antwortete, wir könnten durchaus etwas zu feiern haben, wenn ich nur zustimmte.

»Wie meinen Sie das?«, fragte ich.

»Wir haben keine eigenen Kinder«, antwortete Herr Ehrhardt. »Und wir würden dich gern adoptieren, liebe Stefin.«

Ich war wie vom Donner gerührt. So liebenswürdig und warmherzig sie mir gegenüber waren, mit so etwas hatte ich nicht gerechnet. Ich traute mich nicht sofort, das Angebot abzulehnen. Aber ich musste es tun, denn ich hatte nicht vergessen, wer ich war, und ich wollte meinen jüdischen Glauben nicht ablegen. Hätte ich den Wunsch gehabt zu konvertieren, dann hätte ich nur zu einem Priester zu gehen brauchen, man hätte mich als Nonne verkleidet in einem Kloster versteckt. Aber ich stammte aus einer orthodoxen jüdischen Familie und wäre eher gestorben, als meinen Glauben zu verleugnen. Es war eine sehr schwierige Situation, und ich musste scharf nachdenken. Wieder einmal stand ich vor einem großen Dilemma.

Ich wusste genau, was passieren würde, falls die Ehrhardts sich entschlossen, tiefer in meiner Vergangenheit zu graben. Aber das Entscheidende war, dass ich mich nicht von ihnen adoptieren lassen *wollte.* Ich dankte den Ehrhardts für ihre Liebenswürdigkeit und erklärte ihnen, dass ich nach dem Krieg wieder zu meiner Familie zurückkehren wollte. Ich hatte die beiden inzwischen wirklich ins Herz geschlossen, erklärte ihnen jedoch, dass meine Antwort leider Nein lauten musste.

Sie sagten, sie würden das verstehen, fügten jedoch hinzu, ihr Angebot bliebe bestehen, falls ich es mir doch noch anders überlegen sollte. Ich besuchte sie weiterhin, so oft ich konnte, und redete sie von nun an mit Onkel und Tante an, was ihnen sehr zu gefallen schien. Aber die Frage, woher sie eigentlich wussten, dass ich keine Familie mehr hatte, ließ mir keine Ruhe. Das konnte nämlich wirklich niemand wissen außer dem Polizisten aus der Polizeistation.

Einmal kamen mehrere hochrangige deutsche Offiziere und mehrere einfache Soldaten in den Gasthof. Sie hatten die Tür offen stehen lassen, und ich sah, dass draußen auf dem Platz an die hundert russische Kriegsgefangene standen. Sie wirkten eher tot als lebendig; einige saßen in Schubkarren, die von ihren kräftigeren Kameraden geschoben wurden. Die Deutschen brauchten ihre Gefangenen nicht einmal zu bewachen, die hätten sowieso nicht fliehen können, so geschwächt, wie sie waren.

Ich hatte großes Mitleid mit den Russen und entschloss mich, ihnen zu helfen.

Die Männer sahen aus, als hätten sie seit einer Ewigkeit nichts mehr zu essen bekommen, und während die Deutschen es sich im Restaurant des Gasthofs gut gehen ließen, schlich ich in den Keller, nahm ein paar Brote aus dem Regal und lief damit nach draußen. Ich brach die Brote in kleine Stücke und warf sie den Russen zu, die sich sofort darauf stürzten. Mit Entsetzen sah ich, dass sie die Brotbrocken mit den Zähnen vom Boden aufhoben – anscheinend hatte man ihnen die Hände gebrochen. Sie sahen aus wie riesige Hühner, die mit dem Schnabel Körner aufpickten.

So tief können menschliche Wesen sinken, dachte ich. Wie viele Juden hatten wohl dasselbe Schicksal erlitten? Mir kamen die Tränen, doch ich unterdrückte sie sofort, denn ich wollte nicht, dass mich jemand fragte, warum ich weinte.

Die Deutschen hatten eine Menge Wein und Schnaps getrunken und hatten angefangen, lustige Lieder zu singen. Sie bekamen gar nicht mit, was draußen vor sich ging. Aber Herr Perlmutt hatte mich beobachtet. Ich bin mir sicher, dass er niemandem davon erzählt hat, außer vielleicht seiner Frau. Keiner von beiden fragte mich, warum ich den Russen Brot gebracht hatte, vermutlich, weil sie sich darüber freuten.

25

Geteilte Geheimnisse

Anfang 1945 stieg eine italienische Familie namens Paci im Gasthof ab. Die Tochter wirkte ein bisschen verloren. Ich fasste mir ein Herz und sprach sie an.

»Ich bin Stefania«, sagte ich zu ihr. »Ich komme aus Polen.«

»Ich bin Gina«, sagte sie. »Wir kommen aus Italien.«

»Auf der Landkarte sieht Italien aus wie ein Stiefel«, bemerkte ich.

Gina lachte. »Du warst wohl in der Schule ziemlich gut in Erdkunde, dass du dich daran erinnerst«, sagte sie. »Hattet ihr in Polen Deutsch in der Schule? Du sprichst es sehr gut.«

»Nein«, sagte ich. »Ich konnte kein Wort Deutsch, als ich herkam. Ich habe lange gebraucht, um es zu lernen.«

»Aber du sprichst fast fließend! Das ist erstaunlich für eine Polin.«

»Ich bin schon seit zweieinhalb Jahren hier, und meine Kolleginnen sind alle Deutsche«, sagte ich. »Aber obwohl ich ihre Sprache gelernt habe, wollen sie nicht mit mir befreundet sein.«

»Mich scheinen die Deutschen auch nicht zu mögen«, antwortete sie.

Was sie sagte, wunderte mich sehr, denn ihr Vater war ein hochdekorierter Offizier, und deutsche Frauen schwärmten doch für Soldaten, vor allem für Offiziere.

Innerhalb kürzester Zeit waren Gina und ich beste Freundinnen. Ich merkte, dass sie nicht sehr glücklich war, und vermutete, dass es dafür einen guten Grund geben musste.

»Warum bist du eigentlich immer so bedrückt?«, fragte ich sie schließlich. »Dir liegt doch etwas auf dem Magen.«

»Ich verstehe mich nicht gut mit meinem Vater«, erwiderte sie, wollte aber nicht mehr dazu sagen.

Ginas Eltern stritten sich oft laut; da jedoch niemand von uns Italienisch verstand, blieb uns der Grund für ihr Gezanke verborgen. Aber ich hatte von Anfang an den Eindruck, dass der Vater gegen Gina und ihre Mutter stand.

Mit der Zeit merkte ich, dass die Pacis keine normalen Leute waren. Auf jeden Fall waren sie reich, das erkannte ich schon allein an den Händen von Gina und ihrer Mutter, die zart und weich waren, im Gegensatz zu meinen, die vom vielen Arbeiten rau und zerschunden waren. Ich fragte mich, warum eine allem Anschein nach wohlhabende Familie sich in einem kleinen Gasthof in einem Dreibettzimmer einquartierte.

Irgendwann erzählte mir Gina, dass sie aus Italien hatten fliehen müssen. Den Grund dafür nannte sie mir nicht, doch ich vermutete, dass es etwas Politisches sein musste. Gina tat mir leid, aber je gefährlicher die Situation für die Pacis wurde, desto näher rückte für mich der Tag der Freiheit.

Die Pacis plauderten freimütig mit den Deutschen, doch sobald ich mich näherte, wurde nur noch über das Wetter geredet. Mir kam der Verdacht, dass sie über mich sprachen. War Signor Paci etwa in das Gasthaus geschickt worden, um mich auszuspionieren? Aber falls dem so war, warum hatte er dann seine Frau und seine Tochter mitgebracht? Vielleicht hatte Gina ja den Auftrag, mich auszuquetschen, schoss es mir durch den Kopf.

Andererseits war mir aufgefallen, dass sie schrecklich beunruhigt wirkten, wenn sie die Nachrichten im Radio verfolgten, und so kam ich zu dem Schluss, dass ihre Anwesenheit im Gasthof einen anderen Grund haben musste. Sie waren nervös, weil es für die Deutschen und die Italiener immer schlechter aussah. Ich sagte mir, dass das für mich eine gute Gelegenheit war, mehr in Erfahrung zu bringen.

Ich lud Gina zu einem Spaziergang ein in der Hoffnung, ihr ein paar Informationen über die aktuelle Lage zu entlocken. Wir schlenderten durch die Straßen der Stadt, und ich lächelte sie an. »Du siehst so traurig aus, Gina«, begann ich. »Ich wünschte, ich könnte dich irgendwie aufmuntern. Ist in eurer Familie etwas Schlimmes vorgefallen? Ist vielleicht jemand gestorben?«

»Viele Männer aus meiner Familie sind gefallen«, erwiderte sie. »Sie waren alle in der Armee.«

»Du meinst, ihr Italiener kämpft seit fünf Jahren gegen die Deutschen?«, fragte ich gespielt naiv.

Gina antwortete nicht gleich. Ich tat so, als hätte ich großes Mitgefühl, und bohrte weiter.

»Oder waren deine Verwandten Nazis? Haben sie gegen die Alliierten gekämpft?«

Gina vergrub das Gesicht in den Händen. »Ja, du liegst richtig mit deiner Vermutung, liebe Stefin.«

»Ihr habt Glück«, sagte ich. »Wer aus einem besetzten Land kommt und in der Nazipartei war, wird in Deutschland gut behandelt. Gefällt es dir denn hier nicht?«

»Ich finde es schrecklich hier. Und meine Mutter auch. Sie war dagegen, dass mein Vater in die Partei eintrat, aber er wollte nicht auf sie hören. Wir haben beide Angst vor meinem Vater. Er ist ein Unmensch, und er hat Blut an den Händen. Er hat viele Menschen getötet und viele Tötungsbefehle gegeben. Einige von meinen Klassenkameradinnen, die ich sehr gernhatte, sind seinetwegen gestorben. Er hat sogar meine beste Freundin umgebracht. Kannst du das glauben?«

Ja, das konnte ich, denn ich wusste besser als alle anderen hier, wozu diese Herrenmenschen fähig waren. Offenbar war Ginas Vater einer von ihnen.

Ein paar Minuten später sagte sie: »Ich hatte ganz vergessen, dass du keine Deutsche bist. Als wir im Gasthof angekommen sind, hat mein Vater mir eingeschärft, ich soll mich vorsehen, wenn ich mit dir rede. Aber ich mag dich lieber als ihn, und ich schäme mich dafür, dass er mein Vater ist.« Dann, als ihr bewusst wurde, was sie gerade gesagt hatte, erbleichte sie. »Du musst mir versprechen, dass du niemandem auch nur ein Wort von dem erzählst, was ich gesagt habe. Ich würde großen Ärger bekommen, wenn jemand wüsste, dass ich über diese Dinge mit einer Polin gesprochen habe. Du sagst doch nichts, oder? Versprich es mir, Stefin.«

»Ich verspreche es. Aber sag mal, ist dein Vater auf der Flucht? Ist irgendjemand hinter ihm her?«

Sie hatte mir schon so viel erzählt, dass es eigentlich keinen Grund gab, nicht noch mehr preiszugeben. Tränen liefen ihr über die Wangen. Ich reichte ihr mein Taschentuch und wartete begierig darauf, dass sie fortfuhr.

Leise schluchzend sagte sie nach einer Weile: »Mein Vater ist auf der Flucht vor den Alliierten. Er glaubt, dass das Deutsche Reich bald besiegt wird.«

Ihre Worte klangen wie Musik in meinen Ohren.

»Kann das denn sein?«, fragte ich. »Glaubst du wirklich, dass Deutschland den Krieg verliert?«

»Entweder die Amerikaner oder die Russen werden bald hier sein«, sagte sie. »Es dauert vielleicht noch einen Monat, aber sie werden kommen. Ich mache mir Sorgen, Stefania, ich habe Angst, dass sie sich an uns rächen werden. Du kommst aus einer kleinen Stadt, du weißt vielleicht nicht, was es bedeutet, auf der Flucht zu sein, sich ständig verstecken und Tag und Nacht Angst haben zu müssen. Ich beneide dich, liebe Stefin.«

»Aber wie kannst du dir so sicher sein, dass die Deutschen den Krieg verlieren?«, fragte ich, ohne auf die unbeabsichtigte Ironie ihrer Worte einzugehen. »Vielleicht kommt es ja noch ganz anders, und dann könnt ihr wieder nach Italien zurückgehen.«

»Ich will nicht, dass die Deutschen gewinnen. Wenn sie gewinnen, werden sie die Hälfte der italienischen Bevölkerung töten. Wer nicht mit den Nazis kollaboriert, steht auf der schwarzen Liste und wird hingerichtet. Meine Mutter und meine Kusinen werden alle sterben. Wenn sie sich mit meinem Vater gestritten haben, hat er immer zu ihnen gesagt: ›Wartet nur ab, bis der Krieg vorbei ist, dann kommt der Tag der Abrechnung.‹ Verstehst du jetzt, warum ich nicht will, dass die Deutschen den Krieg gewinnen?«

»Ja, das verstehe ich«, erwiderte ich und versprach ihr noch einmal, dass ich niemandem von unserem Gespräch erzählen würde, auch nicht meinen polnischen Freunden. »Du bist jetzt meine beste Freundin, Gina. Du warst mir vom ersten Moment an sympathisch. Seit ich von meiner Familie getrennt wurde, hat mir noch nie jemand so nah gestanden wie du.« Schuldbewusst schaute ich Malach an, die still in unserer Nähe saß.

Hand in Hand wie Schwestern gingen wir weiter in Richtung Park. »*Noi andiamo*«, sagte Gina. »Das ist Italienisch und heißt ›wir gehen‹.«

»Auf Polnisch heißt es *my chodzimy*«, sagte ich. Beim Gehen brachten wir uns gegenseitig noch ein paar weitere Wörter in unseren Sprachen bei.

Gina hielt die ganze Zeit eine Zeitung in der Hand. Irgendwann fiel mein Blick auf das Datum – 19. März 1945 –, und aus irgendeinem Grund überkam mich ganz plötzlich das überwältigende Bedürfnis, jemandem meine Geschichte zu erzählen und die Last meiner Traurigkeit, die ich schon so lange in meinem Herzen trug, mit jemandem zu teilen. Eine Weile rang ich innerlich mit mir. Ich wollte mein Geheimnis mit Gina teilen, aber es war sehr gefährlich. Doch schließlich war der Drang, die Wahrheit auszusprechen, größer als meine Angst. Ich wusste, dass ich drauf und dran war, ein großes

Risiko einzugehen, und hoffte, dass ich Ginas Charakter richtig einschätzte. Ich brauchte jemanden, dem ich mein Geheimnis anvertrauen konnte, und ich betete, dass sie die Richtige war. Ich bekam Herzklopfen bei dem Gedanken, dass ich entweder eine Freundin fürs Leben gewinnen oder mein Leben verlieren würde, und das, wo die Freiheit zum Greifen nah war.

Anscheinend hatte Gina mir meine inneren Qualen angesehen, denn sie fragte: »Was ist los, Stefin? Warum bist du auf einmal so still? Hat meine Geschichte dich erschreckt? Bitte verzeih mir, wenn es so ist.«

Als ich ihre lieben Worte hörte, straffte ich mich und schaute ihr direkt in die Augen. »Gina«, sagte ich, »kannst du mir versprechen, dass du keiner Menschenseele erzählen wirst, was ich dir anvertrauen werde?«

Gina nickte. Ich fasste mir ein Herz.

»Ich hab dich so lieb, als wärst du meine Schwester, Gina. Ich hatte einmal viele Schwestern und einen Bruder.«

Tränen liefen mir über die Wangen, tropften auf mein Kleid und benetzten Ginas Hände, als sie versuchte, sie wegzuwischen. Ich spürte, dass sie mich auch so lieb hatte wie eine Schwester.

»Ich heiße nicht Stefania, sondern Mala Szorer. Ich bin Jüdin, und ich bin jetzt ganz allein auf der Welt.«

Gina sah mich ungläubig an.

»Meine ganze Familie wurde von Mördern wie deinem Vater umgebracht«, fuhr ich fort. »Sie haben alle Juden in meinem Ort getötet – alle meine Nachbarn und alle meine Freunde.«

Gina schaute mich voller Mitgefühl an. Ich war davon überzeugt, dass mein Geheimnis bei ihr sicher aufgehoben war. Eine Weile weinten wir gemeinsam und spürten, dass uns etwas verband, das nichts und niemand jemals würde zerstören können. Ich empfand tiefe Erleichterung, als wäre mir ein schwerer Felsbrocken von den Schultern genommen worden. Sogar meine Angst, Gina könnte jemandem meine wahre Identität verraten, war verschwunden.

Als wir uns auf den Rückweg machten, ging die Sonne unter. Schweigend gingen wir nebeneinanderher und hielten uns noch fester an den Händen als zuvor. Schließlich standen wir vor dem Haus, das seit fast drei Jahren mein Zuhause war und wo ich unter Feinden gelebt hatte, ohne Freundin, bis Gina kam.

Liebe Gina … Heute frage ich mich, ob sie meine Geschichte lesen wird und ob sie sich an ihre Freundin Stefania erinnern wird, die ihr Wort gehalten und ein halbes Jahrhundert lang niemandem Ginas Geheimnis verraten hat. Auch sie hat ihr Wort gehalten und niemandem gesagt, dass ich Jüdin bin. Sie war meine beste Freundin, genauso wie meine treue Begleiterin Malach.

26

Ein jüdischer Soldat

Die Kampfhandlungen erreichten deutschen Boden, jede Nacht wurden Städte in der Nähe bombardiert. Das Geräusch war Musik in meinen Ohren, denn es bedeutete, dass die Erlösung bevorstand. Ich hätte gern Zukunftspläne geschmiedet, wusste aber nicht, wo ich anfangen sollte. Ich würde lange brauchen, um mich selbst wiederzufinden, und doch blickte ich mit der Entschlusskraft nach vorne, die nur junge Menschen besitzen.

Eines Abends war direkt vor dem Gasthof Maschinengewehrfeuer zu hören. Als ich meine Freude nicht verhehlen konnte, fuhr mich eine Kollegin an: »Verschwinde auf dein Zimmer, du dumme Gans!« Ich war nicht so dumm, wie sie glaubte, doch ich sagte nichts. Ich wartete schon so lange, da kam es auf ein paar Tage mehr oder weniger nicht an. Und ich ging nur zu gern nach oben in mein Zimmer, denn dort konnte ich ungestört lächeln; dort konnte ich sogar laut lachen, ohne dass mich jemand hörte.

Nach einer Weile gesellte Gina sich zu mir. Sie hatte große Angst vor dem, was ihr und ihren Eltern jetzt bevorstand.

»Dir wird nichts passieren, Gina«, sagte ich. »Du bist genauso unschuldig wie die armen Leute, die umgebracht wurden. Und ich habe dir versprochen, deinen Vater nicht zu denunzieren.«

Ich würde ihr Geheimnis bewahren, wie ich es versprochen hatte, aber ihrem Vater würde ich böse Blicke zuwerfen, wenn ich ihm das nächste Mal begegnete. Dazu bekam ich jedoch keine Gelegenheit, denn als die alliierten Truppen näher rückten, reisten die Pacis eilig ab.

Als Gina den Gasthof verließ, empfand ich eine tiefe Leere in mir. Wir hatten gar keine Zeit gehabt, uns richtig zu verabschieden, wie es sich für beste Freundinnen gehört. Aber ich werde sie nie vergessen und hoffe, dass wir uns eines Tages wiedersehen und unsere Freundschaft wiederaufnehmen: eine Freundschaft, die aus geteiltem Leid erwachsen war. Die Freundschaft mit Gina hatte mir meinen Glauben an die Menschheit zurückgegeben und mich eins gelehrt: Man muss jeden Menschen nach seinen eigenen Verdiensten oder Verfehlungen beurteilen, nicht nach denen seiner Vorfahren.

Nach einem erbitterten Gefecht wurde unsere Stadt am 20. April von den Russen eingenommen. Ich hörte Leute über die Tapferkeit der deutschen Soldaten reden, die die Stadt gegen die Russen verteidigt hatten. Einige sagten, die Soldaten hätten bis zum letzten Blutstropfen gekämpft, so wie Hitler es ihnen befohlen hatte. Andere hatten angeblich »Heil Hitler!« geschrien und sich dann selbst erschossen, um der Demütigung zu entgehen. Aber all diese Geschichten von Heldenmut interessierten mich kein bisschen. Ich war nur froh, dass ich nie wieder hören würde, wie jemand rief: »Deutschland siegt an allen Fronten!«

Schon bald begannen die ausländischen Zwangsarbeiter, deutsche Geschäfte zu plündern. Einige drangen in unseren Gasthof ein, um die Schnapsvorräte der Perlmutts zu stehlen, und forderten mich auf, mit nach draußen zu kommen, um in den Straßen zu feiern. Ich flehte sie an, wieder zu gehen, und versicherte ihnen, dass die Perlmutts anständige Leute waren, die einem russischen Gefangenen sogar einen warmen Mantel und eine Mütze geschenkt hatten. Sie hörten tatsächlich auf mich und zogen ab.

Die russischen Befreier erlaubten den Zwangsarbeitern, sich von den Deutschen zu nehmen, was sie wollten. Jeden Tag erzählte Frau Perlmutt neue Geschichten von Polinnen, die mit dem Schmuck und den Kleidern ihrer Arbeitgeberinnen nach Polen abreisten. Die Perlmutts dankten mir für die Jahre harter Arbeit und wollten mir ein paar Wertsachen schenken. Sie wunderten sich, als ich ablehnte. Ich sagte ihnen immer noch nicht, dass ich Jüdin war, und verrichtete weiterhin meine Arbeit. Sie wunderten sich darüber, dass ich nicht wie alle anderen nach Hause fahren wollte, aber ich konnte noch nicht darüber sprechen, sondern brach jedes Mal in Tränen aus, wenn das Thema aufkam. Unsere Stadt war zwar schon von den Russen besetzt, doch der Krieg war noch nicht zu Ende. Ich fühlte mich noch nicht frei, fürchtete immer noch, die Deutschen könnten die Stadt zurückerobern, und dann wäre ich verloren.

Nach einer Woche übernahmen die Amerikaner die Stadt von den Russen. Sie postierten Wachmänner vor dem Gasthof, die alle paar Stunden abgelöst wurden. Eines Abends kam ein amerikanischer Soldat herein. Auf Deutsch berichtete er uns, wie deutsche Soldaten verwundete alliierte Kriegsgefangene und auch Zivilisten erschossen hatten. Frau Perlmutt ließ den Kopf hängen, als schämte sie sich dafür, dass ihre Landsleute zu so etwas fähig waren. Aber eigentlich hätte sie es wissen müssen, denn ihr Sohn war ja auch Soldat.

Im Gegensatz zu den deutschen Soldaten hatten die Amerikaner kein Interesse daran, unschuldige Zivilisten zu demütigen. Ein amerikanischer Soldat bot den Perlmutts und den Angestellten Zigaretten an und bezahlte für eine Runde Bier mit Dollars. Die Perlmutts waren total verblüfft über diese Geste und betrachteten ungläubig die grünen Geldscheine. Ein solcher Akt der Großzügigkeit war ihnen unbegreiflich, vor allem, da Berlin noch immer in deutscher Hand war.

Der Soldat hieß David, was ich kaum glauben konnte. Er erzählte den Perlmutts von New York, wo er wohnte, und zeigte ihnen Fotos, die er aus seiner Brusttasche zog. Er sprach von seiner Mutter, seinem Vater und seinen Schwestern, dann zeigte er ein bisschen verlegen ein Foto von einer jungen Frau und sagte: »Meine *Kalle*.«

»Kalle?«, fragten sie.

»Seine Braut!«, entfuhr es mir.

Alle starrten mich an, überrascht, dass ich ein Wort kannte, das sie für Englisch hielten. Vor allem eine Kellnerin starrte mich entgeistert an. In ihren großen Augen sah ich die Frage: »Wieso versteht eine ungebildete kleine Polin Englisch?« Sie begann, mit ihren Kolleginnen zu tuscheln, aber das war mir egal. Ich beschloss, lieber nichts mehr zu sagen.

Auch David schaute mich verwundert an; wahrscheinlich fragte er sich, wieso nur ich ihn verstanden hatte. Später bat ich ihn, mir in den Hausflur zu folgen, und dort, außer Hörweite der anderen, schüttete ich ihm mein Herz aus. Ich konnte nicht anders, war er doch der erste Jude, dem ich seit Jahren begegnete. Dabei weinte ich bitterlich, und auch er hatte Tränen in den Augen. Ich wagte es immer noch nicht, den anderen gegenüber zuzugeben, dass ich Jüdin war, aber er schien überhaupt kein Problem damit zu haben. Ich berichtete ihm kurz, was ich durchgemacht hatte und was die Deutschen unserem Volk angetan hatten.

»Ich möchte, dass eines Tages die ganze Welt davon erfährt«, sagte ich zu ihm.

Bis zu dem Zeitpunkt hatte ich geglaubt, ich sei die einzige Jüdin im von den Nazis beherrschten Europa, die den Holocaust überlebt hatte. Zu meiner großen Freude erfuhr ich von dem Soldaten, dass es immer noch viele Juden auf der Welt gab. *HaSchem* würde niemals zulassen, dass alle Juden umkamen.

»Wahrscheinlich weißt du nicht, dass der Krieg noch nicht vorbei ist«, sagte er. »Berlin wurde noch nicht eingenommen, und wir haben noch eine lange Schlacht gegen die Japaner vor uns. Die Japaner sind noch schlimmer als die Deutschen. Sie wollen sich nicht ergeben, und sie haben keine Angst zu sterben, sie fliegen sogar Selbstmordangriffe.«

»Leider wissen sie nicht, was ich weiß«, sagte ich.

Ich erzählte ihm, dass ich gehört hatte, wie ein paar deutsche Soldaten sich über die Japaner lustig gemacht hatten, wie sie damit geprahlt hatten, dass sie die Japaner nur benutzen und anschließend auch unterwerfen wollten.

»Wenn die Japaner das wüssten«, sagte er, »wäre der Krieg vielleicht sofort vorbei. Aber so wie es ist, haben wir noch einen schweren Kampf vor uns.«

Ich wusste immer noch nicht, was ich tun sollte, wenn der Krieg vorbei und Deutschland endlich besiegt war. Wohin würde ich gehen? Ich wusste, dass ich dann die Hilfe von älteren und erfahreneren Leuten nötig haben würde. Ich würde Geld brauchen und echte Papiere.

»Können Sie mir einen Rat geben, was ich tun soll, wenn der Krieg vorbei ist?«, fragte ich den jüdischen Soldaten. »Ich will nicht für immer hierbleiben.«

»Ich werde mich persönlich darum kümmern, dass du keinen Tag länger als unbedingt nötig in Deutschland bleiben musst«, antwortete er. Er versprach mir, sofort seinen Eltern zu schreiben und sie zu bitten, mich nach Amerika einzuladen.

Ich konnte mein Glück gar nicht fassen und ging nach draußen, um Malach davon zu erzählen. »Wenn ich nach Amerika gehe«, sagte ich zu meiner treuen Katze, »dann nehme ich dich mit, auch wenn mich alle für verrückt halten. Dann erzähle ich ihnen, dass du mich überallhin begleitet hast und mich mit *HaSchems* Hilfe all die Jahre beschützt hast.«

27

Mein Name ist Mala Szorer

Am nächsten Tag besuchte ich die junge Schneiderin und bat sie, ein paar Kleider für mich zu nähen. Da wir inzwischen gut befreundet waren, hatte sie mir schon mehrere Kleider kostenlos genäht, um die mich alle meine polnischen Freundinnen beneideten. Sie baten mich immer wieder, sie der Schneiderin vorzustellen, aber die schwieg beharrlich, wenn ich sie fragte, ob sie für die anderen Polinnen auch Kleider nähen könne. Damals wusste ich noch nicht, dass diese Kleider mir nach dem Krieg in Polen gute Dienste leisten sollten.

Als ich mich im Spiegel betrachtete, sah ich, dass ich kein Kind mehr war. Ich war inzwischen siebzehneinhalb Jahre alt und im Vergleich zu Kindern, die bei ihren Eltern leben, ziemlich erwachsen. Ich sehnte mich nach meinem Elternhaus, aber ich würde mich weiterhin allein durchschlagen müssen.

Am nächsten Tag brachte David mir leckere Kekse und mehrere Konservendosen mit. Ich strahlte, als ich das Wort »kosher« auf Englisch und Hebräisch auf den Dosenetiketten las. Es waren die ersten hebräischen Buchstaben, die ich sah, seit ich Tarnogród verlassen hatte.

Die anderen wurden ganz neidisch und glaubten, David hätte sich in mich verliebt. Ich sagte nichts und stellte mir in meinen Tagträumen vor, ich wäre zu Davids Hochzeit eingeladen und würde ihm und seiner *kalle* ein *mazel tov* zurufen.

Vielleicht würde ich ja in Amerika einen Juden kennenlernen, der mich heiratete. Die Vorstellung fand ich sehr aufregend. Vielleicht würde ich ja tatsächlich irgendwann ein Zuhause und eine eigene Familie haben. Ich schloss die Augen und stellte mir vor, wie sich das anfühlen würde. Allmählich fing ich an, nicht den Tod, sondern das Leben zu sehen, wenn ich in die Zukunft blickte, und ich sehnte mich danach, wieder unter meinen Leuten zu sein.

Als David am nächsten Freitag in den Gasthof kam, brachte er *Challah*, jüdisches Brot, und Wein mit. Die Perlmutts hörten, wie er den *Kiddusch* sprach, und sie begannen, Fragen zu stellen, weil sie nicht wussten, was das alles zu bedeuten hatte.

Da der Krieg noch nicht vorbei war, traute ich mich immer noch nicht, mich ihnen zu erkennen zu geben. Ich war seit Jahren gezwungen, ein Doppelleben zu führen, und das war nicht spurlos an mir vorübergegangen. Ich fürchtete immer noch, die Perlmutts könnten mir etwas antun, wenn sie erfuhren, dass ich Jüdin war.

Aber ehe ich dazu kam, die Fragen der Perlmutts zu beantworten, sagte David auf Deutsch: »Stefania ist nicht die, für die Sie sie halten. Sie ist eine Jüdin, deren gesamte Familie von den Deutschen ermordet wurde. Sie heißt Mala.«

Falls David geglaubt hatte, dass meine deutschen Kolleginnen mir Mitgefühl entgegenbringen würden, dann hatte er sich getäuscht.

»Sie lügen«, sagte eine von ihnen.

»Der glaube ich kein Wort mehr«, bemerkte eine andere.

»Eine miese kleine Lügnerin!«, sagte eine dritte. »Wer hätte das gedacht?«

Frau Perlmutt jedoch kam auf mich zu und nahm meine Hände. Sie war die Einzige, die begriff, was ich durchgemacht hatte. Ich weinte ein bisschen an ihrer Schulter, dann lief ich nach oben in mein Zimmer und weinte weiter, bis ich keine Tränen mehr hatte. Erschöpft schlief ich schließlich ein und träumte von zu Hause, von meinen lieben Eltern und allen anderen.

Als ich am nächsten Morgen aufwachte, wurde mir klar, dass ich nicht ewig in meinem Zimmer bleiben konnte. Bis mein Flugticket nach Amerika eintraf, würde ich weiter im Gasthof arbeiten und mir Kost und Logis verdienen müssen. Die Perlmutts waren zwar nicht verpflichtet, mich weiterhin bei sich zu beherbergen, aber ich konnte mir nicht vorstellen, dass sie mich auf die Straße setzen würden – nicht jetzt, wo Deutschland dabei war, den Krieg zu verlieren.

Ich entschloss mich, nach unten zu gehen und die Perlmutts zu bitten, mich noch eine Weile bleiben zu lassen. Ich war gespannt, wie die anderen reagieren würden. Schließlich hatte ich mitbekommen, wie sie auf Davids Enthüllungen über meine wahre Identität reagiert hatten, und erwartete auch jetzt von ihnen kein Wohlwollen. Im Gegenteil, ich stellte mich auf feindselige Reaktionen ein. Aber ich nahm mir vor, so freundlich wie immer zu bleiben und mich nicht unterkriegen zu lassen, egal, wie sie mich behandelten. Jetzt, wo sie wussten, wer ich war, musste ich ihnen zeigen, dass wir Juden gute Menschen waren und dass ich nicht versuchen würde, mich an ihnen für die Taten ihrer Landsleute zu rächen.

Herr und Frau Perlmutt warteten bereits und luden mich lächelnd ein, mit ihnen zu frühstücken. Sie hörten aufmerksam zu, als ich ihnen von den Gräueln berichtete, die meinem Volk angetan worden waren.

Nach dem Frühstück ging ich wieder nach oben, um noch ein bisschen zu schlafen. Es war Schabbat, und ich hatte nicht vor, zu arbeiten. Frau Perlmutt folgte mir. Sie setzte sich auf mein Bett und sagte, ich brauche nicht mehr für sie zu arbeiten und könne im Gasthof wohnen bleiben, bis ich mir überlegt hätte, wie es für mich weitergehen solle. Ich erzählte ihr, dass Davids Eltern mir ein Flugticket nach Amerika schicken würden und ich damit rechnete, bald von ihnen zu hören.

Ich fühlte mich, als wäre ich schon in Amerika, obwohl mein Ticket noch gar nicht da war. Ich hatte keine Ahnung, wie lange ein Brief von Amerika nach Deutschland brauchte, aber ich war nicht ungeduldig und vertrieb mir die Zeit mit Tagträumen von dem Land, in dem ich bald leben würde. Ich hoffte, dass Davids Eltern genauso nett waren wie er, aber ich zweifelte nicht daran, dass ich mich auch in Amerika allein durchschlagen könnte.

Am nächsten Morgen kam die große Enttäuschung. An Davids Stelle kam ein großer amerikanischer Soldat namens Waček in den Gasthof. Er sprach Tschechisch, was so ähnlich ist wie Polnisch, sodass wir uns verständigen konnten. Er berichtete mir, dass David nach Japan versetzt worden war und dass er ihn gebeten hatte, mir ein Päckchen zu bringen und sich um mich zu kümmern. Das Päckchen enthielt lauter koschere Lebensmittel. Da David ganz plötzlich hatte aufbrechen müssen, fürchtete ich, dass ihm keine Zeit geblieben war, seine Eltern zu kontaktieren.

Ich wollte mich von meiner Enttäuschung nicht entmutigen lassen und fragte Waček, ob er mir sagen könne, wo Juden wohnten.

»Ganz bestimmt in Halle«, sagte er. »Das ist eine größere Stadt. Ich versuche, im Hauptquartier einen Passierschein für dich zu bekommen.«

Am nächsten Tag brachte Waček mir einen Passierschein und sagte: »Schau mal, ob du Leute findest, die das Konzentrationslager überlebt haben, und schließ dich ihnen an. Ich darf dich leider nicht nach Halle bringen. Viel Glück!«

Ich war Waček dankbar für seine Hilfe, aber ich war froh, dass er mich nicht begleiten konnte. Ich war es ja gewohnt, auf mich selbst gestellt zu sein, und hatte keine Angst davor, mich allein auf den Weg zu machen.

Die Vorstellung, in Halle auf andere Juden zu treffen, war

total aufregend. Konnte es wirklich sein, dass noch mehr Juden überlebt hatten? Hitler hatte geschworen, 1944 den letzten Juden zu grüßen, der überlebt hatte, aber das Jahr war schon vergangen. Der Krieg war zwar noch nicht vorbei, aber es hieß, es sei nur noch eine Frage der Zeit.

Ich packte meine Habseligkeiten zusammen und verabschiedete mich von den Perlmutts in der Gewissheit, sie nie wiederzusehen. Dann lief ich zum Bahnhof. Nein, ich lief nicht, ich flog. Ich konnte gar nicht schnell genug wegkommen.

Im Zug sah ich lauter traurige Gesichter. Die Leute starrten einander mit leerem Blick an. Ich setzte mich neben eine alte Frau, die zu mir sagte: »Ist das nicht furchtbar?«

Ich hatte keine Lust, darauf zu antworten, und machte ein Nickerchen. Ich träumte von der Freiheit und muss wohl im Schlaf gesprochen haben, denn die Frau fragte ganz plötzlich: »Wie war noch dein Name?«

»Wie bitte?«, fragte ich abwehrend.

»Du hast eben gesagt, du heißt Stefania irgendwas«, sagte sie.

Ich richtete mich auf, straffte den Rücken und sagte: »Nein, ich heiße nicht Stefania. Ich heiße Mala Szorer.«

»Was für ein seltsamer Name. Das ist aber kein deutscher Name.«

»Nein, es ist kein deutscher Name«, sagte ich langsam und deutlich und laut genug, dass jeder im Abteil es hören konnte.

Sie schaute mich komisch an, sagte jedoch nichts mehr. Obwohl ihr Land gerade dabei war, den Krieg zu verlieren, betrachtete sie es als unter ihrer Würde, mit einer Ausländerin zu reden.

Ich hatte großen Hunger und sah, dass die Deutsche ein paar Äpfel hatte. Sie bemerkte meinen begierigen Blick, und obwohl sie eben noch so feindselig gewesen war, gab sie mir einen Apfel.

»Vielen Dank«, sagte ich mit einem zufriedenen Lächeln.

Ich musste essen und trinken, um bei Kräften zu bleiben, vor allem jetzt, wo klar war, dass ich nicht sterben, sondern überleben würde.

Nachdem ich jetzt das P endgültig von meiner Jacke entfernt und als Andenken in die Tasche gesteckt hatte, fühlte ich mich von Tag zu Tag freier. Malach saß neben mir, und ich streichelte ihr weiches Fell. Die Zeit meines Doppellebens war endlich vorüber, ich konnte überall frei und stolz meinen wahren Namen nennen.

Der Zug fuhr mir viel zu langsam, denn ich konnte es kaum erwarten, am Ziel anzukommen. Ich schaute aus dem Fenster und betrachtete die herrliche Landschaft. Überall wuchsen prächtige Bäume und bunte Blumen. Die Sonne schien, und mir war, als strahlte sie nur für mich.

Endlich hielt der Zug an. Durch das offene Fenster sah ich ein Schild mit der Aufschrift »Halle«. Halle war eine große Stadt, und im Bahnhof wimmelte es von Menschen, die alle angespannt und ängstlich wirkten. Das wunderte mich nicht. Ihr großartiges Vaterland war dem Untergang geweiht. Alle hatten es eilig und drängten und schoben sich in alle Richtungen. Wahrscheinlich flüchteten sie aus Halle und versuchten, in eine Gegend zu gelangen, die immer noch in deutscher Hand war. Aber mir war klar, dass Deutschland nicht mehr lange durchhalten konnte.

Ich nahm meinen Ausweis heraus und fragte mich, was Stefania Iwkiewicz wohl sagen würde, wenn sie wüsste, dass ich ihren Namen angenommen hatte. Unwillkürlich musste ich lächeln. Ich lebte, und der Krieg war fast vorbei. Ich stellte mir vor, wie ich bald nach Hause kommen würde. Dann lief es mir eiskalt über den Rücken. Nach Hause? Dort wartete niemand auf mich. Wo war jetzt mein Zuhause?

Ich verließ den Bahnhof und schaute mich um, als erwartete ich, dass mich jemand abholte. Dann fiel mir ein, dass ich ja nur eine einfache Fahrkarte besaß, und beschloss, mir als Erstes eine Übernachtungsmöglichkeit zu suchen.

Ich ging zur Polizeistation, wo ein von den Amerikanern eingesetzter deutscher Polizist Dienst tat. Er bat mich, Platz zu nehmen und ihm meinen Ausweis zu zeigen.

Nachdem er sich meinen Ausweis angesehen hatte, sagte er: »Du bist also Polin. Dann fährst du bestimmt bald nach Hause. Seit wann bist du schon in Deutschland?«

»Seit zweieinhalb Jahren«, antwortete ich.

»Das ist ziemlich lange«, sagte er. »Aber nicht lange genug, um so gut Deutsch zu lernen. Du siehst ja beinahe aus wie eine Deutsche.«

»Ich weiß«, sagte ich. »Ich habe viele Leute mit meinem Aussehen getäuscht und mich die ganzen zweieinhalb Jahre als eine andere ausgegeben.«

»Und wie heißt du in Wirklichkeit?«

»Mein Name ist Mala Szorer.«

»Das klingt aber nicht sehr polnisch. Ich muss meinen Vorgesetzten informieren. Womöglich hast du dich in Deutschland strafbar gemacht.«

»Rufen Sie ruhig Ihren Vorgesetzten«, sagte ich. »Meinetwegen können Sie die ganze Welt rufen. Alle sollen wissen, dass das einzige Verbrechen, das ich begangen habe, darin besteht, dass ich mich den Nazimördern nicht als Jüdin zu erkennen gegeben habe.«

Plötzlich änderte sich der Gesichtsausdruck des Polizisten. Er lächelte, und seine Augen weiteten sich vor Staunen. Er nahm sogar seine Mütze ab.

Dann griff er nach dem Telefonhörer und wählte hastig eine Nummer.

»Gertrud«, sagte er. »Ich habe eine sehr wichtige Besucherin hier. Komm sie schnell abholen und nimm sie mit nach Hause. Gib ihr zu essen und frag sie, was sie vorhat.«

Nachdem er aufgelegt hatte, sagte ich: »Ich bin hergekommen, um zu fragen, ob Sie mir helfen können, andere Juden zu finden. Ein amerikanischer Soldat hat mir erzählt, hier in Halle gäbe es Juden, die das Konzentrationslager überlebt haben.«

Ich wusste nicht genau, was ein Konzentrationslager war, stellte mir aber vor, dass dort viele Menschen zusammenlebten. »Es ist schade, dass ich nichts von diesen Leuten wusste«, sagte ich, »sonst hätte ich versucht, mit ihnen zusammenzuwohnen.«

»Nein, es ist besser, dass du nichts davon gewusst hast«, sagte der Polizist grimmig. »Als Deutscher schäme ich mich, dir zu sagen, was in diesen Lagern mit den Menschen passiert ist.«

Erst jetzt begann ich zu begreifen, was Frau Perlmutt mir über die Juden von Leipzig erzählt hatte. Wie sehr diese Menschen gelitten haben mussten! Ich hatte es damals nicht wissen wollen und mich Frau Perlmutt gegenüber gleichgültig gegeben. Heute schäme ich mich für meine Gleichgültigkeit, auch wenn sie damals aus Not gespielt war.

Frau Perlmutt muss mich für absolut herzlos gehalten haben. Aber ich hatte damals keine andere Wahl. Als sie an jenem Abend mit mir sprach, war mir vor Angst fast das Herz stehen geblieben; nur mein schauspielerisches Talent hatte mich gerettet.

Kurz darauf betrat eine sehr freundliche Frau die Polizeistation und stellte sich als Gertrud vor. Sie lud mich ein, sie nach Hause zu begleiten, und erbot sich, meinen Koffer zu tragen.

Ich bedankte mich ganz herzlich, aber meinen Koffer wollte ich lieber selbst tragen. Es war klar, dass ihr Mann kein Nazi sein konnte, sonst hätten die Amerikaner ihn nicht auf diesen Posten gesetzt.

Zu Hause bot Gertrud mir ein Stück Fleisch an, doch ich sagte ihr, ich hätte lieber eine Scheibe Brot mit Butter und eine Tasse Kaffee. Sie gab mir beides und setzte sich mit mir an den Tisch. Sie war fast so freundlich wie Frau Ehrhardt.

»Mein Mann hat mir einen wichtigen Besuch angekündigt«, sagte sie. »Bist du vielleicht eine Verwandte von ihm?«

Ich lachte. »Nein, bestimmt nicht. Ich bin Jüdin.«

Gertrud wurde ganz traurig. »Ach, du armes Kind«, sagte sie und nahm mich in die Arme. Dann erzählte sie mir eine Geschichte, die ich schon kannte.

»Mein Mann und ich und einige unserer Verwandten standen auf der schwarzen Liste der Nazis, weil wir nicht in ihre Partei eintreten wollten. Wer weiß, was mit uns passiert wäre, wenn Deutschland den Krieg gewonnen hätte?«

Ich erzählte ihr, wie Herr Perlmutt von einem jungen Soldaten bedroht worden war, als er den Hitlergruß verweigert hatte. »Warte nur, bis der Krieg vorbei ist«, hat der Soldat gesagt.

»Du bist sehr reif für dein Alter«, sagte Gertrud.

»Ich muss mich allein durchs Leben schlagen, seit ich zwölf bin«, sagte ich. »Ich musste mir selbst Vater und Mutter sein.«

»Du armes Kind«, sagte sie noch einmal.

Anfangs war das alles zu viel für mich. Ich musste daran denken, wie die Deutschen sich in Polen aufgeführt hatten. Aber Gertrud hatte ihre Menschlichkeit nicht verloren. Ich konnte nur darüber staunen, wie gutmütig und warmherzig sie war.

Sie bot mir an, eine Weile bei ihnen zu wohnen, und zeigte mir ihren schönen, großen Garten. Beim Anblick des gepflegten Rasens und der herrlichen Blumenbeete wäre ich fast in Versuchung geraten. Schon als kleines Mädchen hatte ich Blumen und Gras geliebt, und hier gab es sogar Obstbäume, genau wie bei meinem Onkel Abram im Garten. Gertrud pflückte ein paar Brombeeren und reichte sie mir.

Als sie mir von ihrer Familie erzählte, hörte ich ihr ernst und sehr interessiert zu.

»Wir wohnen hier zu dritt«, sagte sie. »Mein Mann und ich und unser Sohn. Der Krieg ist fast vorbei, und unser Junge ist jetzt zu Hause. Aber unser Haus ist groß, wir haben Platz für dich.«

In der Diele hatte ich ein Foto von einem jungen Mann in Uniform gesehen. Er hatte keinerlei Abzeichen, hatte sich also anscheinend nicht wie die meisten seiner Kameraden im Kampf hervorgetan.

Er war nur Gefreiter, das war ein niederer Rang, wie ich wusste. Die Soldaten im Gasthof hatten ein Spottlied über die Gefreiten gesungen. *Gehn Se weiter, gehn Se weiter, Sie sind ja nur Gefreiter*. Das Lied sollte die Soldaten zu Heldentaten animieren. Was im Fall von Gertruds Sohn offenbar nichts genützt hatte, denn er war ja Gefreiter geblieben.

»Das ist sehr großzügig von Ihnen«, sagte ich zu Gertrud. »Aber ich sehne mich danach, wieder unter meinesgleichen zu sein. Deswegen bin ich nach Halle gekommen, um mich mit anderen Juden zu treffen, Leuten, die das Konzentrationslager überlebt haben. Wissen Sie vielleicht, wo ich sie finden kann? Ich möchte so gern wieder unter Juden sein, bitte helfen Sie mir.«

»Komm mit«, sagte sie. »Deinen Koffer kannst du solange hierlassen.«

Wir verließen das Haus und gingen zu einem von einem hohen Stacheldrahtzaun umgebenen Lager. Hinter dem Zaun drängten sich viele Menschen. Als wir näher kamen, sah ich, dass sie völlig abgemagert waren und wie lebende Skelette aussahen. Sie erinnerten mich an die russischen Kriegsgefangenen, denen ich Brot gebracht hatte. Ich wunderte mich, dass weder Kinder noch alte Leute zu sehen waren. Aber die Erklärung war einfach: Sie hatten nicht überlebt.

Das waren also die Überlebenden der Konzentrationslager! Zu meinem Entsetzen wurden sie immer noch von Deutschen bewacht. Aber das waren keine ehemaligen Aufseher aus den Konzentrationslagern, sondern Soldaten, die von den Amerikanern als Wachen eingesetzt worden waren. Ich vermutete, dass die Juden bewacht wurden, um zu verhindern, dass sie sich an den Einwohnern der Stadt rächten. Aber die Vorsichtsmaßnahme erschien mir überflüssig, denn diese armen Teufel hatten gar keine Kraft, irgendetwas anderes zu tun, als mit leerem Blick dazuhocken und sich an das zu erinnern, was sie durchgemacht hatten.

Ich wäre gern zu ihnen gegangen, aber egal, was ich tat, es gelang mir nicht, ihre Aufmerksamkeit zu erregen. Sie wandten sich von mir ab.

»Kann jemand mit mir sprechen?«, rief ich durch den Zaun. »Ich möchte gern mit jemandem sprechen, denn ich bin auch Jüdin.«

Ich versuchte es auf Jiddisch, auf Deutsch, auf Polnisch, sogar auf Russisch, obwohl ich davon nur ein paar Brocken beherrschte, aber es half nichts.

Tief enttäuscht begleitete ich Gertrud zurück zu ihr nach Hause.

So liebenswürdig Gertrud auch sein mochte, ich wollte nicht im Haus von Leuten bleiben, deren Sohn noch bis vor ein paar Tagen in der Wehrmacht gedient hatte, selbst wenn er nur Gefreiter gewesen war. Ich betrachtete das Foto des jungen Soldaten, und ein Schauder lief mir über den Rücken. Ich musste daran denken, wie die Soldaten der Wehrmacht in Tarnogród kaltblütig einen kleinen Jungen erschossen hatten, und der Mann auf dem Foto trug die gleiche Uniform.

»Unser Sohn hat immer nur das Nötigste getan«, sagte Gertrud, als hätte sie meine Gedanken gelesen. »Wir haben ihn gut erzogen. Alle jungen Männer waren verpflichtet, in die Wehrmacht einzutreten. Aber er hat keine Menschen gequält, er kommt aus einem guten Haus.«

Ich nahm an, dass er desertiert war, denn wenn nicht, hätte er ja noch an der Front sein müssen. Berlin war noch nicht gefallen.

Doch selbst wenn er ein Deserteur war, wollte ich ihn nicht kennenlernen. Ich war immer noch in Deutschland und fühlte mich immer noch nicht sicher. Und ich war ganz allein auf der Welt. Womöglich hatte er noch sein Gewehr, und wenn ihm einfiele, mich zu erschießen, würde mich niemand vermissen. Einen Moment lang fürchtete ich sogar, Gertruds Mann könnte mich zu ihr nach Hause geschickt haben, um mich erschießen zu lassen. Aber als ich Gertruds gütige Augen sah, verwarf ich den Gedanken wieder. Sie hatte genug Gelegenheiten gehabt, mir etwas anzutun, aber sie war nur gut zu mir gewesen.

Nachdem ich eine Weile darüber nachgegrübelt hatte, was ich als Nächstes tun sollte, bedankte ich mich bei Gertrud und ging zurück zur Polizeistation. Dort bat ich um einen Passierschein, der es mir erlaubte, zurück zum Gasthof zu fahren. Ich war mir nicht sicher, ob die Perlmutts mich wieder bei sich aufnehmen würden, und es beschämte mich, sie darum bitten zu müssen, aber ich hatte keine andere Wahl. Im Moment gab es keinen anderen Ort für mich.

»Können Sie mir einen Passierschein für die Rückreise ausstellen?«, fragte ich Gertruds Mann in der Polizeistation.

»Du hast dich also entschlossen zurückzufahren?«, fragte er mit einem besorgten Unterton. »Was machst du denn, wenn die Besitzer des Gasthofs dich nicht wieder bei sich aufnehmen?«

»Dann muss ich eben zu den Amerikanern gehen und mit diesem tschechischen Soldaten sprechen. Vielleicht hat der ja eine Idee.«

»Aha, dein Entschluss steht also fest«, sagte er. »Aber ich bin leider nicht befugt, dir einen Passierschein auszustellen. Den bekommst du im Hauptquartier der amerikanischen Armee.« Er gab mir die Adresse. »Ich bin hier zum Dienst eingeteilt«, fuhr er fort. »Deswegen kann ich dich leider nicht begleiten. Aber du siehst aus wie eine, die den Weg auch allein findet.«

»Ja«, sagte ich, »ich finde den Weg. Die Erfahrungen der vergangenen Jahre haben mich unabhängig gemacht.«

Er wünschte mir viel Glück für die Zukunft, und ich verabschiedete mich.

Buch vier

Rückkehr nach Polen

28

Von Problemen verfolgt

Ich ging zum Hauptquartier der Amerikaner. Es war in einem großen Gebäude untergebracht, vor dem viele mit amerikanischen Flaggen behängte Zelte standen. Da der Eingang von mehreren Soldaten bewacht wurde, zögerte ich. Aber die Männer wirkten eher freundlich, und schließlich traute ich mich, sie anzusprechen.

Sie stellten mir Fragen auf Englisch, und als ich nicht reagierte, bedeuteten sie mir, ich solle verschwinden. In meiner Verzweiflung malte ich einen großen Davidstern auf ein Blatt Papier, hielt es hoch und zeigte auf mich. Einer der Soldaten verstand und eilte in ein Zelt. Ein paar Minuten später kam er wieder heraus und bedeutete mir, ich solle ihm folgen. Dabei schaute er mich die ganze Zeit mit großen Augen an.

Ich gab mir große Mühe, furchtlos zu wirken, und folgte ihm ans Bett eines hochdekorierten Offiziers, dessen Bein dick verbunden war. Ich sprach ihn auf Deutsch an, auf Polnisch und auf Jiddisch, aber er schien kein Wort zu verstehen. Anscheinend sprach er nur Englisch.

Zu meiner Freude lächelte er mich an und deutete auf einen Stuhl neben seinem Bett. Ich setzte mich und zeigte ihm den Passierschein, den ich für die Fahrt nach Halle benutzt hatte. Während er mich neugierig musterte, gelang es mir, ihm mit Händen und Füßen zu erklären, dass ich einen Passierschein für die Rückfahrt brauchte. Tatsächlich erhielt ich kurz darauf das Dokument. Ich war mächtig stolz auf mich, dass ich das geschafft hatte, ohne ein einziges Wort Englisch zu sprechen.

Das Hochgefühl verflog, als mir einfiel, dass ich jetzt wieder in den Gasthof zurückmusste. Das lag nicht an den Perlmutts, denn die waren als Einzige immer gut zu mir gewesen. Aber der Gedanke an meine Kolleginnen und Kollegen machte mir Angst. Inzwischen verabscheute ich den Gasthof, denn er symbolisierte alles Schlimme, was ich während meiner Zeit in Deutschland erlitten hatte.

Außerdem konnte es sein, dass mich die Perlmutts, so gut sie auch zu mir gewesen sein mochten, nicht wieder in ihrem Gasthof aufnahmen. Jetzt, wo der Krieg zu Ende war, konnten sie mich vielleicht nicht mehr gebrauchen. Aber nach sechs Jahren Krieg würde ich mich nicht von Angst aufhalten lassen. Erst recht nicht jetzt, wo ich wieder ein freier Mensch war. Egal, ob sie mich mit offenen Armen aufnahmen oder ob sie mich fortschickten, mir blieb nichts anderes übrig, als es zu versuchen.

Als ich in den Zug stieg, war ich sehr traurig, und diese Traurigkeit begleitete mich auf der ganzen Reise. Ich musste daran denken, wie froh ich in den Zug nach Halle gestiegen war, wie glücklich es mich gemacht hatte, wieder ich selbst sein und meinen Namen laut aussprechen zu können. Jetzt musste ich wieder den Ausweis benutzen, der auf den Namen Stefania Iwkiewicz ausgestellt war, denn ohne Ausweis konnte ich nicht reisen. Ich hatte mich auf den Weg nach Halle gemacht in der Hoffnung, dort Juden zu treffen und mich ihnen anzuschließen, aber am Ende hatte ich keinen einzigen Juden kennengelernt, und das war meine größte Enttäuschung.

Die vertrauten Straßen der Stadt und die vertrauten Gesichter im Gasthof konnten mir meine Traurigkeit nicht nehmen. In der Hoffnung, dass mich das aufmuntern würde, entschloss ich mich, den Ehrhardts einen Besuch abzustatten. Ich nahm Malach auf den Arm und machte mich auf den Weg.

Sie freuten sich sehr, mich zu sehen, denn sie glaubten, ich hätte mich entschieden, bei ihnen zu bleiben. Wir plauderten eine Weile, dann verabschiedete ich mich.

»Ich gehe die Perlmutts besuchen«, sagte ich. »Aber ich komme wieder.« Falls die Perlmutts mich nicht haben wollten, würde ich bei den Ehrhardts unterkommen.

Zu meiner großen Erleichterung empfingen mich die Perlmutts jedoch, als gehörte ich zur Familie. Sie halfen mir sogar mit meinem Koffer. Alle anderen ließen mich deutlich ihre Ablehnung spüren. Beim Tee entschuldigten sich die Perlmutts für das Verhalten ihrer Angestellten und rieten mir, sie einfach nicht zu beachten.

Anscheinend hatte sich in der Nachbarschaft herumgesprochen, dass ich nicht die war, für die ich mich die ganze Zeit ausgegeben hatte, denn am nächsten Tag kam eine Frau Polter, die mich sprechen wollte. »Ich bin auch Jüdin«, sagte sie. »Ich würde dich gern meinem Mann vorstellen. Er ist zwar kein Jude, aber ein anständiger Mann.«

Ich willigte ein, mit ihr zu gehen, und war sehr aufgeregt: Endlich hatte ich eine Jüdin kennengelernt. Frau Polter erzählte mir, dass sie sich bei deutschen Freunden versteckt hatte, als die Gestapo gekommen war, um sie abzuholen. Ihr Mann war verhaftet und gefoltert worden, hatte sie aber nicht verraten. Man habe ihn in ein Konzentrationslager gebracht, sagte sie, und er sei erst vor wenigen Tagen nach Hause gekommen.

Die Polters waren ziemlich wohlhabend, und sie luden mich ein, bei ihnen einzuziehen. Sie seien schon alt und hätten niemanden, dem sie ihr Haus vererben könnten, wenn sie einmal sterben würden. Ich erklärte ihnen, dass die jüdische Kultur mir sehr viel bedeutete, erst recht nach den schrecklichen Erfahrungen der vergangenen sechs Jahre. Nachdem ich das Maß an Unmenschlichkeit einer anderen Kultur erlebt hätte, die solche unfassbare Grausamkeit hervorgebracht hatte, sei es mir wichtiger denn je, mit meinem Volk wiedervereint zu werden. Aber wenn ich ihr großzügiges Angebot annähme, würde ich mein Jüdischsein im Austausch für materiellen Wohlstand auf die Dauer sicherlich verlieren.

Herr und Frau Polter waren zutiefst berührt. Sie dankten mir für meine ehrlichen Worte und versicherten mir, dass sie mich gut verstehen konnten, auch wenn sie sich gewünscht hätten, dass ich ihr Angebot annähme, und sie wünschten mir von ganzem Herzen, dass meine Hoffnungen sich erfüllen würden.

»Wir sind alt, und wir haben alles verloren«, sagten sie. »Aber du bist noch jung, und junge Menschen können das Unmögliche möglich machen.«

Von da an besuchte ich die Polters jeden Tag. Als ich ihnen schließlich sagte, dass ich nach Polen zurückgehen würde in der Hoffnung, dort andere Juden zu finden, schenkte Frau Polter mir ein Paar Diamantohrringe. Sollte ich einmal in Not geraten, sagte sie, könne ich sie für viel Geld verkaufen. Damals begriff ich noch gar nicht, wie wertvoll ihr Geschenk war, denn ich verstand nichts von Diamanten. Die einzigen Diamanten, die ich haben wollte, waren meine Eltern und Geschwister. Trotzdem bewahrte ich die Ohrringe an einem sicheren Ort auf.

Am 8. Mai erfuhren wir, dass der Krieg zu Ende war und dass die Deutschen kapituliert hatten. Ich ließ mir nicht anmerken, wie sehr ich innerlich über den Untergang Deutschlands frohlockte. Das wäre nicht recht gewesen, auch wenn die Angestellten des Gasthofs nie freundlich zu mir gewesen waren. Die Perlmutts waren anständige Leute. Sie hatten es nicht verdient, dass ich mich schadenfroh zeigte, sie hatten meine Dankbarkeit verdient. Wenn sie mich nach meiner Rückkehr aus Halle nicht wieder bei sich aufgenommen hätten, wäre ich in einer schwierigen Situation gewesen und hätte womöglich eine dumme Entscheidung getroffen. Weil sie mir ihre Tür wieder geöffnet hatten, blieb mir jetzt ausreichend Zeit, um über alles gründlich nachzudenken.

Da die Perlmutts nicht von mir verlangten, dass ich im Gasthof arbeitete, konnte ich durch die Straßen der Stadt spazieren, wann immer ich wollte. Ich sah mich überall um in der Hoffnung, noch einmal einem jüdischen amerikanischen Soldaten zu begegnen. Leider gab es keinen, oder zumindest fand ich keinen. Da ich kein Englisch sprach, konnte ich mich mit anderen amerikanischen Soldaten nicht unterhalten. Aber jedem Soldaten, dem ich begegnete, zeigte ich meinen Zettel mit dem Davidstern. Sie schauten mir hinterher noch lange nach und fragten sich wohl, wie ein jüdisches Mädchen es in diese Stadt geschafft hatte. Leider konnte ich ihnen nichts erklären. Aber ich konnte nicht widerstehen, diese Soldaten, meine Retter, freundlich anzulächeln. Diese Sprache verstanden sie alle, und sie erwiderten mein Lächeln. Ich zeigte weiterhin allen meinen Zettel, denn falls sie einen jüdischen Kameraden hatten, würden sie ihm von mir erzählen, da war ich mir ganz sicher. Und dann würde er zu mir kommen, und sei es nur aus Neugier.

Die anderen polnischen jungen Leute, die zum Arbeitsdienst verpflichtet worden waren, reisten nach und nach wieder zurück nach Polen, zurück zu ihren Eltern.

»Denk dran, dein Buch zu schreiben, wenn du wieder zu Hause bist, Stefania«, sagten sie zum Abschied zu mir.

»Mach ich«, sagte ich. »Und danke, dass ihr mir geholfen habt, mein Polnisch zu verbessern.«

»Deine Eltern werden stolz auf dich sein«, sagten sie.

Mich überkam eine tiefe Traurigkeit. Mit einem Mal fühlte ich mich total mutlos, und meine Sehnsucht nach meinen Lieben wurde übermächtig. Ich stellte mir vor, wie sie alle zu Hause auf mich warteten. Wie meine liebe Mutter mich mit einer dampfenden Suppe empfangen und sich darüber freuen würde, wie erwachsen ich geworden war. »Hört nur, wie gut sie Polnisch spricht«, würde sie stolz ausrufen. »Du bist jetzt Schriftstellerin? Wer hätte das gedacht? Was für ein tapferes Mädchen du bist, Mala.« Dann würde sie mich umarmen und mich ganz lange an sich drücken. Wie schön sich das anfühlen würde! »Komm her«, würde mein Vater sagen, und dann würde auch er mich umarmen. Ich wollte nichts lieber als ihnen mein Herz ausschütten, so wie man es nur bei seinen Eltern tun kann.

Mit einem Ruck riss ich mich aus meinen Gedanken. Ich musste diesen Traum aus meinem Kopf verbannen und akzeptieren, dass ich ganz allein war. Jetzt kam es darauf an, dass ich klar denken konnte.

Immer mehr Nachbarn der Perlmutts kamen in den Gasthof und berichteten, dass ihre polnischen oder ukrainischen Arbeitskräfte ihnen vor ihrer Abreise Schmuck und andere Wertgegenstände gestohlen hatten.

»Ist eure Stefin immer noch da?«, hörte ich eine Frau fragen. »Passt auf, dass sie euch nicht beklaut.«

Die Bemerkungen der Frau wunderten mich nicht, und ich fühlte mich auch nicht beleidigt. Die polnischen Arbeitskräfte klauten wie die Raben und waren auch noch stolz darauf. Sie hatten sogar untereinander heimlich vereinbart, ihren Arbeitgebern alles zu stehlen, was nicht niet- und nagelfest war. Ich hatte es abgelehnt, mich dem Pakt anzuschließen, und ihnen erklärt, dass ich ein ehrliches Mädchen war, das aus einem ehrlichen Elternhaus kam. Die anderen hatten nur den Kopf geschüttelt und mich als dumm bezeichnet.

Ich hatte es nicht eilig, nach Polen zurückzukehren, denn ich hoffte immer noch, in Deutschland ein paar Juden zu finden. Aber in der Stadt, in der ich wohnte, blieb meine Suche erfolglos, und irgendwann gab ich es auf.

Ich fuhr nach Leipzig, um ein letztes Mal den Zoo zu besuchen. »Lebt wohl, ihr lieben Affen«, sagte ich. »Endlich bin ich frei.« Dann musste ich laut lachen. Die Leute im Zoo hielten mich bestimmt für verrückt, aber das war mir egal. Lieber verrückt, als wie ein Tier gejagt zu werden. Mit Stolz im Herzen sprach ich eine alte Frau an. »Können Sie mir sagen, ob in Leipzig noch Juden leben?«, fragte ich sie.

»Juden?«, fragte sie. »Geh mal zur Gemeinde in der Lehrstraße zehn, die können dir vielleicht helfen.«

Offenbar wusste sie nicht, was mit den Juden geschehen war, und glaubte, es sei alles noch wie früher. Trotzdem entschloss ich mich, zu der von ihr genannten Adresse zu gehen und mein Glück zu versuchen.

Ich fand das Haus, aber es stand leer. Nur ein ängstlich dreinblickender alter Mann lugte aus einem der oberen Fenster. Er antwortete nicht, als ich ihn fragte, ob in dem Haus Juden wohnten. Falls er selbst Jude war, hatte er anscheinend immer noch Angst, sich zu erkennen zu geben. Ich fand jedenfalls, dass er aussah wie ein Jude. Vermutlich blieb er in dem verlassenen Gebäude, weil er kein Zuhause mehr hatte. Jemand musste ihn während des Kriegs versteckt haben, sonst würde er jetzt nicht mehr leben.

Enttäuscht ging ich wieder zum Bahnhof. Auf dem Weg zurück zu den Perlmutts sprach ich mit niemandem. Meine nächsten Schritte musste ich mir sehr gut überlegen. Ich wünschte, Gina wäre noch im Gasthof, dann hätte ich sie um Rat bitten können. Ich vermisste die sanfte Gina, die meine tragische Geschichte kannte und so viel Mitgefühl gezeigt hatte.

Den Polinnen gegenüber, mit denen ich mich immer im Park traf, hatte ich mich noch nicht als Jüdin zu erkennen gegeben, denn ich war mir nicht sicher, wie sie reagieren würden. Was würden sie sagen, wenn ich es ihnen jetzt erzählte?

Würden sie mich umarmen und sich freuen, dass ich überlebt hatte? Vielleicht würden sie auch genauso irritiert reagieren wie meine Schulfreundin Irina, als ich nach Tarnogród zurückkam. »Du lebst noch, Mala?«, hatte sie gefragt. »Alle Juden sind doch getötet worden!« Ich musste daran denken, wie ihr Vater versucht hatte, mich den Deutschen auszuliefern. Nein, meinen polnischen Freundinnen würde ich noch nichts sagen. Ihnen gegenüber würde ich mich weiterhin als Stefania Iwkiewicz ausgeben. Jedenfalls so lange wie nötig.

Als ich hörte, dass die letzten polnischen Arbeitskräfte zu ihren Familien in Polen zurückkehren würden, ging ich in den Park, wo sie eine kleine Abschiedsparty feierten.

»Du kommst doch aus der Gegend von Lublin«, sagte ein Mädchen namens Aniela Statjewska zu mir. »Lass uns zusammen fahren.«

»Gute Idee«, sagte ich. »Könnte ich denn auch eine Zeit lang bei euch unterkommen? Ich weiß noch nicht, wo ich hinsoll.«

»Nein, das geht leider nicht«, antwortete sie.

Mir wurde klar, dass ich mal wieder auf mich allein gestellt war. Der Unterschied war, dass ich inzwischen einige Jahre älter und viel erfahrener war.

Ich hatte zwar kein Geld, aber viele schöne Kleider. Außerdem besaß ich viel Mut, den auch sechs schlimme Jahre mir nicht hatten nehmen können, und der war mehr wert als Geld.

Ich ging zurück zum Gasthof, um mich auf die Heimreise vorzubereiten. Spontan bat ich die Perlmutts, mir beim Packen zuzusehen, damit sie sahen, dass ich nichts gestohlen hatte. Ich ahnte nicht, was für eine kluge Entscheidung das war.

»Bitte«, sagte ich zu ihnen, »überprüfen Sie Ihren Schmuck, sehen Sie nach, ob noch alles da ist, ehe jemand anders etwas stiehlt und ich am Ende noch verdächtigt werde.«

»Wo willst du denn eigentlich hin, wenn du in Polen bist?«,

fragten die Perlmutts, die wussten, in was für einer schwierigen Lage ich mich befand.

»Sie wissen ja, dass ich eine Kämpferin bin«, antwortete ich. »Ich bin mir sicher, dass ich irgendwo eine Bleibe finden werde.«

Da gab mir Herr Perlmutt dreihundert Mark. »Leider ist das Geld heutzutage nicht mehr viel wert«, entschuldigte er sich. »Die deutsche Mark wurde stark abgewertet.«

Ich konnte mein Glück nicht fassen und dankte ihm herzlich.

»Du bist immer sehr fleißig und zuverlässig gewesen«, sagte er und drückte mir auch noch einen Umschlag in die Hand. »Hier, nimm diesen Brief. Im Bahnhof musst du ihn dem Schaffner zeigen, das ist ganz wichtig.«

Was konnte der Umschlag enthalten? Ich ahnte nicht, was für ein wichtiges Schreiben er mir gegeben hatte und wie sehr es mir helfen würde.

Ich bedankte mich bei den Perlmutts, verabschiedete mich von allen im Gasthof und trat, bewaffnet mit ausgezeichneten Polnischkenntnissen und einigen Besitztümern, meine Heimreise an. Mein Koffer war voll mit schönen Kleidern, die die nette Schneiderin für mich genäht hatte. Auf dem Weg zum Bahnhof wollte ich mich von ihr verabschieden, aber sie war nicht zu Hause. An ihrer Tür hing ein Zettel mit der Aufschrift: *Bin weg.* Ich war verdutzt. Warum war sie ausgerechnet an dem Tag verschwunden, an dem auch ich abreiste? Ich hätte ihr so gern für ihre Liebenswürdigkeit gedankt und ihr versprochen, dass ich ihr schreiben würde. Aber jetzt war sie auf genauso geheimnisvolle Weise verschwunden, wie sie einst auf geheimnisvolle Weise in der Straße aufgetaucht war und mich zu sich eingeladen hatte.

Während ich dort stand, traurig, dass ich mich nicht von der Schneiderin verabschieden konnte, spürte ich etwas an meinem Knöchel. Als ich nach unten schaute, sah ich meine alte Freundin Malach. Ich nahm sie auf den Arm und streichelte sie liebevoll. Ich war also doch nicht allein.

Im Bahnhof angekommen, reichte ich dem Schaffner den Brief, genau wie Herr Perlmutt es mir aufgetragen hatte. Der Mann öffnete den Umschlag und las das Schreiben sorgfältig. Dann lächelte er mich freundlich an. »Das ist ein wertvolles Dokument, Fräulein«, sagte er. »Bewahren Sie es gut auf. Und jetzt nehmen Sie Ihren Koffer und machen es sich im Zug bequem.«

Ich war mir sicher, dass mittlerweile alle in der Stadt gehört hatten, dass ich Jüdin war, und wunderte mich über so viel Freundlichkeit.

»Die Perlmutts haben immer sehr lobend von Ihnen gesprochen«, sagte der Schaffner. »Sie sind eine echte Dame, Ihre Eltern werden stolz auf Sie sein. Ich wünsche Ihnen eine gute Reise.«

Im Zug stellten sich mir einige junge Polinnen und Polen in den Weg.

»Weißt du denn nicht, dass du kein Gepäck mit in den Zug nehmen darfst?«, herrschte eine junge Frau mich an.

»Hat der Schaffner dich etwa mit dem Koffer durchgelassen?«, fragte eine andere. »Wir durften unsere Taschen nicht mit in den Zug nehmen. Wir mussten unser ganzes Gepäck in den letzten Waggon stellen.«

Ich verstand auch nicht, warum ich als Einzige meinen Koffer mit ins Abteil nehmen durfte. Und da die anderen so neidisch waren, begann ich mich zu fürchten. Ich ging noch einmal zu dem Schaffner, um ihn zu fragen, ob er vielleicht einen Fehler gemacht hatte. Nein, er habe keinen Fehler gemacht, antwortete er. Nicht diese jungen Leute, sondern er habe hier das Sagen, und ich solle mich nicht von ihnen beirren lassen.

Erleichtert ging ich mit meinem Koffer zu meinem Platz, setzte mich und las den Brief von Herrn Perlmutt:

Stefania/Mala Szorer war immer treu und zuverlässig, sie hat ihre Arbeit zu unserer vollen Zufriedenheit geleistet. In ihrem Gepäck befindet sich nur ihre persönliche Habe.
Gezeichnet: Friedrich Perlmutt

Nachdem ich den Brief mehrmals gelesen hatte, begriff ich seine Bedeutung. Ich musste daran denken, wie die Nachbarn der Perlmutts sich beklagt hatten, dass die ihnen zugewiesenen Arbeitskräfte ihnen Schmuck und andere Wertgegenstände gestohlen hatten. Jetzt war ich heilfroh, dass ich die Perlmutts gebeten hatte, mir beim Packen zuzusehen. Deswegen hatten sie mir diesen Brief mitgegeben. Ohne den Brief hätte ich meine Sachen nicht mitnehmen können. Mir war sofort klar, dass das Gepäck der anderen nie in Polen ankommen würde. Ich dagegen hatte meinen Koffer. Und ich brauchte ihn viel dringender als die anderen die ihren, denn sie hatten alle eine Familie. Ich hatte niemanden mehr, nur meine Kleider und meine anderen Habseligkeiten, die ich gegen etwas zu essen und ein Bett würde eintauschen können.

Als der Zug sich endlich in Bewegung setzte und wir die mir so vertraut gewordene Stadt verließen, stimmten die anderen polnische Lieder an. Eins lautete: »Mutter, warte auf uns, wir kommen endlich nach Hause.« Ich sang nicht mit und wünschte, ich hätte wenigstens jemanden, mit dem ich mich unterhalten konnte.

Ich schaute aus dem Fenster und betrachtete die schöne Landschaft und die bunten Blumen. Nach einer Weile nahm ich einen Zettel heraus und schrieb ein Gedicht darüber, dass mir meine Familie jetzt, wo ich endlich frei war, mehr denn je fehlte.

Als ich aufblickte, sah ich Marysia auf mich zukommen. Neben ihr gingen ihr Mann und ein junger Mann, den ich noch nie gesehen hatte. »Stefciu!«, sagte Marysia. »Das ist Michael, der Vetter meines Mannes. Wir haben eine lange Reise vor uns, da habt ihr zwei genug Zeit, euch zu unterhalten.«

»Marysia, ich bin gerade mit Schreiben beschäftigt«, antwortete ich. »Und um mich zu konzentrieren, muss ich allein sein, das wirst du sicher verstehen, oder?«

»Du hast noch genug Zeit zum Schreiben, wenn du wieder zu Hause bist«, sagte Marysias Mann und sah sich nach einem Sitzplatz um. Der Platz neben mir war zum Glück besetzt, aber zu meiner Bestürzung setzten sie sich alle drei auf die Bank mir gegenüber.

Mir war sehr unwohl zumute, die Situation gefiel mir nicht. Ich überlegte, ob sie wussten, dass ich Jüdin war, und es niemandem verraten hatten, weil Michael hoffte, dass ich ihn eines Tages heiraten würde. Vielleicht glaubten sie, dass sie mich in Polen zu einer Heirat zwingen konnten. Womöglich würden sie nicht einmal davor zurückschrecken, mich zu entführen.

Ich hatte mich mit Marysia angefreundet, weil sie nicht besonders helle war, aber jetzt fragte ich mich, ob das eine kluge Entscheidung gewesen war. Ich war mir ziemlich sicher, dass Marysia mich mochte, aber sie wollte mich auch unbedingt als Schwägerin haben. Ich wurde zusehends nervös, vor allem, weil ich mir noch gar nicht überlegt hatte, wo ich in Polen aussteigen sollte. Ich kannte die kleine Stadt Tarnogród und die umliegenden Dörfer, aber nicht das riesige Land namens Polen.

Es gab ja niemanden, zu dem ich gehen konnte. Und ich wagte es nicht, mich irgendjemandem anzuvertrauen. Die anderen im Zug verhielten sich immer noch feindselig, weil der Schaffner mir erlaubt hatte, meinen Koffer mit ins Abteil zu nehmen. Und die jungen Polen hielten mich für hochnäsig, weil ich mich mit keinem von ihnen eingelassen hatte. Die würden mir jetzt bestimmt nicht helfen. Ich musterte die Gesichter der jungen Polinnen um mich herum und gelangte zu dem Schluss, dass ich keiner von ihnen trauen konnte.

»Nimmst du die Katze mit nach Polen?«, fragte Marysia unvermittelt.

»Ja«, sagte ich.

»Ich verrate dir ein Geheimnis, liebe Stefciu, aber nimm's mir nicht krumm. Du weißt, wie sehr ich dich mag und wie sehr ich dich bewundere. Aber einige von unseren polnischen Freunden finden dich ein bisschen seltsam, weil du dich mehr für diese Katze interessierst als für Männer. Es tut mir leid, aber sie machen sich hinter deinem Rücken über dich lustig.«

Als ich das hörte, streichelte ich Malach besonders liebevoll, denn ich bekam Angst, dass Marysias Mann und sein Vetter sie töten würden, sobald wir in Polen waren. Andererseits bezweifelte ich, dass ihnen das gelingen würde, denn inzwischen hielt ich Malach für unsterblich.

»Die Katze gehört zu meiner Familie«, sagte ich zu Marysia. »Ich hab mich immer um sie gekümmert, und deswegen nehme ich sie überallhin mit.«

Ich musste sie so schnell wie möglich loswerden, ohne sie vor den Kopf zu stoßen. »Bitte sei mir nicht böse«, sagte ich zu ihr, »aber ich möchte jetzt weiterschreiben.«

Ich schrieb ein paar Worte und hielt meinen Zettel so, dass die anderen lesen konnten, was darauf stand. Es war ein Brief, der mit den Worten begann: »Liebe Mutter, ich komme endlich zurück nach Hause. Bitte bereite ein Festessen für mich vor!«

Dann kam mir die Idee, wenn sie mich schon für seltsam hielten, mich genauso zu verhalten. Ich stand auf und begann, im Gang des Waggons zu tanzen, mit Malach auf dem Arm, als wäre sie meine Tanzpartnerin. Alle fanden das lustig und begannen mitzumachen, aber ich setzte mich wieder hin.

»Du wirkst nicht besonders glücklich, liebe Stefania«, sagte jemand. »Warum sonderst du dich ab und singst nicht mit uns? Freust du dich denn nicht, deine Eltern endlich wiederzusehen?«

»Ich hab Kopfschmerzen«, antwortete ich.

»Wahrscheinlich bist du überspannt«, hieß es. »Du hast doch sonst nie Kopfschmerzen.«

»Vielleicht braucht sie ja eine Brille«, meinte einer. »Vielleicht hat sie sich mit all dem Schreiben die Augen verdorben.« Dann lachte er laut. Die anderen fielen ein, alle machten sich lustig über mich.

Später unterhielten sie sich über die Wertsachen, die sie geklaut hatten. Eine prahlte damit, ihr halber Koffer sei voll mit gestohlenen Sachen.

»Ich hab den ganzen Schmuck meiner Arbeitgeberin eingesteckt«, sagte ein Mädchen namens Hanka. »Was sie wohl sagen, wenn sie es bemerken?«

»Ich hab nur das Beste mitgenommen«, sagte eine andere. »Und ich hab genug, um allen meinen Verwandten und Freunden Geschenke zu machen. Die werden sich freuen!«

Alle lachten ausgelassen. Dann fragte mich ein Mädchen: »Und du, Stefania? Was hast du bei den Perlmutts eingesteckt?«

»Nichts«, antwortete ich. »Meine Verwandten brauchen nichts. Die haben alles, was das Herz begehrt.«

»Habt ihr das gehört?«, rief Jurek. »Die haben alles! Deine Familie muss ja richtig reich sein. Nach sechs Jahren Krieg haben die alles, was das Herz begehrt. Echte Glückspilze.«

»Du hättest trotzdem ein paar Sachen mitnehmen sollen«, sagte jemand. »Wir haben so viele Jahre geackert, ohne dass die Deutschen uns dafür bezahlt haben. Es ist nur recht, dass wir uns jetzt schadlos halten. Sie haben es nicht anders verdient.«

»Eigentlich haben sie es verdient, das stimmt«, sagte ich. »Aber mein Gewissen verbietet es mir nun mal zu stehlen.«

»Du bist schon immer anders gewesen. Du hast dich immer von den Jungs ferngehalten und dich nur mit Marysia und ihrem Mann getroffen. Willst du denn nicht irgendwann mal heiraten?«

Ich lächelte nur.

»Vergiss nicht, uns ein Exemplar von deinem Buch zu schicken, wenn du damit fertig bist«, spotteten sie. Trotzdem gaben sie mir ihre Adressen. Dann wollten sie auch meine Adresse haben, denn sie wollten mich alle zu ihrer Hochzeit einladen.

»Und wehe, du lädst uns nicht zu deiner Hochzeit ein!«, rief jemand. Alle lachten; die Einzigen, die ernste Gesichter machten, waren Marysias Mann und sein Vetter. Ihre Blicke machten mir Angst, und ich entschloss mich, vor ihnen aus dem Zug zu steigen.

»Ich will zuerst studieren. Ich bin noch zu jung, um mich zu binden«, sagte ich.

»Und was ist mit deiner bösen Stiefmutter?«, wollte Marysia wissen.

»Sie ist gestorben«, sagte ich.

Kurz vor Krakau hielt der Zug, und wir stiegen alle aus, um zur Toilette zu gehen und uns ein bisschen die Beine zu vertreten.

»Seht mal!«, rief jemand. »Unser Zug ist gekürzt worden! Der Gepäckwagen fehlt. Der wurde bestimmt in Deutschland abgekoppelt! Jetzt haben wir gar nichts mehr, nicht mal unsere eigenen Sachen!«

Alle waren total niedergeschlagen. Ein Mädchen sagte zu

mir: »Du hast Glück, Stefania, du hast noch deinen Koffer. Aber deine Sachen sind wahrscheinlich nichts wert. Wir hatten alle ein kleines Vermögen im Gepäck.«

»Nein, meine Sachen sind leider nichts wert«, sagte ich, denn ich hatte plötzlich Angst, sie könnten mir aus lauter Neid ein paar von meinen Sachen abnehmen.

Aber sie ließen mich in Ruhe. Ich fürchtete allerdings, sie könnten es versuchen, sobald wir unser Ziel erreicht hatten. Ich wusste, dass die meisten mindestens bis Lublin fuhren. Kurz entschlossen stieg ich in Krakau aus.

Eine Zeit lang blieb ich auf dem Bahnsteig stehen, allein zwischen lauter Fremden, die wer weiß wohin reisen wollten. Ich fragte mich, was aus meiner kleinen Freundin Malach geworden war, denn ich hatte sie im Zug seit einer Weile nicht gesehen. Wie üblich war sie auf geheimnisvolle Weise verschwunden.

»Przepraszam, panienka«, sagte jemand hinter mir. »Verzeihen Sie, junge Dame.«

Ängstlich fuhr ich herum. Ein Mann mittleren Alters stand vor mir, als wäre er vom Himmel gefallen. Er wirkte eigentlich ganz freundlich, trotzdem war ich vorsichtig.

»Warten Sie auf jemanden?«, fragte er.

»Meine Tante wollte mich abholen. Ich verstehe nicht, warum sie nicht gekommen ist. Ich bin sehr müde nach der langen Fahrt von Deutschland hierher. Ich denke, ich suche mir erst mal ein billiges Hotelzimmer, um mich ein bisschen auszuruhen, bevor ich mich auf die Suche nach meiner Familie mache.«

»Ich habe eine Droschke«, sagte er. »Wenn Sie wollen, können Sie mit mir kommen und bei mir übernachten, meine Frau und meine Töchter würden sich freuen. Wir haben ein großes Haus und vermieten Zimmer an junge Damen.«

Ich antwortete ihm, dass ich zuerst seine Frau kennenlernen wolle, ehe ich mich entschied, ob ich sein Angebot annehmen würde.

»Überhaupt kein Problem«, sagte er. »Kommen Sie, ich stelle Sie einander vor.«

»Aber ich habe kein Geld«, gab ich zu bedenken.

»Meine Tochter hat sehr wenig zum Anziehen, Sie könnten mit einem Kleid bezahlen, falls Sie eins übrig haben.«

»Ich würde gern mehrere Nächte bleiben, aber ich kann nur ein Kleid abgeben«, antwortete ich.

»Das ist in Ordnung«, erwiderte er.

Wir gingen zu seiner Droschke, und ich staunte nicht schlecht, als er sich das Zaumzeug anlegte, als wäre er ein Pferd. Während er die Kutsche zog, saß ich bequem mit meinem kostbaren Koffer auf den Knien und fragte mich, wo Malach abgeblieben war.

Nach einer kurzen Fahrt hielt er vor einem sehr großen Haus und bat mich, ihm hineinzufolgen. Ich sagte ihm, ich wolle seine Frau kennenlernen, bevor ich das Haus betrat. Er holte sie und zwei seiner netten Töchter nach draußen. Sie stellte sich als Frau Adamski vor und lud mich in ihr Haus ein. Ich wurde in ein Zimmer geführt, in dem schon zwei junge Frauen wohnten, die auch gerade aus Deutschland gekommen waren.

Einen Tag später tauchte Malach auf, und gemeinsam mit ihr durchstreifte ich mehrere Tage lang die Straßen Krakaus auf der Suche nach jüdischen Gesichtern. Ich klapperte die Cafés und Parks ab und verbrachte Stunden damit, die Leute auf den Gehwegen zu beobachten. Aber nachdem ich mit vielen Polen gesprochen hatte, wurde mir klar, dass der Antisemitismus in Polen so schlimm war wie eh und je, wenn nicht sogar noch schlimmer.

Eines Tages stand ich vor einem Schaufenster und unterhielt mich mit einer jungen Frau, die mich unbedingt zu sich nach Hause einladen wollte. Aber weil ich mich vor Fremden immer noch fürchtete, sagte ich ihr, ich hätte gerade keine Zeit. »Ich komme ein andermal«, versprach ich ihr.

Sie gab mir ihre Adresse und versicherte mir, ich sei jederzeit willkommen.

Ich freute mich, eine Freundin gewonnen zu haben, und nahm mir vor, sie bald zu besuchen. Ich ahnte nicht, wie bald das passieren würde. Im nächsten Augenblick sah ich in einiger Entfernung Marysias Vetter Michael. Er hatte mich auch entdeckt und kam auf mich zu.

»Ich bin Marysias Vetter, erinnerst du dich?«, sprach er mich an. »Ich habe gesehen, dass du in Krakau ausgestiegen bist, und bin dir gefolgt. Ich habe viel über dich gehört und weiß, dass du sehr schüchtern und menschenscheu bist. Glaub mir, ich hab in Bitterfeld viele Mädchen kennengelernt, aber keine hat mich interessiert.«

Als ich nichts sagte, redete er einfach weiter.

»Schüchtert dich vielleicht meine Größe ein? Ich kann mich nicht kleiner machen, aber ich verspreche dir, dass es dir nie an irgendetwas mangeln wird, wenn du mich heiratest. Meine Eltern sind im Krieg sehr reich geworden, Stefciu, und ich bin ihr einziger Sohn. Wie würde es dir gefallen, in einer schönen Villa in Zamość zu wohnen?«

Lieber Himmel!, dachte ich. Wir waren also fast Nachbarn. Zamość lag ganz in der Nähe von Tarnogród.

Jetzt war ich mir ganz sicher, dass er keine Ahnung hatte, dass ich Jüdin war. Womöglich nahm er sogar an, ich hätte in Krakau viele Verwandte, die ich besuchen wollte, bevor ich nach Hause fuhr. Offenbar hatte Marysia ihm gesagt, dass ich nicht aus Krakau stammte.

»Bitte«, flehte er mich an, »darf ich dich heute Abend ins Kino oder in ein Restaurant einladen? Du darfst dir aussuchen, wohin wir gehen.«

Es wäre nicht sehr klug gewesen, ihn wissen zu lassen, dass

ich nicht im Geringsten an ihm interessiert war. Es schien mir besser, ihn eine Weile hinzuhalten und zu hoffen, dass er irgendwann genug davon hatte, oder bis es mir gelang, ihn irgendwie abzuschütteln.

»Heute geht leider nicht«, sagte ich und warf einen Blick auf meine Uhr. »Ich bin in einer Stunde verabredet.«

Zum Glück hatte ich die Adresse der jungen Frau, und ich fragte den nächsten Passanten nach dem Weg. Michael folgte mir. Als er sah, wie ich das Haus betrat, notierte er sich die Adresse und ließ mich in Ruhe. Jetzt, wo er zu wissen glaubte, wo ich wohnte, hatte er keine Eile mehr.

Ich schaute aus dem Fenster, bis Michael verschwunden war, dann verabschiedete ich mich von meiner neuen Freundin und versprach ihr, am nächsten Vormittag um zehn wiederzukommen. »Jetzt muss ich nach Hause«, sagte ich. »Meine Mutter wartet auf mich.«

Bevor ich aus dem Haus trat, steckte ich mir das Haar hoch, damit ich von Weitem aussah, als wäre ich jemand anders. Zum Glück begegnete ich Michael nicht auf dem Weg zu den Adamskis.

Ich erzählte den Adamskis, dass ein junger Mann hinter mir her sei, und bat sie, ihm zu sagen, ich sei bereits abgereist, falls er bei ihnen auftauchen sollte. Die junge Frau besuchte ich nie wieder, aus Angst, Michael noch einmal über den Weg zu laufen. Außerdem beschloss ich, noch eine Weile bei den Adamskis zu bleiben, in der Hoffnung, dass Michael Krakau zuerst verlassen würde.

Anderthalb Wochen später entschloss ich mich, nach Lublin weiterzufahren, und gab Frau Adamski eine alte Strickjacke und ein Kleid, um meine Rechnung zu begleichen. Kleidungsstücke kosteten damals in Polen ein Vermögen. Dann packte ich meinen Koffer und bat Herrn Adamski, mich in seiner Droschke zum Bahnhof zu bringen.

Ich hoffte, dass es in Lublin noch Juden gab. Vor dem Krieg hatte ich dort Verwandte gehabt, vielleicht lebten ja von denen noch welche. Oder vielleicht gab es ein paar nette Polen, die sich meiner erbarmten und mich eine Zeit lang bei sich aufnahmen. Als junge Frau auf mich allein gestellt, war ich wirklich in einer sehr schwierigen Lage, aber wie immer gab ich die Hoffnung nicht auf.

Allerdings wusste ich nicht, wo ich mit meiner Suche beginnen sollte. Malach war zwar wieder an meiner Seite, das Denken überließ sie jedoch mir allein.

29

Der Soldat Sanford

Die Sonne schien, und ich setzte mich auf meinen Koffer, um mich auszuruhen. Mit dem Koffer konnte ich weder sehr weit gehen, noch wusste ich, wohin ich mich wenden sollte. Vielleicht war es gar keine schlechte Idee, erst mal zu bleiben, wo ich war, dachte ich, es konnte immerhin sein, dass noch mal jemand wie Herr Adamski vorbeikam. So blieb ich auf dem Bahnhofsvorplatz sitzen, als wartete ich auf jemanden.

Nach einer Weile kam ein polnischer Soldat auf mich zu. Ich fand, dass er aussah wie ein Jude, war allerdings immer noch sehr vorsichtig und beschloss, ihn lieber nicht darauf anzusprechen, sondern die Schüchterne zu spielen und ihn in ein harmloses Gespräch zu verwickeln.

Ich schaute ihn an und sagte: »Ich bin gerade aus Deutschland zurückgekommen, und meine Eltern haben mich nicht abgeholt.«

»Da weiß ich leider keinen Rat«, antwortete er. »Aber ich kann dir zeigen, wo die Polizeistation ist. Da kann man dir vielleicht helfen. Es gibt viele Neuankömmlinge in der Stadt.«

»Wo kommen Sie denn her?«, fragte ich.

»Ich war eine Zeit lang in Russland«, sagte er. »Ich habe gegen die Deutschen gekämpft.«

»Haben Sie viele Deutsche getötet?«

»Nicht so viele, wie ich es gern getan hätte«, antwortete er. »Was für seltsame Fragen für so ein junges Mädchen! Wieso interessiert dich das alles überhaupt? Du siehst ziemlich wohlgenährt aus, und gut gekleidet bist du obendrein. Du hast bestimmt nicht so viel gelitten wie meine …«

Er sprach den Satz nicht zu Ende, aber ich wusste genau, dass er sagen wollte: »... wie meine Verwandten«. Das war der Beweis, dass er Jude war.

»Aus welcher Stadt kommst du denn?«, fragte er freundlich.

»Aus Tarnogród«, antwortete ich zögernd.

»Ich habe von Tarnogród gehört«, sagte er. »Und was hast du in Deutschland gemacht?«

»Ich habe mich zum Arbeitsdienst gemeldet«, sagte ich.

»Dir muss es ja zu Hause richtig schlecht gegangen sein, dass du in so jungen Jahren von deiner Familie wegwolltest.«

»Ich musste Polen verlassen«, sagte ich.

Er musterte mich eingehend, so als dämmerte ihm, dass ich ihm nicht die ganze Wahrheit sagte.

»Für mich siehst du aus wie eine Deutsche, und du klingst auch so.«

»Ich spreche sehr gut Deutsch«, sagte ich, »aber ich bin keine Deutsche. Und ich will auch nichts mit den Deutschen zu tun haben.«

»Aber offenbar haben sie dich gut behandelt. Hunger scheinst du jedenfalls nicht gelitten zu haben, und deine Kleider sind auch gut in Schuss.«

Ich sah ihm an, dass er sich fragte, wer ich wirklich war.

»Bist du sicher, dass dich jemand abholen kommt?«, fragte er dann. »Tarnogród ist ziemlich weit weg von Lublin. Vielleicht solltest du lieber bis Zamość fahren. Das ist viel näher an Tarnogród.«

Michael hatte von Zamość gesprochen. Ich sagte dem Soldaten, da wolle ich nicht hin, denn dort hätte ich keine Verwandten.

»Das verstehe ich«, sagte er. »Junge Mädchen wie du sollten lieber nicht allein unterwegs sein, das ist gefährlich. Andererseits habe ich den Eindruck, dass du ganz gut allein zurechtkommst. Ich hatte eine Schwester in deinem Alter, die hätte nie allein reisen können, so wie du es tust.«

»Was ist mit ihr passiert?«, fragte ich, denn mir war aufgefallen, dass er von seiner Schwester in der Vergangenheit gesprochen hatte.

Nach kurzem Zögern antwortete er: »Sie ist nicht mehr am Leben.«

»Und der Rest deiner Familie?«, fragte ich.

Er überging meine Frage und schaute mich streng an. »Komm mit, wir setzen uns in ein Restaurant. Beim Essen kannst du mir dann von dir erzählen.«

In dem Restaurant saßen viele Soldaten, die ihn alle zu kennen schienen. Wir setzten uns an einen Tisch, doch als ich mich umschaute, erstarrte ich, denn an einem Tisch in der Nähe saß Michael. Er musste mir gefolgt sein. Ich musste mir ganz schnell etwas einfallen lassen. Ich brauchte Schutz.

Ich sagte dem Soldaten, dass mich ein junger Mann verfolgte, der mir Böses wollte, und zeigte ihm Michael.

»Das haben wir gleich«, sagte er.

Er bat ein paar Soldaten, sich zu uns an den Tisch zu setzen und so zu tun, als wären sie alle gut mit mir befreundet. Das werde Michael sicherlich abschrecken, sagte er.

Kurz darauf stand Michael tatsächlich auf und verließ das Restaurant. Doch beim Hinausgehen warf er mir einen wütenden Blick zu, als wollte er mir sagen: »Eines Tages erwische ich dich, wenn keine schwer bewaffneten Soldaten in der Nähe sind!«

Die anderen Soldaten kehrten wieder an ihre Tische zurück, und wir bestellten uns etwas zu essen. Ich bat um ein paar Scheiben Brot mit Butter und eine Tasse Kaffee. Mir fiel auf, dass der Soldat auch nichts bestellte, was nicht koscher war.

»Wie heißt du?«, fragte er.

Ich antwortete nicht sofort.

»Traust du dich nicht, mir deinen Namen zu sagen?«, fragte er.

»Im Moment nenne ich mich Stefania Iwkiewicz, aber früher hieß ich Mala Szorer«, sagte ich. Im nächsten Moment fragte ich mich, ob es eine kluge Entscheidung gewesen war, meinen richtigen Namen preiszugeben. Wenn er nun feindselig wurde, wo sollte ich dann hin? Zumal ich doch damit rechnen musste, dass Michael mir auflauerte.

Als ich Malach streichelte, um mich ein bisschen zu beruhigen, fragte der Soldat: »Wieso hast du die Katze bei dir?«

»Diese Katze ist meine beste Freundin. Ich nenne sie Malach.«

Die Augen des Soldaten weiteten sich, als ich ihm den Namen meiner Katze nannte. Einen Moment lang brachte er kein Wort heraus. »Wusste ich's doch!«, sagte er dann. »Malach ist das hebräische Wort für Engel. Du bist Jüdin!«

Ich nickte, während er aufgeregt fortfuhr. »Ich kann mir ziemlich genau vorstellen, was du durchgemacht hast. Bist du die einzige Überlebende aus deiner Familie? Es wundert mich überhaupt nicht, dass du als Christin durchgehst. Erst als du mir gesagt hast, wie deine Katze heißt, war ich mir sicher, dass du Jüdin bist. Ich bin auch Jude. Ich kenne Tarnogród, weil meine Tante Chaya einen Lehrer von dort geheiratet hat. Es war ihre zweite Ehe, ihr Mann hieß Yanchi Akst.«

Obwohl ich von Anfang an vermutet hatte, dass er Jude war, konnte ich es nicht fassen, als er den Namen seines Onkels nannte. »Yanchi Akst?«, rief ich aus. »Das war mein Großvater mütterlicherseits! Wie heißen Sie?«

»Sanford«, sagte er. »Komm, lass uns gehen. Ich bringe dich zur *Jeschiwa*, dort ist jemand, der dir helfen kann. Und da bist du auch vor diesem Polen in Sicherheit.«

»Er ist Ukrainer«, berichtigte ich ihn. »Er behauptet, seine Eltern seien im Krieg reich geworden.«

»Das glaube ich gern«, sagte er. »Aber mach dir keine Sorgen. Wir Soldaten sorgen dafür, dass er sich nicht mehr in deine Nähe traut.«

Wieder war ein Wunder geschehen, und auf dem Weg zur *Jeschiwa* dankte ich *HaSchem* dafür, dass er mich einmal mehr gerettet hatte – diesmal vor dem Ukrainer. Ich begriff immer noch nicht, warum *HaSchem* mich auserwählt hatte. Meine Eltern, mein Bruder und meine Schwestern waren viel bessere Menschen gewesen als ich. Warum hatte er mich furchtlos gemacht? Warum hatte er mir so viel Mut gegeben und genug Kraft, um all das Leid zu überstehen? Warum hatte ausgerechnet ich überlebt?

Doch auch andere Juden hatten mithilfe von Wundern überlebt. Jeder Überlebende des Holocaust hatte sein Leben einem Wunder zu verdanken. Vielleicht würde ich eines Tages etwas über diese anderen Überlebenden lesen und eine Antwort finden. Vielleicht konnte ich dann anfangen, das Trauma der sechs Schreckensjahre zu verarbeiten und an die Zukunft zu denken.

Die Familie des Soldaten Sanford war auch ausgelöscht worden, allerdings wusste er nicht genau, auf welche Weise. Er hatte überlebt, weil er in der polnischen Armee gedient hatte. »Wir beide haben Glück, dass wir noch jung sind«, sagte er. »Viele Menschen haben zwar überlebt, aber ihre Kinder verloren. Für sie gibt es keinen Neuanfang. Aber wir können uns ein neues Leben aufbauen und wieder glücklich werden.«

Ich fragte den Soldaten, ob er meinte, ich könne es riskieren, nach Tarnogród zu fahren. Ich sehnte mich so sehr danach, meine Heimatstadt noch einmal zu sehen.

Doch er riet mir dringend davon ab. »Wenn euer Haus nicht mitsamt dem ganzen Ghetto dem Erdboden gleichgemacht wurde«, sagte er, »wohnen jetzt garantiert Polen darin.«

Er erzählte mir schreckliche Geschichten von Partisanen, die nach Jahren des Widerstands in den polnischen Wäldern in ihre Häuser zurückgekehrt waren und von Leuten ermordet wurden, die sich ihre Häuser angeeignet hatten. Ich konnte nicht verstehen, wie es möglich war, dass die Polen sich genauso benahmen wie ihre Unterdrücker. Anstatt aus lauter Gier Leute zu ermorden, sollten sie lieber froh sein, dass die Deutschen den Krieg verloren hatten! Sie ahnten nicht, dass sie für die Deutschen »polnisches Ungeziefer« waren, nur dazu gut, die Juden zu verraten.

30

In der Jeschiwa

Unterwegs fragte mich Soldat Sanford: »Wo hast du denn mitten im Krieg so ein schönes Kleid bekommen?«

»Ich habe mehrere schöne Kleider im Koffer«, antwortete ich.

Er meinte, wenn ich die Kleider auf dem Markt verkaufte, würden sie mir genug Geld einbringen, um eine Weile davon zu leben, und er erbot sich, mir dabei zu helfen.

»Ich nehme an, es war ein Scherz, als Sie gesagt haben, Sie würden mich zur *Jeschiwa* bringen«, sagte ich. »Die ist doch nur für Jungen.«

»Die *Jeschiwa* dient jetzt als Unterkunft für Juden, die aus Russland oder aus den Wäldern zurückkehren«, sagte er. »Ich weiß nicht, ob sie ein Bett oder auch nur eine Decke für dich haben, aber es ist Sommer, und die Nächte sind lau. Ich vertraue auf *HaSchem* und glaube, dass sich unser Schicksal bis zum Winter wendet. Auf jeden Fall bist du dort unter Freunden.«

In der *Jeschiwa* angekommen, verabschiedete sich der Soldat Sanford. Er sagte, er habe Unterkunft und Verpflegung bei der Armee. Aber er versprach, in wenigen Tagen zurückzukommen, um mir beim Verkauf der Kleider zu helfen.

Als er fort war, sagte ich zu Malach: »Sieht so aus, als würde ich dich noch eine Weile brauchen. Also lass mich bitte nicht allein.«

Es war ein Schock, so viele entmutigte Menschen zu sehen. Sie waren in Lumpen gekleidet, und man sah ihnen an, wie viel Leid sie erfahren hatten. Ihren Geschichten hörte ich aufmerksam zu.

Die Bedingungen in der *Jeschiwa* waren nicht angenehm, aber es tat gut, unter Juden zu sein und keine Angst haben zu müssen. Ich erzählte ihnen ein bisschen von dem, was ich durchgemacht hatte und wie einsam ich gewesen war, doch dann schlief ich erschöpft ein. Mit einem Gefühl der Leichtigkeit und der Freiheit im Herzen, das ich lange nicht mehr empfunden hatte, schlummerte ich tief und fest.

Als ich aufwachte und sah, dass ich unter Freunden war, fühlte ich mich glücklich. Sie waren alle viel älter als ich, und sie kümmerten sich rührend um mich. Sie bereiteten mir eine Mahlzeit, und beim Essen erzählten sie mir von sich. Die meisten waren verheiratet gewesen und hatten mehrere Familienmitglieder verloren. Einige waren Partisanen gewesen und hatten versucht, nach Hause zurückzukehren, nur um festzustellen, dass ihre Häuser jetzt von Polen bewohnt waren. Aus Angst, ermordet zu werden, hatten sie es nicht gewagt, ihre Häuser zurückzufordern.

Am nächsten Tag kam der Soldat Sanford und half mir wie versprochen, eins von meinen schönen Kleidern auf dem Markt zu verkaufen. Ich bekam so viel Geld dafür, dass ich mich davon mehrere Wochen lang würde ernähren können. Ich erzählte dem Soldaten, dass die Leute in der *Jeschiwa* viel älter waren als ich und dass ich lieber mit jungen Mädchen zusammenwohnen würde.

Er erkundigte sich für mich und fand heraus, dass es in Będzin eine Unterkunft für Mädchen gab, die das Konzentrationslager überlebt hatten. Allerdings seien einige dieser Mädchen sehr entkräftet, und sie zu erleben könnte mich erschrecken. Aber als er mir außerdem sagte, dass Waisen demnächst nach Palästina geschickt würden, konnte ich es kaum erwarten, mich auf den Weg nach Będzin zu machen. Ich war ganz aufgeregt und konnte mein Glück kaum fassen. Ich würde in die spirituelle Heimat meines Volks kommen!

31

Die Mädchen im Dom Mondziejowski

In Będzin angekommen, ging ich auf direktem Weg zu der Unterkunft Dom Mondziejowski. Der Anblick, der mich dort erwartete, erfüllte mich mit großer Traurigkeit, denn die Mädchen wirkten mehr tot als lebendig. Sie waren total abgemagert, ihre Haut war grau, ihr Blick leer. Genau wie die Überlebenden des Konzentrationslagers in Halle hielten sie mich für eine Christin, die gekommen war, um sie anzustarren und sich auf ihre Kosten zu amüsieren.

Als ich fragte, ob es in der Unterkunft noch Platz für mich gab, starrten sie mich verständnislos an, als könnten sie nicht verstehen, was eine wohlgenährte Christin in einer Unterkunft wollte, die eher einem Krankenhaus glich.

Sie beäugten mich ängstlich, als wäre ich eine Verrückte. »Wieso gehst du nicht zu deinen Eltern?«, fragten sie. »Das hier ist eine Notunterkunft für Jüdinnen.«

»Meine Eltern sind tot«, antwortete ich. »Ich habe kein Zuhause mehr. Auch ich bin eine Überlebende des Holocaust, und ich bin froh, dass ich euch gefunden habe.«

Ihre Augen weiteten sich vor Staunen, aber nach einer Weile ließen sie sich von mir umarmen. Ich versprach ihnen, sie mit dem Notwendigsten zu versorgen, bis ihre Haare ein bisschen gewachsen waren, denn ich merkte schnell, dass sie sich mit ihren kahlen Köpfen nicht nach draußen trauten. Man hatte ihnen in den Konzentrationslagern die Köpfe geschoren, und sie litten an Unterernährung und allen möglichen Krankheiten.

Einige hatten Typhus und waren von den anderen isoliert

worden. Es gab niemanden, der sich um sie kümmerte, denn der *United Palestine Appeal* konnte nicht genug freiwillige Helfer finden. Ich bot meine Dienste an und wurde sofort genommen. Da ich mich davor hütete, die Toiletten der Kranken zu benutzen, steckte ich mich zum Glück nicht an. Sie dankten mir überschwänglich, wenn ich ihnen zu essen brachte. Und tatsächlich wurden sie wieder gesund, was an ein Wunder grenzte, denn die Deutschen hatten sie lange Zeit hungern lassen.

»Du bist ein Engel, den der Himmel schickt«, sagten sie immer wieder zu mir.

»Ich bin kein Engel«, antwortete ich dann, »ich bin es nur gewohnt, Lebensmittel zu organisieren.«

Ich war glücklich, endlich wieder unter Juden zu sein, und noch glücklicher darüber, dass *HaSchem* mich rechtzeitig zu ihnen geschickt hatte, denn sie alle brauchten meine Hilfe. Aber ich spürte, dass sie mir nicht wirklich vertrauten. Wenn die Mädchen sich am Schabbat über ihre Auswanderungspläne nach *Eretz Yisrael* austauschten, schickten sie mich weg, weil einige mich immer noch für eine Spionin hielten. Die Eheleute, die die Unterkunft leiteten, trösteten mich und baten mich, den Mädchen zu verzeihen. Sie betonten immer wieder, wie dankbar sie mir dafür waren, dass ich mich so sehr um die an Typhus erkrankten Mädchen kümmerte.

Erst an *Rosch ha-Schana* gelang es mir, das Vertrauen der Mädchen zu gewinnen. Wir gingen alle zusammen zu einem *Minjan*, und die Mädchen staunten nicht schlecht, als sie feststellten, dass ich nicht nur zu beten verstand, sondern mich auch mit den Gebetsritualen und den unterschiedlichen Gebetbüchern viel besser auskannte als sie. Ich hatte seit Jahren kein Gebetbuch mehr in der Hand gehabt, aber ich erinnerte mich noch an jedes Detail.

32

Endlich frei

Wir waren immer noch in Lebensgefahr, denn in Będzin waren antisemitische Übergriffe nach wie vor an der Tagesordnung. Wir konnten nicht einmal gefahrlos durch die Straßen der Stadt gehen. Trotz meiner schlimmen Erfahrungen in den vergangenen Jahren war ich auf die Gewalttaten, die jetzt nach dem Krieg Tag für Tag in Polen verübt wurden, nicht vorbereitet. Manchmal fragte ich mich, ob der Krieg wirklich vorbei war. Für diese Mörder war das Töten keine Sünde, solange sie gute Beute machen konnten.

Ich freundete mich mit zwei Mädchen an, Bella und Reginka; mit ihnen konnte ich mich über die Situation in Polen austauschen. Eines Tages erzählte mir Bella, dass sie, Reginka und zehn weitere Juden einen Polen dafür bezahlt hatten, sie über die Grenze in die Tschechoslowakei zu bringen. Sie sagte, in der Tschechoslowakei könnten Juden freier leben, und fragte mich, ob ich mich ihnen anschließen wolle.

Ich musste nicht lange überlegen. Kurz darauf nahm mich Bellas Vater, der ebenfalls das Konzentrationslager überlebt hatte, beiseite. Er vertraute mir an, dass er den Schmuck der Familie versteckt hatte, bevor man sie alle nach Auschwitz deportiert hatte. Zum Glück hatte er bei seiner Rückkehr den Schmuck noch in dem Versteck vorgefunden, und nun fragte er mich, ob ich ihn mit über die Grenze nehmen und seinen armen Verwandten bringen könne. Zuerst wollte ich das Ansinnen ablehnen, weil ich nicht verstand, warum er nicht seine Tochter bat, den Schmuck über die Grenze zu schmuggeln. Doch dann begriff ich, dass mein Einsatz als Kurier der Preis dafür war, in die Tschechoslowakei zu gelangen. Die Sache war zwar recht gefährlich, aber ich wollte so dringend aus Polen rauskommen, dass ich mich entschloss, das Risiko einzugehen.

Als unser Zug kurz vor der Grenze an einem kleinen Bahnhof hielt, gab Bellas Vater mir ein kleines Päckchen. Er wies mich an, es an meinem Körper zu verstecken, und sagte mir, dass man uns vor dem Überqueren der Grenze durchsuchen würde. Ehe es dazu kam, sollte ich losrennen, so schnell mich meine Füße trugen. Er meinte, ich sei kräftiger als Bella und Reginka und sogar kräftiger als die zehn mitreisenden Männer, deswegen hätte ich die größte Chance, es zu schaffen. Plötzlich bekam ich es mit der Angst zu tun und bezweifelte, dass es eine kluge Entscheidung gewesen war, in den Plan einzuwilligen, aber jetzt war es zu spät, um einen Rückzieher zu machen. Außerdem war es meine einzige Chance, das Land zu verlassen.

Kurz vor der Grenze wollte ein polnischer Soldat mich durchsuchen, doch ich wehrte mich, befreite mich aus seinem Griff und rannte los in Richtung Grenze. Kugeln pfiffen mir um die Ohren. Es gelang mir, die tschechische Seite zu erreichen und mich unter einem Zug zu verstecken. Derweil wurden die anderen durchsucht und durchgelassen.

Als der Zug auf tschechischer Seite hielt, kam ich aus meinem Versteck und stieg wieder ein. Völlig erschöpft von der Anstrengung legte ich mich auf eine Bank, um mich auszuruhen. Ich hätte erschossen oder gefangen genommen und nach Sibirien geschickt werden können, doch *HaSchem* hatte mir wieder beigestanden. Ich dankte ihm dafür, dass er mir einmal mehr das Leben gerettet hatte. Dann saß Malach plötzlich neben mir, und ich dankte *HaSchem*, dass er auch sie gerettet hatte.

Bald kamen wir in Prag an, wo sich eine Menge jüdische

Flüchtlinge aufhielten. Reginka, Bella und ich fanden eine Unterkunft in einem Kloster, wo freundliche Nonnen vegetarische Mahlzeiten für uns kochten. Wir drei teilten uns ein helles, sauberes Zimmer. Die Männer fanden eine Unterkunft ganz in der Nähe, und am nächsten Tag trafen wir uns, um die Stadt zu erkunden.

Es war herrlich, durch die Straßen von Prag zu spazieren. Nicht nur war die Stadt sehr schön, auch die Menschen waren sehr freundlich, ganz anders als die boshaften Polen. Sie lächelten uns an und hießen uns in ihrem Land willkommen. Wenn wir nach dem Weg fragten, nahmen sie uns bei der Hand und begleiteten uns ein Stück. Sie wussten, dass wir Juden waren, und wollten uns helfen. Sie zeigten uns die berühmte Altneu-Synagoge mit der Uhr, auf der die Zeit in hebräischen Zeichen angegeben wird, aber leider konnten wir nicht hineingehen. Wir schlenderten durch die sauberen Straßen und bewunderten die eindrucksvolle Architektur. Wir waren in einem freundlichen Land, wo ich endlich wieder frei atmen konnte. Ich war zutiefst dankbar, am Leben zu sein.

Aber es hatte keinen Sinn, lange in Prag zu bleiben. Die Erwachsenen meinten, es sei das Beste, wenn wir nach München weiterreisten. Sie hatten mit Leuten in Prag gesprochen und erfahren, dass man von München aus leichter nach Palästina auswandern konnte. Allerdings brauchten wir unbedingt Passierscheine, und wir hatten keine Möglichkeit, welche zu bekommen. Erstens hätte es Wochen gedauert, und zweitens hätten wir nicht das Geld gehabt, um sie zu bezahlen. Aber die Erwachsenen waren gewieft, und schon bald saßen wir alle im Zug nach München – versteckt unter den Kohlen im Tender.

Als wir in München eintrafen, waren wir alle kohlrabenschwarz, und ich fragte mich, wie wir so durch die Straßen gehen sollten. Aber die Männer hatten vorgesorgt und lauter nasse Handtücher eingepackt, mit denen wir uns wenigstens Gesicht und Hände säubern konnten.

Man schickte uns zu einem Museum, das vorübergehend als Unterkunft und Krankenhaus für Überlebende der Konzentrationslager diente. Freiwillige Helfer der Nothilfe- und Wiederaufbauverwaltung der Vereinten Nationen (UNRRA) versorgten diejenigen, die zu schwach waren, um die Reise anzutreten. Alle waren bei der Befreiung halb verhungert und krank gewesen, selbst die Kinder hatten kaum genug Energie, um herumzutollen.

Ich setzte mich neben eine Frau, die mir erzählte, dass ihre vier Kinder alle tot waren. Sie sei sich ziemlich sicher, dass ihr Mann überlebt hatte, sagte sie, denn er sei sehr kräftig und immer in der Lage gewesen, für sich selbst zu sorgen. Aber sie wusste nicht, wo er war und wo sie nach ihm suchen sollte.

Während wir uns unterhielten, kam ein amerikanischer Soldat herein und schaute sich alle Patienten genau an. Plötzlich starrte die Frau den Soldaten an, schrie aus vollem Hals »Leibel! Leibel!« und sank dann vor Erschöpfung in Ohnmacht. Der Soldat war niemand anders als ihr Ehemann. Nach seiner gelungenen Flucht hatte er sich der amerikanischen Armee angeschlossen. Das bittersüße Wiedersehen der beiden werde ich mein Lebtag nicht vergessen: Mann und Frau überglücklich, sich wiedergefunden zu haben, und zugleich verzweifelt über den Tod ihrer vier Kinder.

Buch fünf

Ein neues Leben

33

Eine Reise nach England

Wir Gesunden wurden zunächst nach Feldafing am Starnberger See geschickt, das vor dem Krieg ein beliebter Urlaubsort gewesen war. Die ehemals eleganten Hotels erinnerten allerdings jetzt an Kasernen: In allen Zimmern standen reihenweise Feldbetten mit schwarzen oder dunkelgrauen Decken. Aber die Zimmer waren hell und sauber.

Zusammen mit einigen anderen jungen Mädchen verbrachte ich schöne Stunden am Seeufer. Wir konnten alle nicht schwimmen, und die jüngsten von uns hatten ihre Kindheit im Konzentrationslager verbracht, wo sie für die Wehrmacht Munition hergestellt hatten. Wir besaßen auch keine Badeanzüge, aber es machte uns nichts aus, mit unseren Sommersachen bekleidet im Wasser zu planschen.

Abends hockten wir auf unseren Feldbetten und erzählten einander bis spät in die Nacht unsere Geschichten. Wir alle hatten Schreckliches erlebt. Als ich meine Geschichte erzählte, sagten die anderen: »Das musst du unbedingt aufschreiben!« Ich nahm mir fest vor, das zu tun, obwohl ich wusste, dass es noch lange dauern würde, bis ich mein Buch veröffentlichen konnte. Ich war sehr unerfahren im Schreiben und hatte nicht viel Schulbildung genossen.

Eines Abends hörten wir laute Stimmen aus einem der Männerschlafsäle. Wir zogen uns schnell an, um nachzusehen, was da los war. Der Anblick, der sich uns bot, ließ uns erschaudern. Mitten im Raum lag ein Mann, der aus mehreren Stichwunden blutete. Er war bei Bewusstsein und flehte um

Hilfe. Niemand rührte sich, er starb ganz langsam. Der Mann war Aufseher in einem Konzentrationslager gewesen und hatte viele Menschen gefoltert. Nach der Befreiung hatte er sich unter den Überlebenden versteckt, doch dann hatte ihn jemand erkannt. Während ich dort stand und ihm beim Sterben zusah, wünschte ich, ich könnte ihm für jedes Mitglied meiner Familie noch eine weitere Wunde zufügen.

Von da an ließen die Amerikaner, die noch mehr Racheakte befürchteten, unser »Lager«, wie wir das Hotel unter uns nannten, bewachen – und zwar ausgerechnet von deutschen Soldaten. Zwar konnten die Soldaten uns Überlebenden jetzt nichts mehr antun, aber sie erinnerten uns Tag für Tag daran, zu welchen Gräueltaten die Deutschen fähig waren, wenn sie die Macht dazu hatten. Leider konnten wir nichts daran ändern, dass sie uns bewachten. Sie waren von General Eisenhower eingesetzt, und der war schließlich der Oberbefehlshaber der amerikanischen Armee.

Irgendwann war unser Lager überfüllt, sodass wir jungen Mädchen ins Lager Föhrenwald in Wolfratshausen verlegt wurden. Das Lager war nicht so malerisch gelegen wie Feldafing. Wir wussten nicht, dass die Wohnsiedlung, in der wir untergebracht wurden, früher als Zwangsarbeiterlager gedient hatte. Uns fehlte die Gesellschaft der Erwachsenen. Andererseits war die Stimmung jetzt heiterer, denn viele der älteren Überlebenden hatten während des Kriegs ihre Kinder verloren und weinten die ganze Zeit. Da wir nichts anderes zu tun hatten, verbrachten wir unsere Tage mit Essen, Putzen und langen Spaziergängen. Wir sehnten uns alle danach, endlich wieder zur Schule zu gehen oder einen Beruf zu erlernen. Dazu sollten wir erst viel später Gelegenheit bekommen.

Aber an künstlerischem Talent mangelte es uns nicht, und wir beschlossen, in München eine Show auf die Bühne zu bringen, um die kranken Flüchtlinge aufzumuntern, die immer noch in dem Museum lebten. Wer an der Show mitwirken wollte, musste eine gute Stimme haben, denn es sollte nicht nur getanzt, sondern auch gesungen werden. Ich war fürchterlich enttäuscht, als man mir sagte, meine Stimme sei nicht gut genug, ich müsse mich leider unter die Zuschauer mischen. Ich konnte ja nicht ahnen, dass ich, wäre meine Stimme gut genug für die Bühne gewesen, heute dieses Buch nicht schreiben würde.

Wir waren in Hochstimmung, als wir auf die Lastwagen stiegen, die uns nach München bringen sollten, und wir sangen auf der ganzen Fahrt. Es würde ein Fest der Freude werden für diese Jugendlichen. Wir würden als freie Menschen auf der Bühne stehen und für freie Menschen singen.

Die Mädchen legten eine großartige Show hin, und sie bekamen großen Applaus. Nach der Aufführung bot man uns Erfrischungsgetränke an, dann kamen zwei Lastwagen, die uns nach Föhrenwald zurückbringen sollten. Die Sängerinnen, von einem ganz neuen Corpsgeist erfüllt, stiegen alle auf die Ladefläche des ersten Lastwagens, für mich blieb nur noch Platz bei den anderen im zweiten. Unser Lastwagen fuhr voraus, und erst als wir in Föhrenwald eintrafen, erfuhren wir, dass der andere einen Unfall gehabt hatte. Der Fahrer war betrunken gewesen und hatte die Kontrolle über das Fahrzeug verloren. Der Lastwagen war in einen Graben gefahren und umgekippt, und alle waren ums Leben gekommen.

Wir waren fassungslos und weinten bitterlich. Nicht zu glauben, dass diese Mädchen, die die Folter und den Hunger im Konzentrationslager überlebt hatten, jetzt, wo sie endlich frei waren, bei einem Unfall ums Leben gekommen waren. Am nächsten Tag wurden die Toten nach Föhrenwald gebracht. Es war einer der traurigsten Momente in all den traumatischen Jahren. Jetzt begriff ich, warum *HaSchem* mir keine gute Stimme gegeben hatte.

Eines Tages herrschte große Aufregung im Lager, denn General Eisenhower stattete uns einen Besuch ab. In seiner Rede brachte er seine Bewunderung für unsere Tapferkeit zum Ausdruck. Er sagte, wir hätten mindestens ebenso viel Mut bewiesen wie seine Soldaten auf dem Schlachtfeld. Wir waren sehr stolz und schenkten ihm ein Bild, das ein Überlebender gemalt hatte. Er versicherte uns, er werde persönlich dafür sorgen, dass alles unternommen werde, um unsere Lebensumstände zu verbessern.

Ich lag allerdings mit Kopfschmerzen im Bett, während er seine Rede hielt, und erfuhr erst hinterher, was er gesagt hatte. Als er später die Schlafsäle inspizierte, schenkte er mir eine Tafel Schokolade. Eigentlich hatte ich nur leichte Kopfschmerzen und war bloß insgeheim wütend auf Eisenhower, weil er uns von Deutschen bewachen ließ. Aber die Schokolade war sehr lecker, es war seit sechs Jahren die erste, die ich aß.

Die herrliche Landschaft lud zu langen Spaziergängen ein, und ich zog immer wieder allein los. Wenn ich so für mich allein durch den Wald ging, dachte ich an die Verwandten, die mir geblieben waren. Ich hatte zwei Onkel, die uns früher ab und zu in Tarnogród besucht hatten. Soweit ich wusste, lebten zwei Brüder meines Vaters immer noch in Uruguay. Der Bruder meiner Mutter war nach Palästina ausgewandert, als ich noch klein war, vermutlich lebte er nach wie vor dort. Ich hatte zwar keine Adresse von ihm, doch ich schrieb ihm trotzdem einen Brief.

Lieber Onkel Shmuel,
ich weiß nicht, ob Du Dich an mich erinnerst, deswegen möchte ich mich kurz vorstellen. Ich bin Mala, die Tochter von Itzik und Deiner verstorbenen Schwester Frimchy. Vielleicht erinnerst Du Dich, dass Du uns 1933 in Tarnogród

besucht hast, kurz bevor Du nach Palästina ausgewandert bist. Damals hast Du mit mir gespielt, und ich weiß noch, wie mich Dein Bart gekitzelt hast, als Du mich an Dich gedrückt hast. Ich erinnere mich sogar daran, dass wir Dich alle zum Bahnhof begleitet haben, als Du abgereist bist. Ich war ganz traurig. Ich erinnere mich noch an die dicke Ananas, die Du uns mitgebracht hast; wir hatten noch nie Ananas gegessen und haben sie für eine besondere Gelegenheit aufgehoben. All das weiß ich noch, als wäre es gestern gewesen.
Es tut mir schrecklich leid, dass ich so schlimme Nachrichten habe, aber ich muss Dir leider mitteilen, dass ich die einzige Überlebende unserer Familie bin. Alle anderen sind tot, auch Dein Vater und Dein Bruder Abram. Sie sind am 1. November 1942 erschossen worden. Soweit ich weiß, bin ich die einzige Überlebende der jüdischen Gemeinde von Tarnogród. Du denkst bestimmt, ich hätte großes Glück gehabt, aber ich fühle mich sehr, sehr einsam. Bitte verzeih die Flecken auf dem Papier, es ist mein dritter Versuch, diesen Brief zu schreiben, ohne zu weinen. Aber auch wenn ich es noch hundert Mal versuchte, könnte ich meine bitteren Tränen nicht zurückhalten. Es ist unwahrscheinlich, dass Du diesen Brief jemals bekommst, da ich Deine Adresse gar nicht habe, aber meine Trauer zu Papier zu bringen, ist eine Erleichterung. Ich wünsche Dir alles Gute, und bitte verzeih mir, dass ich Dich so traurig mache.
Deine Mala

Auf den Umschlag schrieb ich *Shmuel Akst, Palästina*. Nachdem ich den Brief geschrieben hatte, ging es mir besser, denn ich war ein winziges bisschen von meiner Trauer losgeworden. Und die schwere Verpflichtung, Beweismaterial darüber zu sammeln, was meinem Volk widerfahren war, war auch ein bisschen leichter geworden. Da ich nicht damit rechnete, dass der Brief bei meinem Onkel ankam, wartete ich auch nicht auf eine Antwort.

Dann passierte Folgendes: Mein Brief traf in Palästina ein, jemand öffnete ihn und las ihn. Tief berührt von seinem Inhalt gab dieser Jemand in mehreren großen Tageszeitungen eine Anzeige auf, und so erreichte die Nachricht von meinem Überleben meinen Onkel Shmuel. Als sein Brief in Föhrenwald eintraf, war ich jedoch schon abgereist, und der Brief wurde nach Palästina zurückgeschickt. Da in den israelischen Zeitungen über den tödlichen Unfall des Lastwagens berichtet worden war, glaubte mein Onkel, ich sei unter den Todesopfern gewesen. Er und seine Familie waren sehr traurig, ganz besonders, weil sie der Meinung waren, dass ich, nachdem ich die Hölle auf Erden durchgemacht hatte, etwas Besseres verdient gehabt hätte.

Man ließ uns die Wahl, in welches Land wir ausreisen wollten. Ich meldete mich für Palästina in der Hoffnung, dort meinen Onkel zu finden. Aber die Zeit verging, und meine Einreisepapiere kamen einfach nicht. Weil ich aber unbedingt so schnell wie möglich aus Deutschland wegwollte, bewarb ich mich für eine Reiseerlaubnis nach England, um mich einer Gruppe Kinder und Jugendlicher anschließen zu können. Schon bald wurde mein Antrag bewilligt. Die britische Regierung hatte sich bereit erklärt, eine gewisse Anzahl an Kindern und Jugendlichen aufzunehmen, die in Großbritannien ihre Schulbildung abschließen wollten. Das kam mir sehr entgegen, denn ich sehnte mich danach, wieder zur Schule zu gehen.

Unsere Aufregung und unsere Freude darüber, das Land zu verlassen, in dem wir so grausam behandelt worden waren, lässt sich nicht mit Worten beschreiben. Ungeduldig zählten wir die Tage und später die Stunden, bis es endlich losging.

Am Tag vor unserer Abreise machten die Frauen von der Nothilfe- und Wiederaufbauverwaltung mit uns einen Ausflug in die idyllische Gegend um Garmisch-Partenkirchen. Wir verbrachten den Tag damit, patriotische englische Lieder zu lernen. Ich werde nie vergessen, wie sehr ich mich darauf freute, in ein Land zu reisen, wo es kein Verbrechen war, Jude zu sein. Wir waren alle total aufgeregt und übten den ganzen Abend lang die englischen Lieder.

Endlich kam der große Tag: Am 30. Oktober 1945 flogen wir nach England. Wegen eines technischen Problems musste unser Flugzeug jedoch notlanden. Wir waren schrecklich enttäuscht, als wir feststellen mussten, dass wir uns immer noch in Deutschland befanden. Da es in dem kleinen Ort kein Hotel gab, mussten wir in einem verlassenen Gefängnis übernachten. Es stank fürchterlich, alles war verdreckt und voller Läuse und Bettwanzen. Wir alle, sogar die Frauen, die uns begleiteten, kratzten uns andauernd und taten die ganze Nacht kein Auge zu. Am nächsten Morgen mussten wir uns duschen und umziehen.

Am 1. November 1945 landeten wir in England und wurden nach London gebracht. Als der Zug in den Bahnhof einlief, sangen wir die englische Nationalhymne, die wir in Deutschland gelernt hatten. Die Leute im Bahnhof waren sehr beeindruckt von unserem Gesang und klatschten begeistert Beifall. Anscheinend war in den Zeitungen von unserer Ankunft berichtet worden, denn es hatten sich viele Menschen versammelt, um uns zu begrüßen, Juden und Nichtjuden.

Obwohl es schon fast Mittag war, herrschte in London ein derartiger Nebel, dass man hätte meinen können, es sei mitten in der Nacht. Als die kleinen Kinder den dichten Nebel sahen, flüchteten sie sich schreiend zurück in den Zug. Der Nebel erinnerte sie an den Rauch im Konzentrationslager, und sie glaubten, sie wären nach London gebracht worden, um vergast zu werden. Die Frauen, die uns begleiteten, hatten alle Mühe, die armen Kinder wieder aus dem Zug zu locken und ihnen zu erklären, dass der Nebel in London etwas ganz Normales war. Auch ich hatte noch nie im Leben solchen Nebel gesehen.

Man reichte uns Sandwiches und Apfelsinen. Einige Kinder hatten seit sechs Jahren kein Obst gegessen. Manche hatten überhaupt noch nie Apfelsinen gesehen und hielten sie für Bälle, die sie einander zuwarfen. Ich hatte als Kind in Tarnogród hin und wieder ein oder zwei Stücke Apfelsine bekommen, wenn mein Onkel Shmuel ein Paket aus Palästina geschickt hatte.

Nachdem der Nebel sich verzogen hatte, fuhren wir zu einem Auffanglager für Flüchtlinge namens Wintershill Hall. Dort wurden wir von Freiwilligen betreut, deren Aufgabe es war, uns wieder an ein normales Leben zu gewöhnen. Ein paar Wochen später wurde ich zusammen mit anderen Mädchen in ein Waisenhaus in Great Chesterfield in der Nähe von Cambridge gebracht.

Mr Wreshner, der Leiter des Waisenhauses, und seine Frau nahmen uns in Empfang. Fast vom ersten Tag an gab Mr Wreshner uns Englischunterricht. Die Aussprache fiel uns sehr schwer, vor allem das *th*. Aber Mr Wreshner zeigte uns einen Trick: Er sagte uns, wir sollten so tun, als hätten wir eine heiße Kartoffel im Mund. Außerdem gab er uns Spiegel, damit wir uns beim Üben selbst zusehen konnten. Ich muss gestehen, dass ich anfangs dachte, dass ich diese seltsame Sprache nie lernen würde, aber nach einer Weile sprach ich doch ziemlich flüssig.

In der Presse war darüber berichtet worden, dass wir in dem Waisenhaus lebten, und viele Leute hatten inzwischen von uns gehört. Schon bald kamen Einladungen von Familien in London, die uns für eine Weile bei sich aufnehmen wollten. Unsere Unterbringung in Familien war nicht nur ein Zeichen des Wohlwollens, sondern sollte auch dazu dienen, uns an ein normales Leben zu gewöhnen, denn das kannten wir seit sechs Jahren nicht mehr.

Zuerst kam ich in eine Familie namens Stein im West End, in der Nähe der Oxford Street. Ich war sehr beeindruckt von der Herzlichkeit, mit der ich empfangen wurde. Nachdem wir uns lange unterhalten hatten, ging Mrs Stein mit mir einkaufen. Sie kaufte Kleider und Röcke und Blusen und Toilettenartikel für mich. Als wir von unserem Einkaufsbummel zurückkamen, war Mr Stein von der Arbeit nach Hause gekommen.

Die Steins waren ganz aufgeregt und stellten mir beim Abendessen tausend Fragen, was mich nicht störte, denn ich hatte den Eindruck, dass ihnen wirklich etwas an mir lag, so als gehörte ich zur Familie. Das Gefühl weckte Erinnerungen an zu Hause, auch wenn das moderne Haus der Steins mit unserer bescheidenen Bleibe in Tarnogród keinerlei Ähnlichkeit hatte.

Nach dem Abendessen kamen Freunde zu Besuch, denen sie mich vorstellten. Es war zwar nett, die Freunde der Steins kennenzulernen, aber ich war froh, als sie wieder gingen und Mrs Stein mir mein Zimmer zeigte. Nach der Fahrt nach London und dem ausgiebigen Einkaufsbummel war ich ziemlich müde.

Mein Zimmer war hübsch eingerichtet: Es gab einen weichen Teppichboden, und Bettzeug und Vorhänge waren aus demselben geblümten Stoff. Nachdem ich ein Bad genommen hatte, stellte ich fest, dass der Schlafanzug, den Mrs Stein für mich ausgesucht hatte, farblich zum Bettzeug passte. Bevor ich mich schlafen legte, öffnete ich den Kleiderschrank, um all die schönen Sachen zu betrachten, die Mrs Stein für mich gekauft hatte.

Als ich gerade ins Bett gehen wollte, klopfte Mrs Stein an die Tür und kam herein. Sie setzte sich in einen Sessel und holte tief Luft.

»Ich weiß nicht, wie ich anfangen soll, Mala«, sagte sie. »Deswegen komme ich einfach gleich zur Sache. Mein Mann und ich wurden nicht mit Kindern gesegnet, und wir würden dich gern adoptieren, wenn du uns als Eltern akzeptieren könntest. Wir wissen, dass wir dir deine Eltern unmöglich ersetzen können, aber wir glauben, dass wir dir ein glückliches Leben bieten können. In materieller Hinsicht wird es dir an nichts fehlen. Und du würdest uns sehr glücklich machen, Mala. Was sagst du dazu?«

Ich schaute die liebenswürdige Mrs Stein an und dachte an ihren Mann, der sich solche Mühe gegeben hatte, mich aufzumuntern. Obwohl ich die beiden erst seit einem Tag kannte, hatte ich sie schon so sehr ins Herz geschlossen, dass ich Mrs Stein bat, mir bis zum nächsten Tag Bedenkzeit zu geben. Sie umarmte mich so herzlich, als wäre ich bereits ihre Tochter, und wünschte mir eine gute Nacht.

Mrs Stein hatte mich überrumpelt. Ich konnte die ganze Nacht nicht schlafen, lag im Bett und dachte an meine lieben Eltern. Bis zum nächsten Morgen hatte ich meine Entscheidung getroffen. Obwohl meine Eltern nicht mehr lebten, fand ich, dass ich nur ihnen allein gehörte und dass niemand sie jemals würde ersetzen können.

Als Mrs Stein mir am Morgen ein Glas Milch brachte, sah sie, dass ich geweint hatte, und konnte sich schon denken, wie meine Antwort lauten würde.

»Es ist noch viel zu früh, um darüber nachzudenken, ob ich adoptiert werden möchte«, sagte ich. »Die Gräuel, die ich erlebt habe, sind zwar schon viele Jahre her, aber es kommt mir vor, als wären sie erst gestern geschehen.« So schonend wie möglich lehnte ich das Angebot der Steins ab und damit ein Leben in einem schönen Haus bei einer liebenswürdigen Familie.

Beim Abschied hatten wir alle Tränen in den Augen. Ich weinte auf der ganzen Zugfahrt. Trotzdem war ich mir sicher, dass ich die richtige Entscheidung getroffen hatte. Ich wollte nicht nur keine anderen Eltern haben, die Steins waren auch nicht so religiös, wie meine Eltern es gewesen waren und wie ich es gern sein wollte.

Mrs Stein hatte mir alle Sachen eingepackt, die sie für mich gekauft hatte, und beim Auspacken im Waisenhaus fing ich wieder an zu weinen.

34

Die Suche nach Verwandten

Kurze Zeit später wurde ich wieder nach London eingeladen, diesmal von der Familie Rabinowitz, netten Leuten aus Cricklewood. Ebenso wie die Steins hießen sie mich willkommen wie eine alte Freundin, und ich empfand ein Gefühl der Vertrautheit, so als würde ich sie tatsächlich schon lange kennen.

Dann wurde mir bewusst, dass Mr Rabinowitz meinem Vater ähnelte. Aber vielleicht bildete ich mir das auch nur ein, und meine Fantasie spielte mir einen Streich: Mr Rabinowitz war der erste bärtige Jude, dem ich begegnete, seit ich meinen Vater zuletzt gesehen hatte.

Die beiden waren gesellige Leute, und am Schabbat nahmen sie mich mit zu einem Besuch bei ihren Freunden. Alle wollten wissen, was ich durchgemacht hatte und was mit ihren Verwandten auf dem Kontinent geschehen war. Als ich ihnen die schrecklichen Vorkommnisse der vergangenen Jahre beschrieb, konnten sie kaum glauben, was sie hörten. Aber sie umarmten mich und sagten mir, ich solle nicht weinen, obwohl sie selbst in Tränen aufgelöst waren.

»Wie ist es möglich, dass du solche Qualen erlitten hast und immer noch so frohgemut bist?«, fragten sie.

»Ich hatte eine Katze«, sagte ich, »denn einen Engel hatte ich nicht verdient.« Alle sahen mich ratlos an.

Mr Rabinowitz, der ein *Talmid Chacham*, ein Rabbiner, war, kam mir freundlicherweise zu Hilfe: »Den Optimismus nicht zu verlieren, ist ein besonderes Geschenk *HaSchems*.«

Am Sonntag nach dem Frühstück sagte Mr Rabinowitz, er

würde mir gern seinen Laden zeigen. Kurz darauf stiegen wir ins Auto.

Die Rabinowitz hatten vier Kinder, und ich fand es merkwürdig, dass sie nicht mitkamen. »Fahren die anderen nicht mit?«, fragte ich.

»Nein, diesmal nicht«, sagte er.

Als wir ankamen, merkte ich schnell, dass es Mr Rabinowitz gar nicht darum ging, mir seinen Laden zu zeigen. Er war aus einem anderen Grund mit mir allein losgefahren: Er wollte unter vier Augen mit mir reden, außer Hörweite seiner Kinder.

»Hör zu, Mala«, sagte er. »Meine Frau und ich haben dich zu uns eingeladen, damit du siehst, wie ein normales Familienleben aussieht. Aber in den drei Tagen, die du bei uns verbracht hast, haben wir dich kennen und mögen gelernt.« Er holte tief Luft. »Wir würden uns freuen, wenn du bei uns bleiben würdest. Also, wir würden dich gern adoptieren. Was sagst du dazu?«

Ohne auf eine Antwort zu warten, fuhr er fort: »Unsere Zwillinge Tosia und Marysia sind auch adoptiert. Wenn die Zeit gekommen ist, werden wir sie verheiraten und ihnen alles mitgeben, was sie brauchen, so als wären sie unsere leiblichen Kinder. Und dasselbe möchte wir für dich tun, Mala.«

»Das ist jetzt das dritte Mal, dass man mir anbietet, mich zu adoptieren«, antwortete ich. »Bitte nehmen Sie es mir nicht übel, aber ich hatte wunderbare Eltern und möchte sie durch niemanden ersetzen. Es schmerzt mich immer noch so sehr, dass sie nicht mehr da sind. Ich möchte weiterträumen und mir vorstellen, sie wären noch am Leben.«

Seine Augen füllten sich mit Tränen, aber ebenso wie die Steins konnte Mr Rabinowitz mich verstehen. Als ich am nächsten Tag zurück ins Waisenhaus fuhr, fühlte ich mich, als hätte ich Verwandte verlassen. Ich fragte mich, ob es eine kluge Entscheidung war, weiterhin in einem Waisenhaus zu leben. Aber meine Entscheidung basierte auf Gefühlen, nicht auf Logik.

Kurze Zeit später beschloss das jüdische Flüchtlingskomitee, einige von uns größeren Mädchen nach Kings Langley in der Nähe von Watford umzuquartieren. Ein wohltätiger Mann hatte dort ein großes Haus als Wohnheim zur Verfügung gestellt. Wenige Tage nachdem wir uns dort eingerichtet hatten, beschloss das Komitee, einen Gartenbasar zu veranstalten, um Geld für den Unterhalt des Hauses zu sammeln. Es wurde eine Anzeige in den jüdischen Tageszeitungen aufgesetzt, um für den Basar zu werben. Außerdem wurden die Namen der Mädchen abgedruckt, die derzeit in dem Haus wohnten.

Ein Mr Sztokman aus Tarnogród las die Anzeige. Er hatte als Junge die *Cheder* meines Großvaters besucht und kannte meine ganze Familie. Zusammen mit seiner Frau und seinen Eltern war er ein paar Jahre vor dem Krieg nach Deutschland gezogen. Der Familie war es kurz vor Kriegsbeginn gelungen, nach England zu flüchten. Er schrieb mir und lud mich nach London ein. Damals konnte ich noch kaum auf Englisch schreiben, aber es gelang mir, ihm zu antworten und ihn zu fragen, ob er eine Frau hatte, denn das würde es mir erleichtern, ihn zu besuchen.

Schon bald kam die Antwort, diesmal von Mrs Sztokman. Sie schrieb mir, sie und ihr Mann freuten sich auf meinen Besuch; ich könne mir Datum und Uhrzeit aussuchen. »Du sollst wissen«, fuhr sie fort, »dass dein Besuch uns viel bedeutet – uns und vielen unserer Freunde, die auch hier sein werden. Wir sind davon überzeugt, dass die Geschichte deines Überlebens ganz schrecklich ist. Und wir hoffen, dass du uns gute Nachrichten von unseren Verwandten in Tarnogród bringst.«

Die armen Leute hofften immer noch auf Berichte von Verwandten, die auf wundersame Weise überlebt hatten. Ich schob den Besuch vor mir her, denn es widerstrebte mir, ihnen zu erzählen, was in Tarnogród und in ganz Polen passiert war. Ich wusste, dass niemand, der es nicht miterlebt hatte, sich vorstellen oder glauben konnte, welche Gräuel sich dort ereignet hatten.

Aber nach einer Woche überwog die Sehnsucht, Menschen aus meiner Heimatstadt zu treffen, meine Vorbehalte. Ich fuhr nach London zu den Sztokmans und wurde königlich empfangen. Wie Mrs Sztokman es in ihrem Brief geschrieben hatte, waren viele Freunde zusammengekommen in der Hoffnung auf Informationen über Verwandte in Polen.

Während des Abendessens erzählte ich die traurige Geschichte meiner jahrelangen Flucht vor den Nazis. Das Ausmaß der Gräueltaten, die die Nazis auch außerhalb der Konzentrationslager verübt hatten, war noch nicht allgemein bekannt. Was ich ihnen zu berichten hatte, raubte ihnen jede Hoffnung, dass irgendein Familienmitglied überlebt haben konnte. Trauer und Fassungslosigkeit über das Ausmaß der Unmenschlichkeit machte die Sztokmans und ihre Freunde sprachlos. Dann brachen alle in Tränen aus, auch ich. In dem Augenblick weinte ich um die sechs Jahre, in denen ich unter falschem Namen gelebt hatte.

Als die Freunde sich verabschiedeten, wollten sie mir Geld geben, doch ich lehnte es ab. Nicht aus Stolz, sondern weil ich mein eigenes Geld verdienen wollte. Außerdem konnte ich meine Zukunft nicht auf Almosen aufbauen, denn die würden irgendwann versiegen. Ich musste mich auf mich selbst verlassen, nicht auf andere.

Mr Sztokman stellte Erkundigungen an, ob es vielleicht Verwandte von mir gab, die es nach England geschafft hatten. Ein paar Tage später hatte er sehr gute Nachrichten für mich.

»Ein Vetter deines Großvaters ist hier in London«, sagte er. »Er war auf Geschäftsreise in England, als der Krieg ausgebrochen ist.«

»Kann das wirklich sein?«, rief ich aus. »Ein Verwandter von mir hat den Holocaust überlebt?«

Ich war total aufgeregt. In wenigen Tagen würde ich einem Blutsverwandten gegenüberstehen. Voller Vorfreude und mit großer Ungeduld wartete ich auf das Treffen. Gleichzeitig konnte ich immer noch nicht glauben, dass es wirklich wahr war.

Zum Glück erwies sich Meir Schwartz als äußerst real. Als er uns das letzte Mal in Tarnogród besucht hatte, war ich noch klein gewesen, und ich konnte mich kaum an ihn erinnern. Doch als ich ihn sah, blieb mir fast das Herz stehen. Er sah meinem Großvater so ähnlich, dass ich dachte, ich sähe einen Geist.

Es tat mir in der Seele weh, dass ich auch diesem alten Mann die Wahrheit über seine Familie erzählen musste. Er begann zu weinen, denn er hatte seine Frau und alle seine Kinder verloren. Ich versuchte, ihn zu trösten, indem ich ihn daran erinnerte, dass alle unsere Verwandten gute, unschuldige Menschen gewesen waren und dass sie jetzt bestimmt alle im Himmel waren.

Stolz und glücklich erzählte ich dem Vetter meines Großvaters, dass ich in all den Jahren, die ich unter Christen gelebt hatte, stets meinen Glauben praktiziert hatte. Zwar hatte ich während dieser schlimmen Zeit nicht immer alle *Mitzwot* beachten können, aber ich war fest entschlossen, mich von nun an streng daran zu halten. Das freute ihn sehr und machte ihn wieder etwas optimistischer. Außerdem hatte er jetzt eine Mission: Er wollte einen gläubigen Juden finden, den ich heiraten konnte.

35

Ein Schidduch

Endlich kam der Tag des vom Flüchtlingskomitee veranstalteten Basars. Wir hatten unsere Unterkunft, die wir immer sehr sauber und ordentlich hielten, noch mal extra blitzblank geputzt. Da ich Erfahrung mit Gartenarbeit hatte, erbot ich mich, den Rasen zu mähen. Miss Pearlman, der mein »grüner Daumen« schon aufgefallen war, freute sich über mein Angebot. Nachdem ich den Rasen gemäht hatte, schnitt ich einen Armvoll bunter Blumen und arrangierte sie in Vasen, die ich überall im Haus verteilte, um die festliche Stimmung zu unterstreichen.

Wir hatten außerdem unsere Kleider gebügelt und uns herausgeputzt und uns sogar gegenseitig Locken gedreht. Wir wollten schön aussehen, denn man hatte uns gesagt, dass die Gäste uns wahrscheinlich fotografieren würden, um ihren Familien Bilder von uns zeigen zu können: von Mädchen, die auf wundersame Weise den Holocaust überlebt hatten. Wir fühlten uns sehr wichtig und strahlten vor Glück.

Auf hölzernen Tischen hatten wir Knabbereien und Getränke bereitgestellt, die die Frauen des Komitees aus London besorgt hatten.

Endlich trafen die ersten Leute ein. Sie schüttelten uns die Hand und betrachteten uns von oben bis unten, als kämen wir von einem anderen Stern. Aber auch wir selbst hatten das Gefühl, anders zu sein. Wir wussten nur zu gut, dass wir nur mit Gottes Hilfe überlebt hatten. Ich schaute aus dem Fenster in den Garten hinaus, wo lauter bunte Blumen blühten, und kam mir vor wie im Garten Eden. Ich dankte *HaSchem* dafür, dass er es mir ermöglichte, die Düfte zu atmen und mich erneut unter Freunde zu mischen.

Die Stimme unserer Heimleiterin riss mich aus meinen Gedanken. »Kommt mal alle her!«, rief sie. »Die Leute wollen euch fotografieren!«

Wir folgten ihr in die Eingangshalle, wo die Gäste bereits mit gezückten Kameras warteten. Ich fühlte mich groß und beglückt, als wir uns für das Foto aufstellten. Wir waren die Stars des Tages, und alle schauten uns voller Zuneigung an. Sie waren wie gebannt, sagten uns immer wieder, wie sehr sie unseren Mut bewunderten, unsere Fähigkeit, solche Schrecken zu überstehen, nannten uns Heldinnen. »Möge der Herrgott euch segnen«, sagten sie und luden uns ein, sie in London zu besuchen.

Auf einmal hatte ich das Gefühl, dass jemand mich anschaute, und sah mich um. In der Nähe stand Miss Pearlman mit zwei Herren. Die drei unterhielten sich mit ernster Miene, und Miss Pearlman zeigte auf mich. Dann kamen die beiden Männer auf mich zu und stellten sich als meine Onkel vor.

Ich schaute sie ungläubig an. Wie war es möglich, dass die Brüder meines Vaters in Uruguay nicht nur erfahren hatten, dass ich lebte, sondern auch, dass ich in England war?

»Ihr seid Onkel Jacob und Onkel Meilich?«, fragte ich. »Und ihr seid extra aus Uruguay hierhergekommen?«

»Nein, wir wohnen in London«, sagten sie. »Wir kommen ursprünglich aus Deutschland und Holland, und wir sind die Onkel deiner Mutter, nicht die Brüder deines Vaters.«

Ich konnte es kaum glauben und überlegte einen Moment lang, ob sie sich das ausgedacht haben könnten. Doch als sie die Namen meiner Eltern nannten, glaubte ich ihnen.

»Ich hab jetzt Verwandte, richtige Verwandte!«, erzählte ich den anderen Mädchen, die mich sehr beneideten. Am liebsten hätte ich meine Onkel mit ihnen allen geteilt. Vielleicht hätte ich den anderen nicht von meinem Glück berichten sollen. Sie wussten noch nicht, ob irgendjemand aus ihrer Verwandtschaft überlebt hatte, und ich prahlte damit, dass ich jetzt zwei Onkel hatte. Aber sie freuten sich auch für mich, denn wir standen uns mittlerweile so nah, als wären wir Schwestern.

Wir setzten uns an einen Tisch, auf dem Leckereien bereitstanden, und ich erzählte meinen Großonkeln meine Geschichte. Hätte ich gewusst, dass Onkel Aussenberg drei Kinder im Holocaust verloren hatte, hätte ich mich mehr zurückgehalten. Doch ich berichtete unbekümmert, was ich erlebt hatte, glücklich, dass meine Onkel mich gefunden hatten, und ebenso glücklich, dass sie und ihre Familien dem Grauen entkommen waren. Als ich die Wahrheit erfuhr, war es zu spät. Aber nachdem sie meine Geschichte zu Ende gehört hatten, vergaßen sie einen Moment lang ihren eigenen Kummer und versicherten mir, ein junger Mensch wie ich könne trotz allem noch ein glückliches Leben führen. Trotzdem, so sehr, wie ich mich über die Begegnung mit meinen Großonkeln freute, so schwer fiel es mir, mir eine glückliche Zukunft für mich vorzustellen. Von da an besuchte ich die beiden und ihre Familien regelmäßig.

Einige Monate später zogen wir Mädchen nach London um, wo wir in einem Heim im Stadtteil Brixton untergebracht wurden. Aber dort wollte ich nicht bleiben, denn das Heim wurde nicht nach streng religiösen Regeln geführt.

Ich fand eine Schneiderei, die mich als Lehrling einstellte. Obwohl ich extrem wenig verdiente, wuchs mein Selbstvertrauen, und ich nahm mir vor, mich in einer streng religiösen Umgebung zu bewegen. Immer häufiger verbrachte ich das Wochenende bei meinen Verwandten, die inzwischen die Adresse meines Onkels in Palästina herausgefunden hatten.

In seinem ersten Brief brachte er seine Freude darüber zum Ausdruck, dass ich nicht unter den Mädchen gewesen war, die bei dem Lastwagenunfall in Bayern ums Leben gekommen waren. Ich schrieb ihm, dass ich hoffte, ihn und seine Familie eines Tages kennenzulernen. Dieser Traum sollte sich jedoch erst erfüllen, als ich einige Jahre später nach Eretz Yisrael reiste.

Vorerst machte es mich glücklich, im Haus meiner Verwandten zu sein und zu sehen, dass sie genauso streng nach den religiösen Geboten lebten, wie wir es früher in Tarnogród getan hatten. Schon bald fand ich noch mehr Verwandte in London. Einige Kusinen und Vettern hatten es kurz vor dem Krieg nach England geschafft. Und auch wenn sie mir meine Eltern und Geschwister nicht ersetzen konnten, war ich doch froh, sie zu haben.

Allmählich wurde es Zeit für mich, an meine Zukunft zu denken. Auch diesmal musste ich alles selbst in die Hand nehmen. Es war das Jahr 1946, und ich war immer noch zu jung und unerfahren, um ans Heiraten zu denken. Einige Jahre lang lebte ich zusammen mit anderen jungen Frauen in Wohnheimen, aber irgendwann wollte ich das nicht mehr. Da ich mir jedoch eine eigene Wohnung nicht leisten konnte, suchte ich nach strenggläubigen jüdischen Familien, die Zimmer vermieteten. Ich zog häufig um, denn ich wurde nicht immer gut behandelt. Es gab auch Zeiten, in denen ich hungerte, da ich immer noch sehr wenig verdiente.

Aber die Freiheit wog den Mangel an Annehmlichkeiten auf. Mit der Zeit lernte ich, für mich selbst zu kochen. Irgendwann wurde die Einsamkeit jedoch zu bedrückend, und ich begann, übers Heiraten nachzudenken.

Eines Tages teilte Mr Sztokman mir mit, dass er von einigen jungen Männern aus Tarnogród gehört hatte, die in Eitz Chaim, einer *Jeschiwa* im Londoner East End, den Talmud studierten. Obwohl ich kaum glauben konnte, dass es Überlebende aus meiner Heimatstadt gab, fuhr ich dorthin, um mich selbst zu überzeugen. Es stellte sich heraus, dass ich zwar nicht die jungen Männer, aber ihre Familien tatsächlich gut kannte. Die Männer hatten den Krieg in Sibirien überlebt.

Kurz darauf stellte mich Meir Schwartz, der Vetter meines Großvaters, Meir Kacenberg vor, mit dem ich mich schon bald verlobte. Meir hatte im Krieg mit seiner Familie in Sibirien ausgeharrt, wo die Verhältnisse extrem schwierig gewesen waren; seine Eltern waren dort elend zugrunde gegangen. Wir wussten beide, dass es nicht leicht werden würde, alles für unsere Hochzeit vorzubereiten. Aber Bedenken würden uns nicht weiterbringen, jetzt kam es darauf an, pragmatisch zu handeln. Nachdem *HaSchem* uns zusammengebracht hatte, beteten wir, dass er uns auch bei den Hochzeitsvorbereitungen helfen würde.

Da Meir noch nicht fließend Englisch sprach, war es schwierig für ihn, eine Arbeitsstelle zu finden, was bedeutete, dass wir mit der Hochzeit noch warten mussten. Außerdem waren wir zutiefst betrübt, als Mr Schwartz starb, kurz nachdem er uns einander vorgestellt hatte. Nun würde er unsere Hochzeit nicht erleben.

Am 20. Februar 1949 haben Meir und ich endlich geheiratet, und seitdem haben wir immer nach vorn geschaut. Mein Mann und ich schätzen uns überglücklich, dass wir mit *HaSchems* Hilfe fünf Kinder großziehen konnten, die alle ein Leben führen, auf das unsere Vorfahren stolz gewesen wären.

Kurz vor meiner Hochzeit ist meine geliebte Katze Malach, die mich sechs Jahre durch die schlimmsten Zeiten begleitet hatte, verschwunden. Ich habe sie nie wiedergesehen. Und es gibt auch kein Foto von ihr. Aber ich werde sie in Erinnerung behalten, solange ich lebe.

Ich denke oft an die leidvollen Jahre zurück, und dann sehe ich meine geliebte Malach so deutlich vor mir, als wäre sie noch lebendig. Es besteht kein Zweifel daran, dass Malach eine ganz besondere Katze war. Immer und immer wieder hat sie mich auf ihre besondere Art vor einer Gefahr gewarnt und mir geholfen zu entkommen. Häufig schien ihre Gegenwart wie ein Schutzschild zwischen mir und meinen Peinigern zu wirken. Und wenn wir voneinander getrennt wurden, tauchte sie wie durch ein Wunder wieder an meiner Seite auf. Hinzu kommt, dass ich in all den Jahren nie gesehen habe, wie Malach gefressen oder getrunken hätte, was mir bis heute unerklärlich ist. So seltsam das klingen mag, ich glaube, dass Malach tatsächlich ein Schutzengel war, von *HaSchem* gesandt, auf dass sie mich beschützen und mich durch die Hölle begleiten sollte, die meine Familie, meine Gemeinde und sechs Millionen Juden ausgelöscht hat.

Womit hatte ausgerechnet ich einen eigenen Schutzengel verdient? Ich weiß es nicht. Sicher war ich nicht würdiger als die zahllosen Juden, die umgekommen sind. Vielleicht war es das Verdienst meiner Eltern oder irgendwelcher würdiger Vorfahren, die in meinen Kindern und Kindeskindern weiterleben. Wer kann die Wege *HaSchems* ergründen? Ich sicher nicht.

Aber egal, wem ich meinen Schutzengel zu verdanken habe, ich werde nie aufhören, *HaSchem* für seine unendliche Güte zu danken. Jedes Mal, wenn ich meine Kinder und Enkelkinder sehe, die alle die heilige Tora verkörpern, möchte ich meinen lieben Eltern im Paradies zurufen: »Schaut! Das sind eure Enkel! Ihr könnt stolz sein, denn eure Treue zur Tora und eure selbstlose Liebe zu euren Kindern spiegeln sich in den leuchtenden Augen eurer Enkel. In ihnen und in ihren Nachkommen werdet ihr ewig weiterleben!«

Ribono Shel Olam, helf shoin mir,
Ich hof tzi kainem nisht, nor tzi dir,
Die hilf is doch fin kainem nisht, nor fin dir,
Ribono Shel Olam, helf shoin mir.
Herr über das Universum, bitte hilf mir,
Bitte hilf mir, ich bete nur zu Dir,
Hilfe kommt von niemandem als von Dir,
Herr über das Universum, bitte hilf mir.

Jiddisches Gebet, das Mala von ihrer Mutter gelernt hat

Der Vater der Autorin, Yitzchok Szorer, 1932

Die Mutter der Autorin, Frimche Szorer, mit ihrer kleinen Schwester Devorah, 1933

Mala Kacenberg bei ihrer Verlobung, 1948

Das Ehepaar Kacenberg, 1994

Mala bei der Weihnachtsfeier im Hotel der Perlmutts, in dem sie angestellt war (stehend in der zweiten Reihe ganz links)

Mala und andere Überlebende im Ferienlager Feldafing

Mala und andere Geflüchtete in einem Hostel bei Kings Langley nahe Watford

Mala und Meir bei ihrer Verlobung, 1948

Glossar

bentch: segnen
Beracha: eine Form der Segnung, häufig vor dem Essen
Broit: Brot
Challah: Schabbatbrot
Chanukka: Tempelweihefest
Chassid: Angehöriger der Chassidim
Chassidim: Die Frommen
Cheder: Tora-Schule
daven: beten
Einsatzgruppen: Tötungskommandos der Nazis
Eretz Yisrael: Das gelobte Land Israel
Erev Rosch ha-Schana: Vorabend des Neujahrsfestes
Gan Eden: Garten Eden, Paradies
HaSchem: jüdisches Wort für Gott
Jeschiwa: Tora-/Talmudschule
Jom Kippur: Versöhnungstag
Jom Tov: Feiertag
Kalle: Braut
Kapitlach Tehillim: Kapitel aus den Psalmen
Kiddusch: Heiligung des Schabbat oder von Festtagen
Magen David: Davidstern
Malach: Engel
Mazel tov: viel Glück
Melamed: Lehrer
Minjan: Anzahl von zehn mündigen Juden, nötig für den Gottesdienst
Mitzwa: religiöses Gebot
Rosch ha-Schana: jüdisches Neujahrsfest
Schidduch: eine arrangierte Ehe

Schul: Synagoge
Siddur: Gebetbuch
Slichot: Gebete der Buße
Talmud Chacham: rabbinischer Gelehrter
Tefillos: Gebete
(Kapitlach) Tehillim: (Kapitel aus dem) Buch der Psalmen
treif: nicht koscher
Widduj: Sündenbekenntnis
Zaidi: Großvater
Zechut: Verdienst